Sonn- und Schattenseiten in den Julischen Alpen

© Kitab Verlag, Klagenfurt – Wien, 2014
www.kitab-verlag.com

ISBN 978-3-902878-28-1

WERNER FEST

Sonn- und Schattseiten in den Julischen Alpen

Die Isonzofront im Ersten Weltkrieg

Eine Spurensuche in 30 Berg-Touren

Kitab Verlag

Vorwort 9

1. Kapitel: Mittagskofel (Jôf di Miezegnot) – Mt. Piper – Zweispitz (Due Pizzi) – Köpfach (Jôf di Sompdogna)

Tour 1: Mittagskofel (Jôf di Miezegnot) von Valbruna
mit Überschreitungsmöglichkeit in die Saisera 13
Tour 2: Mittagskofel vom Sompdogna-Sattel 15
Tour 3: Monte Piper 17
Tour 4: Due Pizzi (Zweispitz) 18
Tour 5: Jôf di Sompdogna (Köpfach) 20
Der nördlichste Abschnitt der Julischen Alpen im Krieg 23

2. Kapitel: Großer Nabois – Kor-Scharte (Forc. del Vallone) – Wischberg (Jôf Fuart) – Monte Cregnedul – Foronon del Buinz – Cima di Terra Rossa – Montasch (Montasio)

Tour 6: Großer Nabois (Nabois grande) 30
Tour 7: Kor-Scharte (Forcella del Vallone) 33
Tour 8: Wischberg (Jôf Fuart) über die Moses-Scharte –
auf den Sonnenberg der Julier 36
Tour 9: Monte Cregnedul 39
Tour 10: Montasch (Jôf di Montasio) 41
Tour 11: Cima di Terra Rossa 44
Tour 12: Foronon del Buinz 46
Montasch und Wischberg: Der Kampf der Alpinisten 48

3. Kapitel: Der Kanin, Prevala-Scharte und Rombon

Tour 13: Der Normalweg auf den Kanin (Alto Canin) 63
Tour 14: Via ferrata Divisione Julia – Klettersteig von Norden 64
Tour 15: Die Prevala-Scharte (Sella Prevala) 66

Tour 16: Rombon und Čukla ... 68
Das Kaninmassiv mit dem Rombon, der Gebirgsfestung der Österreicher ... 69
Der Rombon (Veliki vrh), Eckpfeiler der Österreicher –
einer der schrecklichen Blutberge ... 71
Die Eroberung der Čukla im Februar 1915 ... 75

4. Kapitel: Svinjak – der »Flitscher Zuckerhut«
Tour 17: Svinjak – der »Flitscher Zuckerhut« ... 87
Der Svinjak – ein idealer Beobachtungsstandort ... 88

5. Kapitel: Vršič-Pass: die Sleme und der Fenstersteig auf den Prisojnik (Prisank)
Der Vršič-Pass ... 95
Tour 18: Sleme ... 98
Tour 19: Klettersteig durch das Große Fenster auf den Prisojnik ... 99
Der Vršič-Pass (Mojstrovka-Pass) im Krieg ... 103

6. Kapitel: Javoršček und Krasji vrh – die »feindlichen« Berge
Tour 20: Auf dem Friedensweg zum Javoršček ... 109
Tour 21: Rundtour am Krasji vrh ... 111
Der Angriff aus dem Slatenik-Graben:
die vielleicht spektakulärste Aktion der Offensive 1917 ... 114

7. Kapitel: Vom Vršič über Vrata und Skutnik zur Griva
Tour 22: Rundtour Vršič ... 119
Tour 23: Vrata – Skutnik – Griva ... 122
Die steinerne Front ... 123
Der hart umkämpfte Vršič ... 126
Die Minensprengung am 24. Oktober 1917 ... 130

8. Kapitel: Krn und Batognica – Monte Nero und Monte Rosso

Tour 24: Krn – Rundtour von Süden 133
Tour 25: Variante Klettersteig 136
Tour 26: Krn und Batognica von Norden 138
Das Krn-Gebirge im 1. Weltkrieg 140
Die Batognica, der »Monte Rosso« 144

9. Kapitel: Mrzli vrh

Tour 27: Mrzli vrh 151
Berg des Blutes 153

10. Kapitel: Stol, Matajur und Kolovrat

Tour 28: Stol 159
Tour 29: Matajur 160
Tour 30: Na gradu – Kolovrat 162
Die italienische Abwehrbarriere 162
»Das Wunder von Karfreit« 167

Nachwort 180
Quellen- und Literaturverzeichnis 182
Dank 182
Berg- und Ortsbezeichnungen 183

Tourenheft 186

Vorwort

Ich bin bei weitem nicht der Erste und sicherlich auch nicht der Letzte, der davon überzeugt ist, dass die Julischen Alpen etwas ganz Besonderes, Einzigartiges sind. Auf der einen Seite sind es die wunderschönen Ansammlungen von Naturschönheiten, auf die man hier auf kleinem Raum an der italienischen / slowenischen Grenze stößt. Bizarre, zerrissene Felsformationen, gewaltige Wände und Schluchten, in die die Natur mystische Bilder gezeichnet hat, wechseln sich ab mit mediterran geprägten Tallandschaften. Dazu kommen smaragdfarbene Flüsse und Bäche, Wasserfälle, Bergseen und eine Blumenpracht im Frühling und im Sommer, die ihresgleichen sucht. Übertroffen vielleicht nur noch von den Farben des Herbstes, die die Berge in ein Gemälde verwandeln.

Auf der anderen Seite jene unfassbaren Ereignisse, die sich in dieser Gegend von 1915–1917 abspielten. Der große erste Krieg hat tiefe Wunden in das Land geschlagen und auf die daraus resultierenden Narben stößt man auf Schritt und Tritt. Wie ein melancholischer Schatten liegt die Vergangenheit über der unbeschreiblich schönen Landschaft.

In meinem 2011 erschienenen Buch »Spurensuche am Isonzo« habe ich mich ausgehend vom Tagebuch meines Großvaters mit den traurigen Fakten des Ersten Weltkrieges an der Soča (dem Isonzo) auseinandergesetzt. Bei meinen Recherchen, aber auch vorher und nachher, habe ich unzählige Bergtouren und Wanderungen in diesen Bergen unternommen. Dabei entstand die Idee, einen Tourenführer mit historischer Hintergrundinformation zu gestalten. Vom Mittagskofel (Jôf di Miezegnot) im Kanaltal bis zum Mrzli vrh bei Tolmein soll den Lesern die Möglichkeit gegeben werden, nach exakter Beschreibung Bergtouren und Wanderungen zu unternehmen. Zu den Gipfeln gibt es den historischen Hintergrund bzw. Schilderungen von besonderen Ereignissen, die sich dort während des Ersten Weltkrieges abspielten.

Dieses Spannungsverhältnis zwischen Landschaft und bitterer Geschichte macht Bergtouren in den Julischen Alpen zu einzigartigen Erlebnissen. Natürlich sind auch andere Schauplätze der Gebirgsfront des Ersten Weltkrieges beeindruckend. Viele davon habe ich aufgesucht: das Ortler-Massiv, das Gebiet des Adamello, die Dolomiten oder die Karnischen Alpen. Aber so deutlich und direkt habe ich Licht und Schatten nur hier in den Juliern verspürt.

In seinem Vorwort zum Buch »Die Julischen Alpen im Bilde« hat Julius Kugy folgenden Appell an seine Leser gerichtet: An die Wirklichkeit aber reichen nicht

Bilder noch Worte. So soll und will jede Bildtafel und jede Seite nur sagen: »Kommt her alle und schauet die Julischen Alpen«. Dieses Werk ist eine Einladung, ein Ruf zu ihnen. Lernet sie kennen und lieben. Ihr werdet mit heißem Herzen, mit Dankbarkeit, Freude und Sehnsucht an sie zurückdenken!*

Werner Fest
Neumarkt im Jänner 2014

Anleitung

Zu den einzelnen Touren gibt es anfangs eine Kurzcharakteristik. Als alpine Wanderung bezeichne ich dabei Touren, die auf Steigen im alpinen Gelände ohne weiters von jedem begangen werden können. Falls es dabei Teile gibt, die über Felsschroffen oder Schutt führen, weise ich darauf hin. Dasselbe gilt für ausgesetzte Stellen, die Trittsicherheit und Schwindelfreiheit erfordern. Unter alpinen Touren verstehe ich Wege, die auch über felsige Steilstufen führen und die es manchmal notwendig machen, auch mit den Händen zuzugreifen. Für Klettersteige setze ich prinzipiell die notwendige Ausrüstung voraus: Gurt plus Klettersteigset und Helm. Wobei ich bei den Klettersteigen die übliche Schwierigkeitsskala anführe.

KS1: sehr einfache Klettersteige – Sicherungen vorwiegend nur gegen das Gefühl der Exponiertheit

KS2: einfache Klettersteige – Sicherungen (Stahlseile, Klammern, Trittstifte, Leitern) dienen zur Fortbewegung in mäßig steilem Felsgelände

KS3: mäßig schwierige Klettersteige – steiles Felsgelände; gesicherte Abschnitte erfordern teilweise ein gewisses Maß an Armkraft, Klettersteigerfahrung ist Voraussetzung

KS4: steile, teilweise senkrechte Wände; Seilsicherung nur teilweise mit Tritthilfen; manchmal extrem exponiert; hohes Maß an Armkraft erforderlich

Grundsätzlich muss dazu gesagt werden, dass man Klettersteige nur nach entsprechender Ausbildung benützen soll. Immer wieder trifft man auf Leute, die nicht einmal wissen, wie Gurt und Set angelegt werden, vom richtigen Sichern und einer entsprechenden Technik ganz zu schweigen.

---

* Kugy, Dr. Julius: Die Julischen Alpen im Bilde, Triest 1933

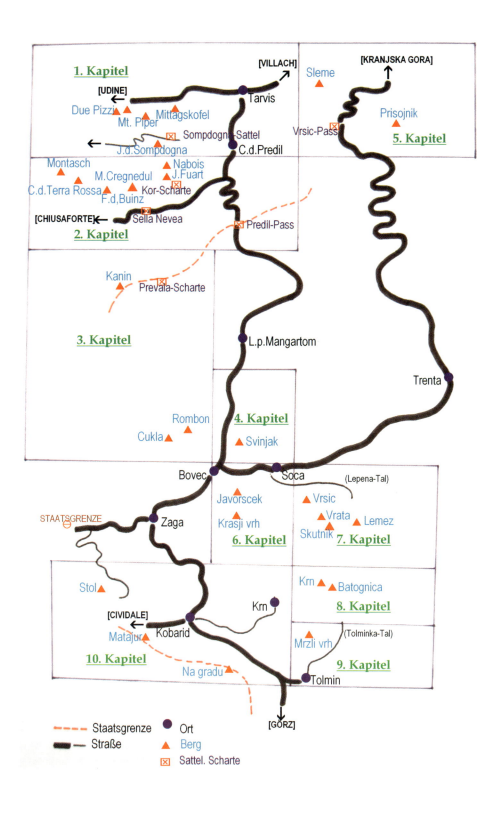

LEGENDE FÜR ALLE WEGSKIZZEN

- ───── Straße u. Weg
- - - - Steig
- ·········· Klettersteig
- ▲ Berggipfel (Tourenziel)
- 🖫 Bergstation
- ⊠ Pass, Sattel, Scharte
- 🛖 Hütte (bewirtschaftet)
- ● Ort
- 🛖 Hütte (nicht oder eingeschränkt bewirtschaftet)
- ☒ Brücke
- ⊡ Biwak
- [649] Wegnummer
- ☐ Fenster (Okno)
- ⊙ Höhle

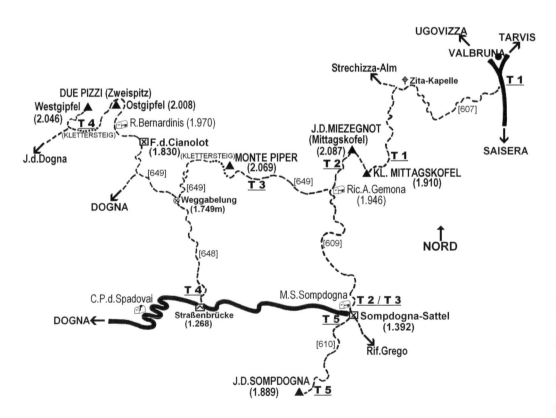

1. Kapitel
Mittagskofel (Jôf di Miezegnot) – Mt. Piper – Zweispitz (Due Pizzi) – Köpfach (Jôf di Sompdogna)

Tour 1: Mittagskofel (Jôf di Miezegnot) von Valbruna mit Überschreitungsmöglichkeit in die Saisera

CHARAKTERISTIK: alpine Tour mit einigen schroffigen und schuttbedeckten Abschnitten; stellenweise Sicherungen (Abschnitt Kleiner – Großer Mittagskofel); Trittsicherheit und Schwindelfreiheit sind Voraussetzung.

WEGVERLAUF: Valbruna (810 m) – Zita-Kapelle (1.515 m) [1 ½ – 2 Std.] – Kleiner Mittagskofel (1.910 m) [1 ½ – 2 Std.] – Großer Mittagskofel (2.087 m) [1 – 1 ½ Std.] – Sompdogna-Sattel (1.389 m) [1 ½ Std.] – Malga Saisera (1.014 m) [1 Std.]

Unsere historische Bergtour beginnt im nördlichsten Bereich, im italienischen Teil der Julier. Auf der Autobahn aus Richtung Villach kommend, fährt man in Tarvis ab. Der Bundesstraße in Richtung Udine folgend geht es weiter durch die Stadt an der Luschari Bergbahn vorbei. Nach 7 Kilometern zweigt man links nach Valbruna (Wolfsbach) ab. Nach 2 Kilometern erreichen wir den Ort, den wir durchfahren oder umfahren können. Gleich nach dem Ortsende, wo die beiden Straßen wieder zusammenkommen, gut 100 Meter vor dem Soldatenfriedhof, beginnt rechts der Steig 607 (Tafel »Malga Rauna« / »Zita-Kapelle«). Beiderseits der Straße gibt es genügend Parkmöglichkeiten. Wir folgen anfangs der Schotterstraße, die durch den Buchenwald in mehreren Kehren und mit einigen steilen Abschnitten hinauf zur Malga Rauna (Rauna-Alm) führt. Mit einem geländegängigen Auto könnte man ohne Probleme bis zur Alm hinauf fahren. Allerdings hängt unten bei der Fahrverbotstafel ein Zettel, wonach bei Missachtung des Verbots eine Strafe von Euro 82,- zu bezahlen sei. Nach etwa 330 Höhenmetern auf der Straße zweigt nach der Überquerung des Baches (Rio del Salto) links der Steig ab (deutliche Markierung auf einem Baumstamm).

Nach zweimaliger Querung der Straße gelangen wir im obersten Teil wieder der Straße folgend auf die Rauna-Alm. Gleich dahinter kommen wir zur Kaiserin Zita-Kapelle, die 1916 von österreichischen Soldaten errichtet wurde (Gehzeit 1 ½ bis 2 Stunden).

Danach folgt ein kurzes Stück durch einen Mischwald, in dem bereits Reste des ehemaligen Saumweges zu den österreichischen Stellungen zu sehen sind. Wenige Minuten später kommen wir zur Weggabelung. Geradeaus geht es weiter zur Malga Strechizza (Strechizza-Alm). Wir folgen dem Steig, der links durch den Hochwald hinaufführt. Das Gelände wird nun zunehmend steiler. Mehrmals kommen wir an Schützengräben und Kavernen vorbei. Die Kaverneneingänge aus massivem Beton zeigen, dass man seitens der österreichischen Militärs die Frontlinie unbedingt halten wollte. Ein italienischer Durchbruch nach Tarvis hätte fatale Folgen mit sich gebracht. Durch ein Hochkar steigen wir dem immer steiler werdenden

Die im Jahr 1916 errichtete Zita-Kapelle auf der Rauna-Alm. Die der Gattin des letzten österreichischen Kaisers gewidmete Kapelle wurde 2007 renoviert. Im Hintergrund links der Ort Luschari und rechts davon der Steinerne Jäger (C.d.Cacciatore).

Pfad folgend hinauf zum Grat, der sich vom Schwarzenberg (Monte Nero) zum Kleinen Mittagskofel herüberzieht. Das letzte Stück der Gipfelrinne zum Kleinen Mittagskofel ist etwas mühsam. Die Gedenktafel knapp unterhalb des Gipfels, die an die dramatischen Kampfhandlungen des 18. und 19. Juli 1916 erinnert, ist leider nicht mehr lesbar. Näheres dazu folgt im historischen Abschnitt zu diesem Kapitel.

Eine Möglichkeit bestünde darin, die Tour hier zu beenden und den gleichen Weg wieder zurück zu gehen. Sowohl von der Landschaft als auch von der Blumenwelt (Frühsommer) gesehen ist der Kleine Mittagskofel (1.910) vor allem ab der Zita-Kapelle ein durchaus reizvolles Ziel. Immerhin sind es 1.100 Höhenmeter, für die man im Aufstieg drei bis dreieinhalb Stunden einplanen sollte. Wenn man noch 2½ Stunden für den Abstieg dazu nimmt, kommt man auf eine doch recht ansehnliche Tour.

Für den Weg weiter auf den Jôf di Miezegnot (Mittagskofel) braucht man eine weitere Stunde. Man muss zuerst über Rinnen und Schluchten in die Senke zwischen dem Kleinen und dem Großen Mittagskofel absteigen. Hier gibt es im Frühsommer steile Schneefelder. Auf der anderen Seite geht es dann wieder steil hinauf auf den Grat, auf welchem wir bis zum Gipfel aufsteigen. In der folgenden Tour 2 wird der einfache und verhältnismäßig kurze Aufstieg vom Sompdogna-Sattel auf diesen Berg beschrieben.

Eine interessante Variante wäre eine Kombination von Tour 1 und 2 mit zwei Autos.

MITTAGSKOFEL VOM SOMPDOGNA-SATTEL

Die italienischen Gipfelstellungen auf dem Jôf di Miezegnot (Mittagskofel). Im Hintergrund in der Bildmitte der Mangart und rechts davon der Jalovec.

Ein Fahrzeug parken wir in Valbruna, das zweite auf der Saisera-Alm. Von Valbruna bis zum gebührenpflichtigen Parkplatz sind es nur 5 Kilometer. Nach dem Erreichen des Mittagskofels geht man den Normalweg hinunter zum Sompdogna-Sattel (1½ Stunden). Von dort ist man in einer knappen Stunde über die Grego-Hütte am Parkplatz auf der Saisera-Alm. In einer Gesamtgehzeit von 6½ bis 7 Stunden hat man eine großartige Überschreitung hinter sich gebracht.

Tour 2: Mittagskofel vom Sompdogna-Sattel

CHARAKTERISTIK: alpine Wanderung mit kurzen schuttbedeckten, schroffigen Abschnitten vor dem Gipfel; Trittsicherheit ist Voraussetzung.

WEGVERLAUF: Sompdogna-Sattel (1.392 m) – Ricovero Btg. Alpini Gemona (1.946 m) – Mittagskofel (Jôf di Miezegnot (2.087 m) [1½ – 2 Std.]

Von Tarvis fahren wir auf der Bundesstraße Richtung Udine, an Pontebba vorbei bis in die kleine Ortschaft Dogna [31 km]. Nach der Bundesstraßenausfahrt biegt man links ab, unter der großen Brücke durch und fährt das Dogna-Tal auf einer asphaltierten, manchmal etwas schmalen Straße hinauf bis zum Parkplatz auf dem Sompdogna-Sattel (Sella di Sompdogna) [18 km].

Italienische Betonsargdeckel am Weg zum Mittagskofel

rere Betonsargdeckel. Die während des Krieges in den Betonsärgen bestatteten italienischen Soldaten wurden nach Kriegsende in den großen italienischen Beinhäusern, wie zum Beispiel in Kobarid (Karfreit), beigesetzt. Die teils mit Steinen liebevoll verzierten Deckel konfrontieren uns auf drastische Weise mit den »Schattseiten« dieser schönen Berge.

In Richtung Gipfel gesehen führt uns der Steig halb links mäßig ansteigend in eine geschützte Mulde unterhalb des Ostgrates, der zum Mittagskofel führt. Wir kommen zu den Resten des hier während des 1. Weltkrieges erbauten italienischen Regimentskommandos. Beeindruckend sind neben den mächtigen Betonmauern und Stiegen die teilweise fast künstlerisch gestalteten Unterkünfte mit steinernen Rund- und Spitzbogenfenstern. Die »Villa Buondoro« (Giebelinschrift) haben die Alpini zu einer Biwakhütte ausgebaut (Ricovero Btg. Alpini Gemona).

Zum Unterschied zu den beiden benachbarten Gipfeln, dem Monte Piper und dem Due Pizzi, gehört der Mittagskofel zu den am meisten bestiegenen Bergen in den westlichen Juliern. Vom Sompdogna-Sattel sind es nur 700 Höhenmeter bis zum Gipfel. Vom Parkplatz geht der Steig [Markierungsnummer 609] links hinauf zur Malga Sompdogna, und gleich nach der Hütte gelangt man in den wunderschönen Buchenwald, durch den man großteils den italienischen Saumwegen des Ersten Weltkrieges folgend bequem hinauf wandert. Je höher man kommt umso grandioser wird der Ausblick auf die Nordwände von Wischberg (Fuart) und Montasch. Etwa nach einer Stunde, knapp oberhalb der Waldgrenze, kommt man an einem beeindruckenden Mahnmal vorbei. Unterhalb eines Gedenkkreuzes liegen meh-

Oberhalb der Stellungsbauten geht es zuerst etwas steiler über Almwiesen hinauf Richtung Gipfel, auf dem die Reste der Stellungsbauten bereits deutlich zu sehen sind. Danach queren wir den Gipfelhang nach rechts und kommen zum Gipfelaufbau im Bereich des Westgrates. Ein kurzes Stück ist das Gestein sehr brüchig und in den Tritten liegt Schotter. Am besten ist es, wenn man links in Gratnähe hinaufsteigt, weil der Fels hier um einiges kompakter ist. Aber nach wenigen Höhenmetern ist das Stück überwunden und nach ein paar Serpentinen erreichen wir nach knapp zwei Stunden den Gipfel des Mittagskofels. Die fantastische Rundumsicht über die Julier, die Dolomiten, die Karnischen Alpen, die Hohen Tauern bis zu den Seetaler Alpen und der Tiefblick ins Kanaltal lässt auch einem Nichtmilitaristen klar werden, welche Bedeutung dieser Gipfel als strategischer Punkt für die Italiener im 1. Weltkrieg hatte.

Tour 3: Monte Piper

CHARAKTERISTIK: alpine Wanderung

WEGVERLAUF: Steinbrücke nach der C.P.d. Spadovai (1.268 m) – Monte Piper (2.069 m) [2 – 2 ½ Std.]

Die Zufahrt erfolgt wie beim Mittagskofel von Dogna kommend bis 1,8 Kilometer vor dem Sompdogna-Sattel. Nach mehreren Serpentinen bei der ersten Steinbrücke über ein praktisch immer trockenes Schotterbett zweigt der Weg Nr. 648 ab [16 ½ km ab Dogna]. Gleich im Bereich der Brücke gibt es ein paar Parkmöglichkeiten. Beim Hinweisschild »Forc. di Cianolot, Ric. Bernardinis« beginnt linkerseits der Aufstieg (1268 m). Die bis vor ein paar Jahren noch mögliche Rundtour über den Piper-Gipfel ist momentan (Herbst 2013) gesperrt. Der Klettersteig vom Mt. Piper hinunter in die Schlucht ist zwar nach wie vor ordentlich gesichert, aber die steile Rinne am Ende des Abstiegs vom Gipfel ist unpassierbar. Die frühere Seilsicherung gibt es nicht mehr. Ich bin im September 2012 trotz der Sperre bis zur Rinne hinunter gestiegen und musste feststellen, dass das Material in der Steilrinne derartig locker ist, dass jederzeit auch von weiter oben Schuttmassen und größere Felsbrocken herunter kommen können. Eine Querung der Rinne ist derzeit lebensgefährlich. Deshalb beschreibe ich nur die Normaltour.

Der Steig führt zuerst rechts der Schotterrinne steil bergauf und quert dann nach einer Gehzeit von etwa 15 Minuten diese auf die andere (westliche) Seite. Anschließend wandern wir in einigen Serpentinen durch einen Buchenwald. Dann geht es entlang einer weiteren Rinne ein Stück hinauf. Der Steig quert schließlich die Rinne und führt in einigen Kehren durch einen Lärchenwald, in den sich immer mehr Latschen (Legföh-

An teilweise noch gut erhaltenen italienischen Stellungen und Unterkünften führt der Steig in den kleinen Sattel und dann rechts hinauf zum Gipfel.

ren) mischen. Nach einer guten Stunde des Aufstiegs erreichen wir mitten im Latschenwald einen Sattel auf einer Höhe von 1749 Metern. Hier endet der Weg Nr. 648 und trifft auf den vom Mt. Piper herabkommenden Transversalweg Nr. 649. Wir folgen dem Weg halbrechts bergauf durch dichtes Latschengehölz. Danach erreichen wir das freie Almgelände und steigen über die Flanke des Berges hinauf. Teilweise findet man jetzt keinen Steig mehr, da der immer wieder von Lawinen mit der Grasnarbe weggerissen wird. Trotzdem ist es kein Problem sich zu orientieren und oben unterhalb des Grates führt der Pfad deutlich sichtbar unter Felswänden und an zahlreichen Stellungsresten vorbei in östlicher Richtung (rechts) hinüber zum höchsten Gipfel der Piper-Gruppe.

Vom Gipfel sieht man hinunter in die Felsschroffen und extrem steilen Schuttrinnen des Pipergrates, der hinüber zum Mittagskofel (Jôf di Miezegnot) führt. Wie bereits eingangs erwähnt, ist diese Rundtour derzeit nicht begehbar. So weit ich das beurteilen kann, wird sich daran auch in nächster Zeit kaum etwas ändern. Deshalb ist der Abstieg gleich wie der Aufstieg.

Tour 4: Due Pizzi (Zweispitz)

CHARAKTERISTIK: Auf den Ostgipfel alpine Wanderung; die Querung unter der Piper-Wand erfordert eine gewisse Trittsicherheit; Westgipfel: Taschenlampe für den Stollendurchgang notwendig; leichter, aber sehr ausgesetzter Klettersteig [KS2] Achtung – Klettersteig ist momentan (Herbst 2013) nicht durchgehend gesichert!

WEGVERLAUF: Steinbrücke nach der C.P.d.Spadovai (1.268 m) – Forchia di Cianolot (1.830 m) – Ricovero Armando Bernardinis (1.970 m) [2–2½ Std.] – (Zweispitz Ostgipfel 2.008 m) [10 Min.] – Due Pizzi (Zweispitz Westgipfel 2.046 m) [1 Std.]

Die Zufahrt und der erste Teil der Tour ist bis zum Sattel in 1749 m Höhe ident mit der Tour 3 auf den Monte Piper. Am Ende des Weges Nr. 648 biegen wir halblinks in westlicher Richtung zum Due Pizzi ab. Zuerst geht es einige Höhenmeter bergab.

Unterhalb der Wände des Mt. Piper-Westgipfels queren wir auf einem meist mit Schutt bedecktem Steig die Bergflanke. Im letzten Abschnitt führt der Weg über Holzbalken mit einer Drahtseilsicherung. Falls man in der Zeit zwischen Juni und August unterwegs ist, sollte man an dieser Stelle die Felswände nicht außer Acht lassen. In der Wand blüht nämlich die für mich schönste Alpenblume: die nur in den Südalpen vorkommende Schopfige Teufelskralle.

Über ein Schuttfeld gelangen wir schließlich auf den Alpini-Steig Nr. 605, der in mehreren Kehren in die Cianolot-Scharte (Forchia di Cianolot, 1.830 m) führt. Wir stoßen hier auf die ersten Reste italienischer Stellungs-

Die wunderschöne Schopfige Teufelskralle (Physoplexis comosa)

DUE PIZZI (ZWEISPITZ)

Das spektakuläre Felsband durch die Due Pizzi-Südwand

bauten. Westlich der Scharte steigen wir zuerst durch Latschenfelder und dann über Almwiesen zur Bernardinis-Biwakhütte (Ricovero Armando Bernardinis, 1970 m) auf. Im Frühjahr und im Sommer blühen hier Enzian und Edelweiß. Von der Biwakhütte erreicht man über Schroffen und Gras unmarkiert in 10 Minuten den Zweispitz-Ostgipfel (2008 m). Die Gesamtgehzeit bis zum Ostgipfel beträgt etwa 2 Stunden.

Alle, die keine Höhenangst haben und über eine gewisse Trittsicherheit verfügen, sollten zum Westgipfel weitergehen. Dazu folgen wir dem markierten Weg oberhalb der Bernardinis-Hütte und gelangen nach kurzer Zeit zu Resten italienischer Stellungsanlagen direkt oberhalb des Kanaltales. Durch einen Stollen, für den man unbedingt eine Taschenlampe mitnehmen sollte (teilweise herrscht völlige Dunkelheit), gelangen wir auf die andere Seite des Ostgipfels und über ein drahtgesichertes Felsband in die Scharte zwischen den beiden Gipfeln. Hier beginnt der eigentliche Klettersteig, der praktisch waagrecht durch die senkrecht abfallende Südwand des Westgipfels führt. Am Beginn müssen wir, nachdem wir ein Felstor durchschritten haben, einige Meter über sehr brüchigen Fels absteigen. Der »Weg« durch die Wand, der während des 1. Weltkrieges in den Fels geschlagen wurde, ist völlig problemlos zu begehen. Nur an einer Stelle müssen wir eine schräge Felsplatte queren. Allerdings ist das Gelände sehr ausgesetzt, und deshalb sollte man sich mittels Klettersteigset sichern. Die Steinschlaggefahr ist zwar minimal, nachdem oberhalb des Steiges keine Leute unterwegs sind, nur die zahlreichen Steinböcke halten sich nicht immer daran. Und im ungesicherten Zustand könnte auch ein kleinerer Steinschlag fatale Folgen haben. Im Herbst 2013 waren allerdings die Sicherungsseile teilweise abgerissen. Eine Selbstsicherung war deshalb nur bedingt möglich. Die Querung der Südwand ist momentan nur für Leute mit Klettererfahrung (Seilsicherung) möglich.

Nach der Durchquerung der Wand zieht sich der Steig rechts zuerst durch dichte Latschen und dann über grasiges Stufengelände in mehreren Serpentinen bergauf. Entlang des Aufstiegs blüht hier Edelweiß in großer Zahl. Am Gipfel haben wir natürlich wieder ein ähnlich faszinierendes Bergpanorama wie auf dem Mt. Piper und auf dem Mittagskofel. Wie erwähnt gibt es derzeit keine durchgehende Sicherung. Deshalb würde ich empfehlen nach der Besichtigung des Stollens mit seinem Kavernenfenster umzudrehen und nur den Ostgipfel zu ersteigen.

Tour 5: Jôf di Sompdogna (Köpfach)

CHARAKTERISTIK: alpine Wanderung; im oberen Bereich ein paar felsige Abschnitte;

WEGVERLAUF: Sompdogna-Sattel (1.392 m) – Jôf di Sompdogna (Köpfach 1.889 m) [1½ Std.] – (Carnizza – Rifugio Grego 1.389 m) – Sompdogna-Sattel [1½ Std.]

Die Zufahrt ist die gleiche wie bei der Tour 2 auf den Mittagskofel. Ausgangspunkt ist der Sompdogna-Sattel. Der Köpfach – friulanisch* Jôf di Sompdogna – ist mit seinen 1.889 Metern ein eher niedriger Gipfel direkt vor der mächtigen Montasch-Nordwand. Aber die Tour ist nicht nur aus historischer Sicht wirklich empfehlenswert. Am Gipfel sitzt man wie in einer Loge vor

---

* auch furlanisch oder friaulisch: regionale Amts- und Schulsprache im Friaul

JÔF DI SOMPDOGNA (KÖPFACH)

Eine der beiden künstlichen »Felsstellungen«. Die Schießluke ist mit Blechplatten abgedeckt. Teilweise ist die Zementschicht bereits abgewittert. Die kleine Kaverne darunter ist mit Stahlplatten geschützt.

den imposanten Abstürzen des Montasch und gegenüber blickt man auf den Zweispitz, den Monte Piper und den Mittagskofel. In westlicher Richtung liegt tief unten die Ortschaft Dogna und im Osten thronen hinten Mangart und Jalovec und davor Nabois und Wischberg. Und wenn man sich bei den Resten der italienischen Stellungen und den Unterkünften aus dem 1. Weltkrieg nicht zu lange aufhält, ist man in knapp 1½ Stunden am Gipfel.

Vom Parkplatz gehen wir in südlicher Richtung (rechts) über eine kleine Wiese und dann kurz etwas steil auf einem deutlich sichtbaren, jetzt noch unmarkierten Steig in den Wald. Nach wenigen Minuten teilt sich der Steig, wobei man beide Steige gehen kann, weil sie etwas weiter oben im nun flacher werdenden Gelände wieder zusammenkommen. Im lockeren schönen Lärchenwald sieht man einen Granattrichter neben dem anderen. In diesem Waldstück knapp oberhalb des Passes bin ich auf etwas gestoßen, das ich bislang an der Gebirgsfront in den Julischen Alpen noch nicht gesehen habe.

Offensichtlich handelt es sich dabei um künstliche Felsen als Tarnung für eine Stellung.

Am Alpini-Weg auf den Kleinen Pal in den Karnischen Alpen gibt es Reste von Steigen die mit Eisengittern, welche mit einer Zementschicht als Fels getarnt sind, abgedeckt wurden. Am Reschenpass findet man rund um den Ort Reschen am See (ital. Resia) noch zahlreiche künstliche Felsen, die sozusagen aufklappbar sind und in denen sich Schießscharten verbergen. Sie sind nach dem 1. Weltkrieg und der Annexion Südtirols gebaut worden. Der künstliche Fels wurde dort aus Kunstharz geschaffen. Heute werden die beiden künstlichen Kavernen im Bereich des Sompdogna-Sattels offensichtlich als Zisternen verwendet.

Nach einem ganz kurzen Bergabstück treffen wir auf den Steig, der links von der Grego-Hütte heraufkommt. Wir folgen nun dem Wegweiser zum Jôf di Sompdogna geradeaus weiter [Wegnummer 610]. Der viel begangene Steig führt jetzt wieder etwas steiler durch einen Mischwald bergauf. Nach einer guten halben Stunde kommen wir auf eine ebene freie Fläche, von der wir den Gipfel mit dem Gipfelkreuz sehen können. Links hinter einem Rücken befinden sich die Reste des Kommandobereiches mit Mannschaftsunterkünften, Küche und Kapelle.

Der Pfad führt in einem Bogen durch aufgelockerte Lärchenbestände zur Nordostflanke des Berges. Etwas steiler geht es über die mit Latschen bedeckte Nordostflanke hinauf zur beeindruckenden Aussichtskanzel. Wenige Meter unter dem Gipfelkreuz hat man einen Teil der Gipfelbefestigung als Biwak eingerichtet. Daneben gibt es noch zahlreiche Stellungsreste, Kavernen und Unterkünfte aus dem Krieg. Auf dem 1.889 m hohen Gipfel sieht man eindrucksvolle Relikte aus dem 1. Weltkrieg, die die strategische Bedeutung des Berges für die italienische Front demonstrieren. Wenn man die heute noch vorhandenen Reste der italienischen Stellungen sieht, kann man klar erkennen, welches Wahnsinnsunternehmen der Österreicher der Angriff auf den Mittagskofel und den Köpfach im Oktober 1915, auf den ich im historischen Abschnitt näher eingehe, gewesen ist. Faszinierend ist der Rundblick: Im Süden die gewaltige Montasch-Nordwand, durch die der »Weg der italienischen Jäger« führt, den schon vor mehr als 100 Jahren die Wildschützen des Raccolana-Tales kletterten. Der heutige

Der Blick aus einer italienischen Geschützkaverne am Due Pizzi auf das Kanaltal

Klettersteig (Via Amalia Zuani-Bornettini) ist extrem lang und besonders ausgesetzt. Der Gesamthöhenunterschied beträgt 1.700 Meter und allein der Klettersteig hat eine Höhe von 1.000 Metern. Im Westen sieht man bis nach Dogna im Kanaltal. Nördlich liegen der Due Pizzi, der Monte Piper und der Mittagskofel (Jôf di Miezegnot) und im Westen reicht der Blick über den Großen Nabois, den Wischberg (Jôf Fuart) bis zum Mangart und zum Jalovec. Der Abstieg ist gleich wie der Aufstieg.

Man kann auch vom Gipfel auf der anderen Seite in Richtung Montasch hinunter steigen, bis man unter dem westlich gelegenen Torre Alba auf den Steig Nr. 652 trifft, dem man in linker Richtung folgt, bis vor dem Biwak Stuparich wieder linkerseits der Pfad über die Carnizza (Nr. 611) zum Rifugio Grego hinunterführt. Dann praktisch eben in kurzer Zeit wieder zum Sompdogna-Sattel.

Der nördlichste Abschnitt der Julischen Alpen im Krieg

Das zwischen Tarvis und Pontebba in ost-westlicher Richtung verlaufende Kanaltal trennt die Karnischen von den Julischen Alpen. Das heutige Pontebba war die Grenzstadt zwischen Italien und Österreich. Der zur ö.-u. Monarchie gehörende Teil, Pontafel, war durch die Brücke über den Grenzbach vom italienischen Pontebba getrennt. Die historischen Grenztafeln kann man an der heutigen Straßenbrücke in Pontebba besichtigen. Dieser kürzeste und am niedrigsten gelegene Übergang in das Villacher Becken stand schon lange vor dem 1. Weltkrieg immer wieder im Mittelpunkt militärischer Interessen. Die noch heute sichtbaren Reste der Festung von Malborghetto (Werk* Hensel) zeugen davon.

Bei Kriegsbeginn 1915 hatten die Österreicher den Raum zwischen Pontafel (Pontebba) und Gugg (Cuzzo**) geräumt. Bis 1917 blieb dieses Gebiet eine Art Niemandsland, das immer wieder von Patrouillen durchstreift wurde. Die österreichische Frontlinie verlief vom Hauptkamm der Karnischen Alpen in Richtung der Grenzortes Pontebba – Pontafel. Bei Kriegsbeginn hatten sich die Österreicher entlang der Berge nördlich des Kanaltales zwischen Pontebba und Malborghetto positioniert (Skalzerkofel – Sartozza (Quellsattel) – Brisia – Plania – Fella-Tal). Auf der Höhe von Gugg querte die Frontlinie das Kanaltal (Fella-Tal) und zog sich über die Strekizza-Alm (Malga Strechizza) hinauf in Richtung Mittagskofel. Die italienischen Frontlinien verliefen von der Casera

---

* österr. Bezeichnung für Festungsanlagen
** kleiner Ort bei Malborghetto

Glazat nach Studena Alta, über den Monte Slenza, den Monte Fortin und die Talsperre Piano zu den Höhenzügen südlich des Kanaltales. Das kampflose Überlassen des strategisch beherrschenden Mittagskofels (Jôf di Miezegnot) war ein militärisches Versäumnis der Österreicher. Zu Beginn der Kampfhandlungen hatten die Österreicher den Due Pizzi-Ostgipfel und den Monte Piper besetzt. Am Westgipfel des Due Pizzi (Zweispitz) und am Mittagskofel waren die Italiener.

Die einzige feste Talsperre der Österreicher war das Werk (Fort) Hensel zwischen Malborghetto und Ugovizza. Die Anlage stammt aus den Napoleonischen Kriegen und wurde im Mai 1809 nach langem Kampf von den Franzosen erobert. Im Gedenken an die bis zum letzten Mann kämpfenden Verteidiger wurde die Festung 1882 nach deren Kommandanten Friedrich Hensel benannt. Das Werk besteht aus zwei Festungen, die durch eine Poterne* verbunden sind. Die Decken der Festungen wurden zwar mit Beton und Steinquadern verstärkt, trotzdem war das Werk 1915 bereits hoffnungslos veraltet. Dazu kam, dass die Italiener vom Due Pizzi (Zweispitz) und vom Jôf di Miezegnot (Mittagskofel) direkte Sicht auf die Sperre hatten.

Bereits im Frühjahr 1915 waren die Straßenarbeiten ins Dogna-Tal abgeschlossen. Deshalb konnte die Artillerie, im Besonderen waren es zwei 30,5cm Mörser, das Werk systematisch bombardieren. Aus diesem Grund verlagerten die Österreicher ihre Geschütze großteils in eine 3–4 Kilometer lange Sperrlinie vom Buchkopf bis zum Nordabhang des Mittagskofels. Durch diese »Zielvervielfältigung« wurde der italienische Beschuss der österreichischen Geschütze erschwert. Auch im Werk Hensel blieb eine Geschützmannschaft zurück, um den Italienern eine volle Besatzung vorzutäuschen. Ab August 1915 wurde das Fort allerdings kaum noch beschossen. Im September 1915 eröffnete die italienische Artillerie das Feuer auf die Ortschaften im oberen Kanaltal. Die italienischen Beobachter hatten ihren Standort am Montasch (Jôf di Montasio). Am ersten Tag der Beschießung wurden in Tarvis 200 Einschläge registriert. Im oberen Ortsteil brachen mehrere Brände aus. Auch die Orte Camporosso (Saifnitz) und Valbruna (Wolfsbach) lagen immer wieder im italienischen Beschuss, wobei Valbruna großteils zerstört wurde.

Die Position der Österreicher verschlechterte sich extrem, als eine Alpini-Einheit in der Nacht am 28. Mai 1915 unbemerkt in die Stellungen der Österreicher am Monte Piper eindrang. Auch die Ablösung am nächsten Morgen fiel in

---

* überdachter (gedeckter) Gang

LINKS Auch die Wallfahrtskirche am Luschari wurde am 17. 9. 1915 in Brand geschossen. (WS)

UNTEN Eine in Dogna stationierte italienische 30,5 cm Haubitze (WS)

UNTEN Österreichische Stellungen bzw. Unterkünfte unterhalb des Kleinen Mittagskofels in geschützter Lage auf der Nordseite des Grates. (WS)

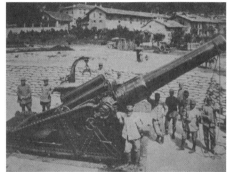

OBEN Der »Gigant« in der österreichischen Armee war das 42 cm Skoda-Geschütz. Die in Gugg (Cucco) stationierte Küstenhaubitze hatte eine Reichweite von 14 Kilometern. Die Munition musste mit Flaschenzug und Laufkatze (auch Krankatze: beweglicher Kranteil) in die Trommel der 42cm Haubitze gehoben werden. Jede Granate hatte ein Gewicht von mehr als 1.000 Kilogramm. (WS)

die Hände der Alpini. Vor allem die steirischen Soldaten in der Piper-Scharte*
(Forchia di Cianolot) kamen dadurch in eine aussichtslose Situation. Die italienischen Soldaten saßen praktisch über ihnen. Dazu kam, dass in die Scharte auch vom Montasch her eingesehen werden konnte. Warum die österreichischen Befehlshaber die Scharte nicht sofort räumen ließen, ist, wie so vieles in diesem irrsinnigen Krieg, völlig unverständlich. Zeit dazu wäre mehr als genug gewesen.

Erst zwei Monate später, am 30. Juli eröffneten die Italiener den konzentrierten Beschuss der Piper-Scharte und des Zweispitz-Ostgipfels. Die Stellungen bestanden nur aus aufgeschichteten Steinen. Bei den Granateinschlägen wurden durch die Steinsplitter zahllose Soldaten verletzt oder getötet. Ununterbrochen schlugen die schweren Geschosse am Zweispitz-Ostgipfel und in der Scharte ein. Die notdürftig errichteten Schutzwälle waren in kürzester Zeit von der schweren italienischen Artillerie, die vom Dogna-Tal aus agierte, zerstört. Völlig schutzlos lagen die steirischen Soldaten im fürchterlichen Feuerhagel. Im Schutz des Nebels und des Rauchs schob sich ein ganzes italienisches Bataillon aus dem Dogna-Tal in Richtung Scharte vor. Gleichzeitig kletterten 25 Alpini unter der Führung Leutnants Bernardini** durch die Südwestflanke des Ostgipfels. Die durch den Artilleriebeschuss stark dezimierte Besatzung wehrte sich bis zum letzten Mann. Nach der Gipfeleroberung griffen die Alpini die Schartenbesatzung auch von der Flanke und von hinten an. Nach einem kurzen intensiven Nahkampf fiel auch die Scharte in die Hände der Italiener. Von der gesamten österreichischen Besatzung entkamen nur 6 Mann, alle mit Stichverletzungen aus dem Nahkampf. Ein ungarisches Honved-Bataillon, das unter dem Zweispitz stationiert war, wollte in der Nacht einen Gegenangriff starten. Seitens des Divisionskommandos wurde dies untersagt, weil man spät, aber doch erkannt hatte, dass sowohl der Ostgipfel als auch die Scharte, wenn überhaupt, nur mit schwersten Verlusten zu halten gewesen wären.

Das Hauptproblem der Österreicher bestand, wie bereits erwähnt, darin, dass sie keine Möglichkeit hatten, gegen die italienische Artillerie im Dogna-Tal vorzugehen. Das änderte sich erst durch die unvorstellbaren Aktionen Ferdinand Horns, Guido Mayers und anderer »Alpinspezialisten«, auf die ich im nächsten Kapitel über das Montasch-Massiv genauer eingehen werde. Interessant ist auch, dass zur Bekämpfung der italienischen Artillerie für kurze Zeit in Gugg

---

* Scharte zwischen dem M. Piper und dem Due Pizzi (Zweispitz)
** Die Biwak-Hütte unter dem Due Pizzi-Ostgipfel wurde nach ihm benannt (Ricovero Armando Bernardinis).

(Cucco) bei Malborghetto an einem eigens errichteten Bahngleis sogar eine 42 cm Küstenhaubitze* (42 cm KH/L 15) positioniert wurde. Das Riesengeschütz wurde auf so genannten Bettungsringen aufgebaut Aber nachdem die Italiener das ja direkt von ihren Stellungen vom Zweispitz bis zum Mittagskofel beobachten konnten, mussten die Österreicher das Riesengeschütz schleunigst wieder abziehen. Ansonsten wäre es bald zerstört gewesen.

Am 18. und 19. Oktober 1915 startete das österreichische Kommando die größte militärische Aktion von der Saisera aus. Dabei kam eine ganze steirische Gebirgsbrigade zum Einsatz. Hauptangriffsziel war der Mittagskofel (Jôf di Miezegnot). Daneben sollte auch noch der gegenüber liegende Jôf di Sompdogna (Köpfach) und der Sompdogna-Sattel erobert werden. Am 18. Oktober leitete ein konzentrierter Artilleriebeschuss des Sattels und des Mittagskofels den Angriff ein. Es herrschte nebeliges Wetter, und die Ziele konnten nicht eingesehen werden. Deshalb war es für die Artilleriebeobachtung unmöglich, den Beschuss zu steuern. Der aufwändige Artillerieeinsatz blieb deshalb völlig wirkungslos. Der Angriff der Infanterie war damit von Vornherein zum Scheitern verurteilt. So versuchten die österreichischen Angreifer über die schneebedeckten steilen Flanken und Grate vom Kleinen auf den Großen Mittagskofel vorzudringen. »Sie wurden vom Großen Mittagskofel herunter von den Alpini zuerst mit höhnenden Zurufen empfangen und dann von rasendem Maschinengewehrfeuer erfasst und niedergemäht.«**

Eine einzige italienische Stellung in der Nähe der heutigen Grego-Hütte wurde eingenommen. Die am zweiten Angriffstag herangeführten ungarischen Truppen und Kärntner Schützen wurden dann auch noch von der eigenen Artillerie beschossen, was das Fiasko vervollständigte. Selbst die österreichischen »Kletterspezialisten« wurden in die Montaschflanken geschickt. Leutnant Klauer entkam mit seinen Leuten am Brdo-Grat im letzten Augenblick durch eine verwegene Abseilaktion. Am Kuglic*** konnte nur Dr. Guido Mayer, von dem im nächsten Abschnitt mehr berichtet wird, einem italienischen Hinterhalt entwischen. Selbst dem angesehenen Alpinberater Julius Kugy gelang es nicht, die militärische Führung von ihrer dilettantischen Aktion abzubringen. Während die Italiener kaum Verluste hatten, verloren die Österreicher 500 Mann an Toten und Verwundeten. Ende Oktober erfolgten noch einige itali-

---

* Mehrzweckgeschütz: Eine Haubitze kann sowohl zum Direktbeschuss auf sichtbare Ziele als auch zum Indirektbeschuss (Steilfeuer) auf verdeckte Ziele eingesetzt werden.
** Pust, Ingomar: Die steinerne Front, Graz 2009, S.62
*** Felskopf am Ende des Montasch-Mittelgrates (Biwak-Stuparich)

enische Angriffe, die jedoch von der österreichischen Artillerie im Bereich der Wischberge abgewehrt wurden. Die sich im Niemandsland befindenden Ortschaften Pontafel, Leopoldskirchen und Lußnitz wurden niedergebrannt. Mit dem einbrechenden Winter ebbten die Kampfhandlungen immer mehr ab. Nach dem frühen Schneefall Anfang Oktober gab es bis Ende Februar praktisch keine Niederschläge. Aber dann fielen derartige Schneemengen, dass bis Ende April überhaupt keine Kampfhandlungen möglich waren. Aber die Verluste durch den »Weißen Tod« waren wesentlich höher. Allein im Kärntner Abschnitt kamen mehr als 1000 Mann durch Lawinenabgänge um.

Bis zur deutschen-österreichischen Offensive im Herbst 1917 gab es nur mehr eine größere Kampfhandlung. Die Österreicher versuchten ihre Position mit möglichst wenigen Leuten zu halten. Zwischendurch wurden total erschöpfte Truppen vom Isonzo zur »Erholung« in diesen Frontabschnitt verlegt. Die Italiener verbesserten vor allem die Infrastruktur (Seilbahnen, Wasserleitungen, Klettersteige) ihrer Stellungen und Unterkünfte. Die Reste dieser Anlagen kann man heute noch am Mittagskofel (Regimentskommando) oder am Due Pizzi (Tunnel, Klettersteig) sehen. Militärische Aktionen beschränkten sich großteils auf Teilabschnitte und Patrouillenkämpfe. Aber auch auf österreichischer Seite wurden die Stellungen am Kleinen Mittagskofel ausgebaut.

Am 18. und 19. Juli 1916 versuchten die Italiener nochmals die Stellungen der Österreicher am Kleinen Mittagskofel und am Schwarzenberg (Mt. Nero) zu erobern. Dabei kam es zu dramatischen Ereignissen. Italienische Alpini* und Bersaglieri** erstürmten dreimal den Kleinen Mittagskofel und dreimal eroberten die Österreicher den Berg wieder zurück. Dabei kam es zu kaum vorstellbaren Nahkämpfen. So fand man nach dem Ende der Kämpfe, nachdem die Österreicher die Stellungen am Kleinen Mittagskofel endgültig zurückerobert hatten, den österreichischen Oberleutnant Dr. Kordin und einen italienischen Alpiniooberleutnant nebeneinander liegend mit Kopfschüssen tot auf. Beide hatten noch ihre Pistolen in der Hand. Offensichtlich hatten sie im Zweikampf gleichzeitig abgedrückt.*** Der Nachfolger Cordins, Fähnrich Gasser fand bei der zweiten Wiedereroberung des Kleinen Mittagskofels ebenfalls den Tod. Erst dessen Nachfolger, Fähnrich Stockinger, konnte den Kleinen Mittagskofel endgültig zurück erobern.

---

* Gebirgsjäger, gelten als die ältesten Gebirgsjägertruppen (1872)
** von »bersaglio« = Ziel(scheibe): italienische Infanterietruppe
*** Schaumann, Walther: Schauplätze des Gebirgskrieges IIIb, Cortina d' Ampezzo, 1978, S.470

Im Winter 1916/17 hatten die Soldaten vor allem auf italienischer Seite schon weit bessere Unterkünfte und Kavernen, aber wieder gab es enorme Schneemassen (bis zu 6 Meter) und arktische Kälte mit fürchterlichen Winterstürmen. Deshalb gab es wieder eine ähnlich hohe Anzahl von Lawinentoten wie im Vorwinter. Bis in den Mai kam es daher zu keinen militärischen Aktivitäten.

In der Nacht auf den 26. Oktober 1917 versuchte die 59. österreichische Gebirgsbrigade im Rahmen der deutschen-österreichischen Offensive den Nevea-Sattel (Sella Nevea) zu erobern. Wegen der mangelhaften Artillerieunterstützung war es den Soldaten unmöglich, die mächtigen Stacheldrahthindernisse (3 Meter hoch) zu überwinden. Nach kurzer Zeit musste die Aktion abgebrochen werden. Das Resultat des Angriffes waren 160 Tote und 432 Verwundete. Mit besserer Artillerieunterstützung eroberten die Österreicher zwei Tage später den Nevea-Pass und stießen am 29. Oktober ins Raccolana-Tal vor. Damit waren hier die Kämpfe zu Ende.

Im Herbst 1918 wurde das Kanaltal noch einmal in Mitleidenschaft gezogen. Teile der ö.u. Armee plünderten beim Rückzug die noch vorhandenen Ortschaften. Die Bevölkerung musste von italienischen Stellen mit Lebensmitteln versorgt werden*. In diesem Zusammenhang muss erwähnt werden, dass diese Soldaten, die der italienischen Gefangenschaft entkommen waren, teilweise schon tagelang nichts mehr zu essen bekommen hatten.

Die historischen Ereignisse während des 1. Weltkrieges im nördlichsten Abschnitt der Julier hängen natürlich eng mit denen im Bereich Wischberg und Montasch zusammen bzw. überschneiden sie sich. Damit beschäftige ich mich im nächsten Kapitel.

---

* Das Kanaltal gehörte ab Pontebba ja noch zu Österreich.

2. Kapitel
Großer Nabois – Kor-Scharte (Forc. del Vallone) – Wischberg (Jôf Fuart) – Monte Cregnedul – Foronon del Buinz – Cima di Terra Rossa – Montasch (Montasio)

In diesem Abschnitt habe ich den gesamten Montasch-Wischberg-Bereich zusammengefasst. Der Grund dafür sind die Ereignisse während des Ersten Weltkrieges, die sozusagen ineinander greifen. Deshalb kann ich natürlich nur die eher leichteren Haupttouren, die historisch besonders interessant sind, beschreiben. Von der bergsteigerischen Seite gibt es noch viele andere Varianten und Kombinationen, die meist allerdings wesentlich anspruchsvoller sind. Im Tourenteil ist dieses Kapitel in 2 Abschnitte unterteilt: Abschnitt 1: Großer Nabois, Kor-Scharte, Wischberg (Jôf Fuart) und M. Cregnedul; Abschnitt 2: Montasch, Cima di Terra Rossa und Foronon del Buinz.

Abschnitt 1

Tour 6: Großer Nabois (Nabois grande)

CHARAKTERISTIK: lange alpine Tour; ab der Nabois-Scharte steiles felsiges Gehgelände; letzter Abschnitt einfacher, aber ausgesetzter Klettersteig [KS2]

WEGVERLAUF: Parkplatz Steinbrücke (860 m) – Rifugio Luigi Pellarini (1.500 m) [2 Std.] – (Sella Nabois 1.970 m) [1 Std.] – Großer Nabois (2.313 m) [1 Std.]

Die Wischberggruppe wird von manchen als »Dolomiten« der Julier bezeichnet. Es gibt hier natürlich zahlreiche Kletterrouten und auch einige Klettersteige, die es wirklich in sich haben. Ich habe bewusst Touren gewählt, die zwar auch Klettersteige beinhalten, die aber von trittsicheren und absolut schwindelfreien Personen ohne weiters begangen werden können.

Der Große Nabois ist ein Berg, der verhältnismäßig wenig begangen wird, obwohl die Tour eigentlich alles bietet, was man sich nur vorstellen kann. Einerseits hängt das damit zusammen, dass der Anstieg mit einer reinen Gehzeit von gut 4 Stunden mit 1.450 Höhenmetern doch recht anstrengend ist, schließlich muss man die Strecke auch wieder hinunter kommen. Der zweite Grund dürfte darin liegen, dass sich der Berg sozusagen im Wischberg »versteckt«. Wenn man vom Mittagskofel (Jôf di Miezegnot) den Nabois sucht, und die Sicht nur etwas dunstig ist, glaubt man, der Berg ist verschwunden, da er direkt vor dem höheren Wischberg (Jôf Fuart) steht. Aber genau diese Nähe ist es, die es ermöglicht, dass Leute, die absolut schwindelfrei und trittsicher sind, die schaurig schöne, manchmal fast bedrückende Szenerie der Nordseite des Wischbergs erleben können. Und selbst wenn jemand Ausgesetztheit und einfache Klettersteige nicht mag, kann er diese Welt erleben, wenn er bis zur Nabois-Scharte geht.

GROSSER NABOIS (NABOIS GRANDE)

Der Blick aus der Maschinengewehr-Kaverne oberhalb der Nabois-Scharte am Fuß der imposanten Wischberg-Nordwand hinüber zum Montasch (Jôf di Montasio)

Aus Richtung Villach kommend zweigen wir direkt nach dem dritten Tunnel nach Tarvis ab. Durch den Ort, entlang des Marktes geht es weiter an der Luschari-Bergbahn vorbei zur Abzweigung nach Valbruna (Wolfsbach) [7 km vom Ortsanfang Tarvis]. Wir zweigen links ab und kommen nach 2 km zur Ortschaft Valbruna. Jetzt kann man durch den Ort oder auf der Umfahrungsstraße ins Saisera-Tal fahren. Nach 2,5 km zweigt links eine Schotterstraße ab (Wegweiser »Lussari«; vor der Loipenbrücke über die Asphaltstraße). Wir folgen der Schotterstraße und kommen nach ein paar 100 Metern auf den Parkplatz mit dem Fahrverbotsschild knapp unterhalb der Steinbrücke, dem Ausgangspunkt der Tour (855 m).

Wir folgen der Fahrstraße nach Luschari über die Steinbrücke. Dann zweigt nach wenigen Minuten bei einer Quelle mit einem Betontrog der Weg zur Pellarini-Hütte (Wegweiser) nach rechts (südlich) ab. Der Weg Nr. 616 quert danach das fast immer trockene Bett der Saisera und nach 10 Minuten erreichen wir den Fahrweg (Nr. 616), dem wir links in südöstlicher Richtung folgen.

Der angenehm sanft ansteigende Fahrweg führt im oberen Bereich entlang des Baches und endet nach einer Gehzeit von einer Stunde bei der Talstation der Materialseilbahn zur Pellarini-Hütte. Der markierte Steig führt dann steiler links unter den Felsen um die Steilstufe. Nach einigen Kehren im Buchenwald des oberen Teils gelangen wir ins freie Gelände unterhalb der Hütte. Unter den Felswänden der fünf Schwalbenspitzen (Cime delle Rondini) geht es weiter, zuletzt wieder steiler werdend, zur Pellarini-Hütte. Die reine Gehzeit bis zur Hütte beträgt 2 Stunden. Die Schutzhütte befindet sich am Eingang des imposanten Felskessels, der vom Nabois, dem Wischberg (Fuart), der Kaltwasser-Gamsmutter (Cima di Riofreddo), der Kaltwasser-Karspitze (Cime Vergini) und den Schwalbenspitzen umrahmt wird.

Gleich nach der Hütte zweigt links der Pfad auf die Carniza-Scharte ab. Wir folgen dem markierten Weg zur Nabois-Scharte. Nach einem kurzen Stück durch ein ausgetrocknetes Bachbett führt der Steig in Richtung der von hier aus bereits deutlich zu sehenden Nabois-Scharte. Weiter geht es steiler werdend im Zick-Zack-Kurs über Schuttfelder hinauf. Bei meiner Tour im August 2012 bin ich endlich draufgekommen, wie der doch etwas eigenartige Name der Gamsmutterberge entstanden sein könnte. Gar nicht weit weg säugte eine Gämse auf einem Felsblock stehend ihr Kitz. Bis ich meinen Fotoapparat klar gemacht hatte, war der Durst des Gamssprösslings allerdings schon gestillt, und das Kitz suchte das Weite. Die »Gamsmutter« allein war dann halt kein besonderes Motiv.

Nach einer weiteren Stunde, 70 Höhenmeter unterhalb der Scharte, zweigt der Weg rechts vor einer in den Felsen geschlagenen Mannschaftsunterkunft zum Nabois ab (deutlich gekennzeichnet).

Wie bereits anfangs dieses Abschnittes erwähnt, können jene, die keine Klettersteige mögen, die restlichen 70 Höhenmeter hinauf in die Scharte gehen. Aber auch die »Gipfelstürmer« sollten die Scharte (beim Aufstieg oder beim Abstieg) unbedingt besichtigen. Allein der Blick hinüber zum Montasch-Massiv ist diese zwanzigminütige Investition wert. Dazu kommen die historisch interessanten Reste der österreichisch-ungarischen Stellungen.

Der Weg zum Gipfel führt über die Felsrampe (rote Punktmarkierung) mit teilweise in den Fels geschlagenen Stufen. Vom Einstieg bis zum Gipfel sind es weitere 400 Höhenmeter, für die man ungefähr eine Stunde braucht. Im oberen Bereich der Rampe queren wir unter einem Felsüberhang nach rechts und steigen über die Stufenreste durch eine Rinne hinauf. Danach folgen wir dem Steig, der in Kehren über Felsschroffen und Matten, auf denen je nach Jahreszeit verschiedene Blumen blühen, weiter nach oben führt. Dabei kommen wir an Stellungsresten der Österreicher vorbei, die unter natürlichen Felsüberhängen positioniert sind und von denen nur mehr Holzreste zu sehen sind. Erst knapp unter dem Gipfel beginnt der eigentliche Klettersteig. Entlang der neu angelegten Stahlseilsicherung gelangen wir ohne Probleme zum Gipfel. Da es doch die eine oder andere ausgesetzte Stelle gibt, ist die Benützung eines Klettersteigsets sicher kein Nachteil. Der Ausblick vom Gipfel ist einzigartig. Gegenüber, fast zum Greifen nah, die Nordwände der Wischberggruppe mit den berühmten Felsbändern, die sich durch die Wände ziehen. Westlich davon der Doppelgipfel des Buinz, der Cima di Terra Rossa und der Montasch. Das Panorama setzt sich Richtung Norden mit dem Due Pizzi, dem Mt. Piper und dem Mittagskofel fort und mit Mangart, Jalovec und Triglav im Osten schließt sich der faszinierende Kreis.

Der Abstieg erfolgt über die Aufstiegsroute. Als reine Gesamtgehzeit (Auf- und Abstieg) sollte man 7 bis 7½ Stunden einplanen. Neben der Gesamthöhe von gut 1.450 Metern muss man berücksichtigen, dass allein die Wegstrecke bis zur Talstation der Materialseilbahn gut 4 Kilometer beträgt.

KOR-SCHARTE (FORCELLA DEL VALLONE) 33

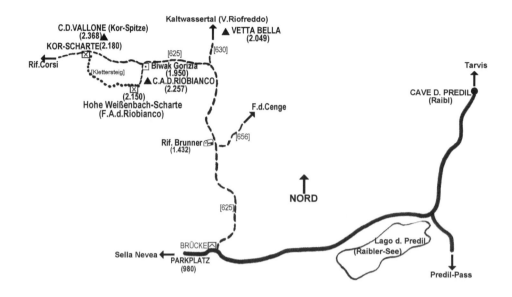

Tour 7: Kor-Scharte (Forcella del Vallone)

CHARAKTERISTIK: lange alpine Tour mit steilen Schuttrinnen; Taschenlampe für den Stollen unbedingt notwendig; Klettersteig-Rundtour [KS2/3]

WEGVERLAUF: Parkplatz Brücke Weißenbach (Rio Bianco) (980) – Rifugio Brunner (1.432) [1 Std.] – Biwak Gorizia (1.950) [1 ½ Std.] – Kor-Scharte (F.d.Vallone) (2.180) [50 Min.] – Klettersteig (Sentiero attrezzato Centenario) zur Hohen Weißenbach-Scharte (Forc. Alta di Riobianco 2.150) – Biwak Gorizia [1 ½ Std.] – Parkplatz [2 Std.]

Diese Tour ist bergsteigerisch, landschaftlich und historisch wirklich beeindruckend. Allerdings kommt man dabei auf 1.300 Höhenmeter, die man dann auch wieder herunter gehen muss. Bewirtschaftete Hütten gibt es keine, bei der Brunner-Hütte gibt es aber eine Quelle mit wunderbar kaltem Gebirgswasser.

Von Tarvis kommend fahren wir in Richtung Predil-Pass. Nach 10 Kilometern beim Raibler See (Lago del Predil) zweigen wir rechts zum Sella Nevea-Pass ab. Nach 2,7 Kilometern nach einer Steinbrücke über den Rio Bianco befindet sich auf der linken Seite bei einem großen Schotterfeld der Parkplatz.

Wir gehen über die Brücke zurück und folgen dem Wegweiser an der Betonstützmauer mit der Aufschrift »Rif. Brunner«. Der Pfad führt den Weißenbach (Rio Bianco) entlang [625]. Nach einer halben Stunde queren wir einen Arm des Baches auf die linke Seite. In einem flacheren Teil des lockeren Mischwaldes kann man stellenweise den Verlauf des ehemaligen Saumweges zum

Entlang des Grates mit seinen Felstürmchen führt der Steig hinüber bis zur Scharte vor der Hohen Weißenbachspitze (Cima Alta di Riobianco) – im Bild links.

Zentralnachschubdepot der Österreicher erkennen. Immer wieder sind die Grundrisse der Baracken im Waldboden zu sehen. Nach einer Stunde kommen wir zur Brunner Hütte. Knapp vor der Hütte zweigt der Weg zur Forcella della Cenge [656] ab. Wir folgen dem Weg zwischen der Hütte und dem Brunntrog zuerst noch ein Stück bergauf und dann kurz bergab und steigen durch den Latschenwald in Richtung Weißenbach-Scharte (Forcella di Riobianco)* zwischen dem Vetta Bella (Schönkopf) und dem Pan di Zucchero (Zuckerhut) auf.

* Nicht zu verwechseln mit der Hohen Weißenbach-Scharte (Forc.Alta di Riobianco), die südwestlich (links) gegenüber liegt und die man erst wie die Kor-Scharte vom Biwak Gorizia aus sieht.

Bei der Kreuzung nicht dem Wegweiser (»Sent. Puppis« 630) folgen, sondern nach links den flach verlaufenden Steig [625] hinüber gehen. Die nun zu überwindende Höhenstufe liegt südostseitig. Der Latschenbestand nimmt immer mehr ab, und im Hochsommer brennt die Sonne bereits ab ½ 9 unbarmherzig in den Hang. Die alte Bergsteigerweisheit, dass der »frühe Vogel den Wurm fange«, bewahrheitet sich hier wieder einmal. Wir überwinden die Stufe auf einem Zick-Zack-Pfad und erreichen nach etwa 1 ½ Stunden (ab Brunner-Hütte) das Doppelbiwak Gorizia, das am Anfang des riesigen Kars unter der Kor-Spitze (Cima del Vallone) und den Weißenbachspitzen (Cime Marginali di Riobianco und Cima Alta di Riobianco) liegt. Wenn jemand keine steilen Schuttrinnen und keine Klettersteige mag, ist das Biwak Gorizia ein durchaus lohnendes Ziel.

Wir folgen dem geradeaus am Biwak vorbeiführenden Steig, der in westlicher Richtung hinauf in die Scharte führt. Auf der linken Seite sehen wir die Hohe Weißenbach-Scharte, über die wir dann zurück zum Biwak kommen. Der Aufstieg ist vor allem im oberen Teil mühsam, da wir über Schutt und Geröll doch recht steil nach oben müssen. Aber nach 50 Minuten ist der Scharteneinschnitt erreicht und der Ausblick ist in beide Richtungen faszinierend. Direkt gegenüber liegt die Moses-Scharte. Von der Kor-Scharte könnte man zur Corsi-Hütte hinunter gehen. Überall stoßen wir auf Relikte des Krieges. Wenige Meter links von der Scharte sieht man den Eingang in den Kriegsstollen, der durch die Äußere Weißenbachspitze (Cime Marginali di Riobianco) auf die andere Seite führt. Hier beginnt der »Sentiero attrezatto Centenario«. Der Tunnel führt verhältnismäßig steil durch die Felswand und ist ohne Licht (Taschenlampe, Stirnlampe) nicht zu begehen. Über zwei Holzleitern in völliger Dunkelheit kommen wir schließlich in die große Kaverne, in der das legendäre Kor-Geschütz positioniert war. Schließlich gelangen wir auf der Südseite wieder ans Tageslicht. Rechts sehen wir durch die Schlucht hinunter auf die Scharte. Durch diese Schlucht führte im 1. Weltkrieg ein Frontsteig (Foto im historischen Teil). Der Stollen wurde erst 1917 fertig gestellt. Wir halten uns links und kommen zu den ersten Sicherungen. Über eine Flanke gelangen wir auf den Felsgrat zwischen den beiden Weißenbachspitzen.

In ständigem Auf und Ab, teils als Gehgelände, teils als leichte Kletterei gelangen wir zu einer Kanzel. Ausgesetzt, aber gut gesichert klettern wir dann in eine enge Schlucht, wobei wir im letzten Teil über eine gut 10 Meter lange Leiter den Schluchtboden erreichen. Auf der anderen Seite geht es über 2 kurze Leitern wieder hinauf. Nach einer weiteren gesicherten Steilstufe, über die wir absteigen, kommen wir in eine kleine mit Gras bewachsene Scharte, von der wir dann zum Ende des Klettersteigs hinunter gehen. Von der Hohen Weißenbach-Scharte sehen wir direkt auf das Biwak Gorizia hinunter. Der Abstieg ist zwar relativ steil, aber gut begehbar. Nach 20 Minuten sind wir wieder beim Doppelbiwak. Der weitere Abstieg ist ident mit dem Aufstieg.

Für diese wirklich grandiose Rundtour durch die Weißenbachgruppe muss man eine reine Gehzeit von 6 bis 7 Stunden einplanen. Der Klettersteig ist kurz und technisch nicht schwierig, wobei man allerdings den Hinweis auf den Tafeln am Beginn und am Ende des Steiges »percorso per esperti« (Weg für Erfahrene) schon berücksichtigen sollte.

OBEN Die in Felsspalten wachsende Zoys' Glockenblume (Campanula zoysii) blüht im Juli und August in Felswänden über 1.500 m in den Julischen Alpen, Karawanken und Steiner Alpen.

Tour 8: Wischberg (Jôf Fuart) über die Moses-Scharte – auf den Sonnenberg der Julier

»Ein schimmernder Königsthron in einem Reich des Lichtes und des Jubels«
(J. Kugy)

CHARAKTERISTIK: Sehr lange hochalpine Tour mit steilem, felsigem Gehgelände; Klettersteig Moses-Scharte [KS3], Klettersteig Normalweg [KS2]

WEGVERLAUF: Parkplatz Gedenkstein Seebachtal (1.040 m) – Malga Grantagar (Fischbach-Alm 1.530 m) – Corsi-Hütte (1.874 m) [2–2½ Std.] – Moses-Scharte (2.271 m) [50 Min.] – Anita Goitan Klettersteig – Wischberg (Jôf Fuart 2.666 m) [1½ Std.] – Normalweg Corsi-Hütte – Parkplatz Seebachtal [3½ Std.]

Die friulanische Bezeichnung Jôf Fuart könnte man mit »starker Gipfel« übersetzen. Und wie ich bereits bei der Tourbeschreibung auf den Großen Nabois erwähnt habe, macht er diesem Namen von der Nordseite her wirklich alle Ehre. Die schattigen Wände und Schluchten wirken fast ein wenig unheimlich und bedrohend. Aber er ist ein Berg mit zwei Gesichtern. Vom Süden aus dem Seebachtal (Valle Rio del Lago) wirkt er wegen seines flachen Doppelgipfels eher unscheinbar und unauffällig. Die Sonnenseite und der helle Dolomitstein machen ihn zu einem Berg des Lichtes. Und von dieser Seite ist er für »Normalsterbliche« mit einer gewissen Alpinerfahrung verhältnismäßig einfach zu erklimmen. Als Tagestour mit

1.650 Höhenmeter, die man ja schließlich wieder runter muss, ist sie doch eher konditionsstarken Alpinisten zu empfehlen. Mit einer Übernachtung auf der Guido-Corsi-Hütte (Rifugio Guido Corsi – insgesamt 69 Schlafplätze in 4–11 Bettzimmern, 27 Lagerplätze [rifugiocorsi@virgilio.it] Tel.: +39042868113 oder 3391707750) ist sie für schwindelfreie und trittsichere Alpinisten eine Traumtour. Wenn man mit einer Gehzeit von 7 – 8 Stunden und den gut 1.600 Höhenmetern keine Probleme hat, kann man es auch als Tagestour gehen.

Die Zufahrt erfolgt von Tarvis in Richtung Predil-Pass. Nach der Ortschaft Cave del Predil (Raibl) zweigen wir am Raibler See rechts nach Sella Nevea ab. Nach exakt 6 Kilometern bei einem Gedenkstein mit einem Kreuz, der an eine Tragödie, die sich im Mai 1945 abspielte, erinnert, zweigen wir rechts auf die Schotterstraße ab. Wenige Tage nach der deutschen Kapitulation nach dem 2. Weltkrieg hatten Einheimische versucht, in einem Pulvermagazin an die Säcke aus Seide zu kommen. Dabei flog ein Teil des Lagers in die Luft, und 29 Menschen fanden bei dieser Explosion den Tod. Wir folgen der Schotterstraße und gelangen nach einem knappen Kilometer zum Parkplatz vor dem Schranken mit dem Fahrverbot. Jetzt beginnt der Fußmarsch über die vom italienischen Militär in den frühen 70er Jahren sehr schön hergerichteten Bergstraße auf die Malga Grantagar (Fischbachalm). Als Alternative könnte man auch direkt vom Gedenkstein an der Sella Nevea Straße auf einem Steig [628] hinauf gehen, der etwa nach der Hälfte der Strecke in die Straße mündet. Zeit erspart man sich dabei aber sicher nicht und einige Höhenmeter mehr sind es auch. Die Straße ist vor allem im oberen Teil fast durchgehend betoniert. Nach einer guten Stunde durch den Buchenwald erreichen wir schließlich die Malga Grantagar (Fischbachalm). Wenn man das erste Mal auf diese Alm kommt und den Wischberg sucht, glaubt man, dass er von hier aus noch nicht zu sehen ist. Bei jeder Autofahrt in Richtung Tarvis sieht man diesen markanten Gipfel ja von der Autobahn, und dieses Bild hat sich sozusagen im Kopf festgesetzt. Dass derselbe Berg von Süden zumindest aus der Entfernung so nett und harmlos aussieht, kann man gar nicht glauben.

Für jene, die es besonders eilig haben, besteht die Möglichkeit, den direkten Steig entlang der Materialseilbahntrasse zu gehen. Links von der Talstation (Schild) führt der Weg zuerst in den Graben hinunter und dann steil hinauf zur Corsi-Hütte. Der Normalweg geht links in einem weiten Bogen am Brunntrog vorbei zuerst in Richtung Bärenlahnscharte (Forc. Lavinal dell' Orso) bis unter die Traufwand. Dort folgen wir dem Steig unter den Felswänden nach rechts auf die Schulter oberhalb der Corsi-Hütte. Dabei kommen wir an der so genannten »Findenegg-Stellung« vorbei. Dabei handelt es sich um ein Maschinengewehr-Kavernensystem, das nahezu vollständig erhalten ist. Das Innere ist ausbetoniert und derartig perfekt gestaltet, dass man im ersten Moment glaubt, in einer italienischen Stellung zu sein. Entlang des Weges, der am Felsfuß des Campanile Ago di Villaco (Villacher-Turm) oberhalb der Corsi-Hütte hinüber führt, stoßen wir immer wieder auf Reste von Stellungsbauten und Kavernen.

Als Ausgleich zu diesen mahnenden Resten des Krieges finden wir in der Felswand immer wieder wunderschöne Alpenblumen. Unter anderem die seltene Schopfige Teufelskralle und die Zoys' Glockenblume.

Nach einem kurzen Bergabstück erreichen wir den Wegweiser bei der Corsi-Hütte. Der Normalweg führt in nördlicher Richtung (Pfeil) und dann leicht rechts direkt in Richtung Wischberg. Wir folgen den roten Mar-

Das kleine Gipfelkreuz, das sich neben einer Madonnenstatue auf dem Westgipfel befindet. Im Hintergrund die Kanin-Kette.

kierungspunkten halblinks über einen nicht sehr steilen Felsen in Richtung der deutlich sichtbaren Moses-Scharte (Forcella Mose). Über leicht zu überwindende Felsstufen und zuletzt auf einem Zick-Zack-Steig gelangen wir nach einer knappen Stunde auf die Scharte. Allein der Ausblick hinüber zum Montasch und hinunter in die Spragna lässt einen die Mühen des 3 bis 3 ½ Stundenaufstiegs vergessen. Wie überall stößt man auch hier auf die Spuren des 1. Weltkriegs. Für Leute, die keine Klettersteige gehen, ist eine Tour auf die Moses-Scharte sowohl vom landschaftlichen als auch vom historischen Aspekt aus wirklich zu empfehlen.

Von der Scharte gehen wir kurz nach rechts (nordöstlich) bis vor die Reste der ehemaligen Seilbahnstation der Österreicher. Sehr gut gesichert (neue Stahlseile) führt der Höhensteig über die Wand. Dabei gibt es keinerlei technische Schwierigkeiten. Schließlich kommen wir unterhalb der eindrucksvollen »Pagode« auf den Steig, der die Südflanke des Berges quert. Am Ende der Querung treffen wir auf den Normalweg, der direkt von der Corsi-Hütte herauf kommt. Wir verlassen den »Anita Goitan« Höhenweg und steigen in linker Richtung hinauf auf den Kamm in Richtung Gipfel. Der Weg ist teilweise steil und es gibt viele Steine und schuttige Abschnitte. Deshalb sollte man den Helm, den man spätestens in der Moses-Scharte aufgesetzt hat, ruhig aufbehalten. Nach 4 bis 4 ½ Stunden hat man den Doppelgipfel des Wischbergs (Jôf Fuart 2.666 m) erreicht.

Für den Abstieg würde ich den Normalweg hinunter zur Corsi-Hütte vorschlagen. Wir gehen den Steig hinunter bis zur Abzweigung zur Moses-Scharte. Dann folgen wir geradeaus dem »Anita Goitan« Höhenweg in eine kleine Schlucht, wo dieser über Felsbänder zur Kaltwasser-Scharte abzweigt. Teilweise seilgesichert klettern wir weiter in Richtung Corsi-Hütte. Dabei geht es einmal durch einen ganz kurzen Felstunnel, bis wir schließlich auf den Steig, der von der Hütte zur Kaltwasserscharte führt, treffen. Weiter unten kommt noch der Weg von der Kor-Scharte dazu. Nach 1½ bis 2 Stunden sind wir auf der Corsi-Hütte, mit der Möglichkeit, die aufgestauten Durst- und/oder Hungergefühle zu beseitigen. Für den weiteren Rückweg kann man entweder den sehr schönen Aufstiegsweg oder die direkte kürzere, aber steile und mühsame Route über den »Sentiero dei Tedeschi« zur Malga Grantagar (Fischbachalm) wählen. Der 3 Kilometer »Straßenhatsch« zum Parkplatz bleibt auf alle Fälle niemandem erspart.

Natürlich könnte man die Tour auch in der anderen Richtung machen. Mit zwei Autos bestünde auch die Möglichkeit die Tour 2 (Kor-Scharte) mit der Wischbergtour zu koppeln. Ein Fahrzeug stellt man am Parkplatz zur Malga Grantagar (Fischbachalm) ab, das andere beim Parkplatz Brücke Weißenbach, wo die Kor-Scharten-Tour beginnt. Vom Biwak Gorizia geht man dann die Rundtour (Sentiero attrezzato Centenario) in der anderen Richtung. Aufstieg links vom Biwak in die Hohe Weißenbachscharte (Forc. Alta di Riobianco) und dann den Klettersteig hinüber zur Kor-Scharte (Forcella del Vallone). Nach dem Stollen von der Kor-Scharte links hinunter zur Corsi-Hütte, die wir in 4½ bis 5 Stunden locker erreichen. Nach der Übernachtung auf der Corsi-Hütte machen wir am nächsten Tag die Tour über die Moses-Scharte auf den Wischberg und dann gehen wir über die Malga Grantagar hinunter zum Parkplatz, wo das eine Auto steht, mit dem wir wieder hinausfahren zum Beginn unserer Zweitagestour, wo das zweite Fahrzeug steht.

Tour 9: Monte Cregnedul

CHARAKTERISTIK: alpine Tour

WEGVERLAUF: Sella Nevea (1.160 m) – Cregnedul-Alm (1515 m) [1 Std.] – «italienische Fahne« [2 Std.] – Monte Cregnedul (2.351 m) [30 Min.]

Nachdem es in diesem Abschnitt mit einer Ausnahme nur Touren mit Klettersteigen gibt, habe ich diese eher weniger begangene Alpintour gewählt, bei der auch Leute, die keine Klettersteige gehen, die Möglichkeit haben, die faszinierende Felswelt dieses Abschnitts mit den zahlreichen Resten der italienischen Frontlinie kennen zu lernen. Im gesamten oberen Teil gibt es keine Markierung, aber wenn man den richtigen Steig einmal hat, ist die Orientierung kein Problem.

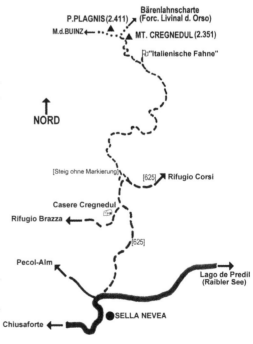

In südwestlicher Richtung schauen wir weit in die Dolomiten hinein. Links im Bild der Monte Sart.

Mit dem Auto fahren wir von Villach kommend in Tarvis ab und gleich am Ortsanfang nach Süden in Richtung Predil-Pass. Nach 9 Kilometern fahren wir durch die Ortschaft Cave del Predil (Raibl) und nach einem Kilometer zweigen wir rechts am Lago del Predil (Raibler See) zum Sella Nevea (Nevea-Sattel) ab. Nach 10 Kilometern gleich nach der Passhöhe gibt es rechts am Ortsanfang bei einer ehemaligen Liftpiste genügend Parkplätze.

Wir gehen den steilen steinigen Weg am rechten Rand des Lifthanges ein kurzes Stück hinauf und folgen dann dem Weg zur Casere Cregnedul di Sopra. Nach etwa einer Viertelstunde zweigt dann deutlich markiert der Steig [625] in Richtung Corsi-Hütte ab. Wir folgen dem Steig, der zweimal die Straße quert und kommen nach einer Stunde zu einer Wegkreuzung. Links geht es zur Casere Cregnedul und weiter zur Brazza-Hütte. Wir bleiben auf dem Weg zur Corsi-Hütte. Nach dem letzten Waldstück kommen wir in ein flacheres Gelände. Bei den ersten Steinmauern aus dem 1. Weltkrieg führt der Weg in Richtung Corsi-Hütte nach rechts unter einer Steilstufe weiter. Auf einem Felsblock links des Steiges ist eine verblasste gelbe Aufschrift mit einem Pfeil zu sehen. Wenn wir diesem kaum mehr sichtbaren Pfeil folgen, kommen wir auf einen deutlich sichtbaren Steig, der zuerst halblinks in das große Kar unterhalb von Cregnedul und Modeon del Buinz führt. Nachdem dieser Hinweis schon jetzt kaum mehr zu sehen ist, gibt es eine zweite Möglichkeit. Wir folgen der Markierung ein kurzes Stück nach rechts. Nach wenigen Metern zweigt ein deutlich zu sehender Steig scharf nach links ab. Achtung, es gibt weder eine Markierung noch einen Hinweis. Aber wir sind nun auf dem richtigen Pfad, dem wir nur mehr folgen müssen. Im schütteren Wald sehen wir immer wieder Steinmauern der ehemaligen italienischen Unterkunfts- und Magazinbauten. Den Kriegssteigen und Saumwegen folgend steigen wir in vielen Kehren über die gebankte Steilstufe empor. Immer wieder stoßen wir dabei auf die Reste italienischer Stellungen.

Wir folgen den italienischen Frontsteigen und Saumwegen auf der rechten (östlichen) Seite des Talkessels. Wie bereits erwähnt, gibt es keine Markierungen, aber da der begangene Steig klar zu erkennen ist, gibt es keine Orientierungsprobleme. Zudem ist der Pfad, wie bei den Italienern üblich, ohne steile Abschnitte angelegt, so dass man die Steilstufe hinauf auf den Kamm ohne Mühe überwinden kann. Am Kamm oberhalb einer Stellung auf einer Kuppe befindet sich eine italienische Fahne. Jetzt sehen wir auf das gesamte Panorama der Julischen Alpenwelt. Bis zu diesem Punkt ist die Tour eine reine Wanderung, die auch von Leuten, die Höhenangst haben und nicht trittsicher sind, ohne weiteres begangen werden kann.

Auch der weitere Weg rechts des Kammes zu den felsigen Gipfeltürmen des Cregnedul ist unschwierig. Er führt zwischen Stellungsresten in steilerem Gelände hinüber bis zur Scharte zwischen dem Punta Plagnis und dem Cregnedul. In diesem Abschnitt gibt es Schutt und ein paar Felsschroffen. In der Scharte treffen wir auf den Sentiero Ceria Merlone (Klettersteig), der vom Buinz kommend in die Bärenlahnscharte (Forc. Livinal dell Orso) hinüber führt. Kurz vor der Scharte kann man in unschwieriger leichter Kletterei durch eine Felsrinne zwischen italienischen Kavernen in wenigen Minuten zum höchsten Punkt des Cregnedul steigen.

Der Abstieg ist ident mit dem Aufstieg. Wer eine längere Tour machen möchte, kann auch in die Bärenlahnscharte hinunter steigen und von dort über den Passo degli Scalini zur Casere Cregnedul zurückgehen.

Abschnitt 2

Tour 10: Montasch (Jôf di Montasio)

CHARAKTERISTIK: hochalpine Tour über den Leiterweg (Skala Pipan); 60 Meter schwankende vom Fels abgesetzte Leiter; absolute Schwindelfreiheit erforderlich; technisch nicht schwierig, aber extreme Steinschlaggefahr [KS2]

WEGVERLAUF: Parkplatz Pecol-Alm (1.502 m) – Wegteilung unter Forca dei Disteis (2.202 m) [2 Std.] – Montasch (Jôf di Montasio (2.753 m) [1½–2 Std.]

Die Zufahrt ist die gleiche wie bei der der Tour auf den Monte Cregnedul. Gleich nach der Passhöhe von Sella Nevea in der ersten Linkskurve geht es rechts auf einer schmalen asphaltierten Straße auf die Pecol-Alm. Nach 5 Kilometern stellen wir das Auto am Parkplatz auf der Pecol-Alm (1.502 m) ab.

Mit seinen 2.753 Metern ist der Jôf di Montasio der zweithöchste Berg der Julischen Alpen. Seine heute nicht mehr gebräuchliche Bezeichnung Pramkofel* stammt aus dem Mittelalter. Im 13. Jahrhundert erhielt das Friauler Adelsgeschlecht Pramberg die Montaschalmen (Altipiano del Montasio) als Lehen. Heute wird das gesamte Almge-

---

* auch Bramkofel

biet meist als Pecol-Alm* bezeichnet. Das Wasser für das Vieh wurde früher mittels Holzrinnen aus der Forca de lis Sieris (Rinnenscharte) heruntergeleitet. Heute sammelt man das Wasser in einer großen Fassung oberhalb der Brazza-Hütte. Der berühmte Montasio-Käse stammt übrigens ursprünglich von dieser Alm. Und auf der Latteria Malga Montasio, die etwa 200 Meter vom Parkplatz entfernt liegt, gibt es einen Verkaufsladen für den Originalkäse und ein Gasthaus, in dem man wirklich gut speisen kann. Letzteres gilt auch für die Brazza-Hütte (Rifugio Giacomo di Brazza, 1.660 m), die man in einer halben Stunde erreicht.

Vom Parkplatz (1519 m) folgen wir geradeaus der Straße zur vorhin erwähnten Latteria. Rechts führt der Zufahrtsweg zur Brazza-Hütte, den man auch benützen könnte, der allerdings länger ist. Bevor wir zur Latteria kommen, zweigen wir in nördlicher Richtung (rechts) bei einem Rinderstall ab. Über kupiertes Gelände und blumenbedeckte Almwiesen führt der Steig hinauf in Richtung Forca dei Desteis (Scharte zwischen Montasch und Curtissons). Dabei ist es ohne weiters möglich, dass sich am Steig kapitale Steinböcke zur Ruhe gelegt haben, die nur widerwillig Platz machen. Unter der Montasch-Südwand vor der Forca dei Disteis teilt sich der Weg. Halblinks führt der Findenegg-Weg** ebenfalls zum Gipfel. Wir folgen aber dem rechten Steig, auf dem wir über Geröll und bis zum Frühsommer über Schneefelder zum Wandfuß empor steigen. Dann geht es über Felsrippen, Bänder und kleine Kare, immer der Markierung folgend hinauf zur Steilstufe in der Wandmitte. Über Steighilfen (Stahlstifte) erreichen wir schließlich die berühmte 60 Meter Leiter (»Skala Pipan«). Diese schwankende Seilleiter führt praktisch senkrecht, teilweise sogar über leicht überhängenden Fels

---

* eigentlich nur eine von mehreren Almen

** benannt nach Hermann von Findenegg, Erstbesteiger des Montasch 1877

durch die Wand. Und sie ist einwandfrei das Kriterium dieses Klettersteiges. Entlang der Leiter gibt es eine durchgehende Stahlseilsicherung, weshalb es eigentlich keine technischen Probleme gibt. Die Umgehungsvariante rechts über die extrem ausgesetzten Grasbänder zur Forca Verde ist wesentlich gefährlicher und vor allem bei Nässe nicht zu empfehlen. Aber auch über die Leiter kann es problematisch werden. Oben am Leiterende folgt nämlich ein geneigtes Schuttkar mit einigen Platten. Und wenn dort Leute unterwegs sind, werden immer wieder Steine abgetreten. Die Steinschlaggefahr im gesamten Bereich der Leiter ist wirklich enorm. Dass man unbedingt einen Helm tragen muss, braucht eigentlich nicht erwähnt zu werden. An schönen Sommerwochenenden sollte man den Leitersteig eher meiden. Da kommt es nämlich immer wieder zur »Staubildung« am Wandfuß mit diversen »Steinschlageinlagen«. Die Sicherung oben im erwähnten Schuttkar führt in gerader Linie nach oben, und selbst bei größter Vorsicht kann es passieren, dass Steine direkt entlang der Leiter nach unten sausen. Diese Tour während der »Ferragosto«* zu unternehmen, könnte man zumindest als ein »grob fahrlässiges Vergehen« bezeichnen. Erstmals wurde eine Leiter im Ersten Weltkrieg angebracht, als die Italiener die Montasch-Gipfel besetzten und die Stellungen auch im Winter hielten. Ein besonders tragischer Vorfall ereignete sich hier im Jahr 2011. Für ein italienisches Brüderpaar war der Jôf di Montasio ihr »Berg der Berge«. Und als einer der beiden bei einem Motorradunfall in Mexiko ums Leben kam, stieg sein Bruder mit einem Freund auf den Montasch, um die Asche aus der Urne am Berg zu verstreuen. Sie wählten den bersteigerisch anspruchsvollen Weg über die Nordwand und führten ihr Vorhaben aus.

* lat. Feriae augusti: 15. August; Haupturlaubszeit in Italien

Wegen des einsetzenden schlechten Wetters wählten sie den Abstieg über die Leiter hinunter auf die Pecol-Alm, der wesentlich kürzer ist. Beim Einstieg in die Leiter schlug ein Blitz ein, und der Bruder stürzte in den Tod und blieb so auch auf diesem Berg. Sein Freund kam nach längerer Bewusstlosigkeit wieder zu sich, Hirten auf der Pecol-Alm hörten seine Hilferufe, und so konnte er gerettet werden.

Ich möchte mit dieser tragischen, fast wie erfunden wirkenden Begebenheit niemanden davon abhalten, diesen schönen, gewaltigen Berg zu besteigen. Nur sollten wir wirklich bereits bei der geringsten Gewittergefahr Klettersteige prinzipiell meiden. Sie wirken nun einmal wie Blitzableiter. Und wenn man im Sommer weiß, dass es in den Nachmittagsstunden Gewitter geben könnte, muss man Touren so planen, dass man dann nicht einmal mehr in der Nähe von Klettersteigen ist.

Oberhalb der Leiter geht es wie bereits erwähnt gesichert über eine mit Schutt bedeckte Platte kurz hinauf auf den Grat. Dabei muss man besonders vorsichtig sein, damit keine Steine losgetreten werden, die nachfolgende Leute enorm gefährden. Am Grat gehen wir dann in westlicher Richtung (links) ohne Probleme zum Gipfel (2.753 m). Die Aufstiegszeit vom Parkplatz beträgt an die 4 Stunden. Im Sommer kann es sehr heiß werden. Deshalb sind ein zeitiger Aufbruch und die Mitnahme ausreichender Flüssigkeit unbedingt notwendig. Der Rückweg ist gleich wie der Aufstieg.

Eine alpinistisch interessante Variante wäre der Aufstieg über den Findenegg-Weg. Von der Forca die Disteis zweigt der Steig links (Hinweistafel »Biwak Suringar – Via Findenegg) über eine Rinne und den Einstiegsfelsen auf das Findenegg-Band ab. Teils mit Drahtseilen gesichert erreicht man nach

Der Blick nach Westen im oberen Teil des Findenegg-Weges

etwa 300 Metern kurz vor dem Biwak Suringar die Findenegg-Schlucht. Der Aufstieg über Schuttbänder und Felsen mit einigen leichten bis mittleren Kletterstellen führt hinauf zur Schluchtteilung und dann links auf den äußerst luftigen Grat mit Blick in die schaurigen Tiefen der Nordwand. Über den Westgrat gelangt man anschließend zum Gipfel. Auf dem gesamten Aufstieg gibt es keine Sicherungen. Dazu herrscht große Steinschlaggefahr und man bewegt sich an die 1½ Stunden in ausgesetztem Absturzgelände. Diese Route sollten wirklich nur Leute mit entsprechender Klettererfahrung wählen. Der Abstieg erfolgt dann über den vorher beschriebenen Leiterweg.

Tour 11: Cima di Terra Rossa

CHARAKTERISTIK: alpine Wanderung

WEGVERLAUF: Parkplatz Pecol-Alm (1.502 m) – Brazza-Hütte (Refugio Giacomo Brazza 1.660 m) [½ Std.] – Cima di Terra Rossa (2.420 m) [2 Std.]

Der Ausgangspunkt dieser Tour ist wieder der Parkplatz auf der Pecol-Alm (siehe Tour 10: Montasch). In den letzten Jahren hat sich dieser Gipfel zu einem der meist besuchten Ziele im italienischen Teil der Julier entwickelt. Interessanterweise gibt es keine deutsche oder eingedeutschte Bezeichnung für diesen Berg. Der slowenische Name Špik Hude police wird heute noch allgemein für die Scharte zwischen dem Cima di Terra Rossa und dem Cime Gambon verwendet:

CIMA DI TERRA ROSSA

Der Blick vom Gipfel nach Osten: links der Große Nabois, dann die Nabois-Scharte, der Jôf Fuart (Wischberg), die Moses-Scharte und die Kastreinspitze.

Forca Huda Paliza (2.390 m). Wenn man am Parkplatz auf der Pecol-Alm steht und hinauf schaut, kann man sich nicht vorstellen, dass dieser Gipfel ohne jede Kletterei zu besteigen ist. In der Zwischenzeit hat sich das allerdings herumgesprochen, und man trifft an schönen Wochenenden entsprechend viele Leute.

Wir folgen dem Fahrweg hinauf zur Brazza-Hütte (Rif. Giacomo di Brazza, 1.660 m), die wir in knapp einer halben Stunde erreichen. Der gut markierte und viel begangene Steig führt jetzt gerade auf den von zahlreichen Bändern durchzogenen steil aufragenden Rücken des Cime Gambon zu, dessen höchste Erhebung der Cima di Terra Rossa ist. Der Wanderweg folgt nun großteils dem italienischen Saumweg (Mulattiera) aus dem Ersten Weltkrieg. Und das bedeutet, dass es keine Steilstücke gibt, sondern dass der Pfad in angenehm zu gehender Steigung in Serpentinen empor führt. Im Frühjahr und im Sommer gibt es eine unbeschreiblich schöne Alpenflora und ein Panorama, das seinesgleichen sucht. Offensichtlich gefällt das auch den zahlreichen Steinböcken, die alles andere als scheu sind.

Der Weg zieht sich zuerst weit in der Aufstiegsrichtung nach links und dann wieder über die Bergflanke zurück. Nach etwas mehr als 2 Stunden Gehzeit erreichen wir eine Weggabelung. Wir folgen dem Pfeil mit der Aufschrift »Terra Rossa« links hinauf. Nach rechts geht es weiter hinüber zur Forca de lis Sieris (Rinnenscharte) (Tour 12 auf den Buinz). Für jene, die keine Klettersteige mögen und deshalb die Tour 12 auf den Buinz nicht machen wollen, empfehle ich, die Rinnenscharte beim Abstieg vom Cima di Terra Rossa aufzusuchen. Bis zur Scharte führt ein normaler Wandersteig und die Forca de lis Sieris gehört zu den beeindruckendsten Plätzen der Julier. Die Gehzeit hin und retour beträgt etwa eine Stunde.

Von der Weggabelung sind es dann noch an die 20 Minuten bis zum Gipfel (2.420 m). Und der Ausblick ist in jede Richtung fantastisch. Gegenüber im Süden erstreckt sich die Kanin-Kette, im Westen der Cimone und der Montasch, im Norden das Dogna-Tal und dahinter der Due Pizzi, der Monte Piper und der Mittagskofel (Jôf di Miezegnot) und schließlich im Osten die Wischberggruppe. Der Rückweg ist ident mit dem Aufstieg. Die reine Gehzeit beträgt 2½ Stunden im Aufstieg und knapp 2 Stunden im Abstieg (ohne Rinnenscharte).

Tour 12: Foronon del Buinz

CHARAKTERISTIK: alpine Tour mit unschwierigem Klettersteig [KS2]; gesamter Sentiero Ceria Merlone: extrem lange hochalpine Überschreitung [KS4]

WEGVERLAUF: Parkplatz Pecol-Alm (1.502 m) – Brazza-Hütte (Rifugio Giacomo Brazza 1.660 m) – Forca de lis Sieris (Rinnenscharte 2.274 m) [2 ½ Std.] – Foronon del Buinz (2.532 m) [45 Min.]

Wie viele Gipfel dieser Region stammt der Name des Doppelgipfels aus dem Friulanischen und bedeutet »Joch«. Und aus der Ferne ähnelt die Form der beiden fast gleich hohen Gipfel wirklich dieser hölzernen Vorrichtung, in die man früher die Ochsen gespannt hat. Der westliche Gipfel, der Foronon del Buinz, ist mit etwas Klettersteigerfahrung verhältnismäßig einfach zu erklimmen. Bis zur Weggabelung unterhalb des Cima di Terra Rossa verläuft die Tour gleich wie die vorhin beschriebene Route auf den Terra Rossa-Gipfel (Tour 11).

Vom Parkplatz auf der Pecol-Alm erreichen wir nach gut 2 Stunden die Weggabelung (2.250 m) unterhalb des Terra Rossa-Gipfels. Nach rechts folgen wir dem mit »Ceria Merlone« bezeichneten Steig unterhalb des Cime Gambon-Rückens mit seinen blockförmig gebänderten Felsformationen, die teilweise fast so ausschauen, als wären sie von Menschenhand geschaffen worden. Fast eben geht es durch die steilen Almwiesenhänge mit den schönsten Alpenblumen wie der gelb blühenden Gämswurz und dem weiß blühenden Julischen Alpenmohn hinüber in die Rinnenscharte (Forca de lis Sieris 2.274 m). In Kehren, zuletzt über ein Schuttfeld, gelangen wir in die Scharte, die von vielen als eine der schönsten Aussichtsplätze der Julier bezeichnet wird. Vor einer Kaverne aus dem Ersten Weltkrieg sieht man noch einen Kohlehaufen, der zeigt, dass die Italiener die Scharte auch im Winter besetzt hatten. Auf der Nordseite kann man von den in den Fels geschlagenen Stellungen in die Tiefe des wilden Felskessels der Spragna blicken.

Nach der Scharte steigen wir durch ein Schuttfeld zur Felswand, wo der Klettersteig beginnt. Der Aufstieg führt durch die von kleinen Schluchten zerrissene gebankte Westschulter des Buinz. Es gibt keine technischen Schwierigkeiten. Allerdings sind die leichteren Teile nicht gesichert. Bei diesen Querungen entlang der mit Schotter bedeckten Bänder ist äußerste Vorsicht geboten. Dazu kommt, dass das Gelände unübersichtlich ist, und die Markierungen nur bei guter Sicht ausreichend sind. Im oberen Teil kommen wir noch zu einer kleinen

FORONON DEL BUINZ

Scharte, in der bis in den Sommer hinein Schnee liegt. Die folgende Felsplatte ist mit Stahlseilen und Stiften gut gesichert. Auf den Helm sollte man nicht vergessen, denn es kann passieren, dass man fast hinter jedem Felsvorsprung auf einen der »Herren« des Buinz trifft. Und wenn sich die Steinböcke dann doch etwas zur Seite bewegen, kann schon der eine oder andere Stein herunterkommen. Über den Felsgrat gelangen wir schließlich auf den 2.531 m hohen Foronon del Buinz. Die reine Aufstiegszeit liegt bei etwa 3 bis 3½ Stunden. Diese Tour ist der erste Teil des Ceria-Merlone-Steiges.

Wirklich erfahrene und konditionsstarke Alpinistinnen und Alpinisten können auch die gesamte Überschreitungstour gehen. Der Sentiero Ceria Merlone führt vom Foronon del Buinz weiter am Modeon del Buinz vorbei hinunter in die Forca de la Val (2.352 m) (Achtung Steinschlaggefahr!). Dann führt der Steig unter der Cima de la Puartate und

> Von der Forca de lis Sieris (Rinnenscharte) führt ein unschwieriger Klettersteig auf den Buinz.

der Punta Plagnis in die Cregnedul-Scharte. Über eine Steilstufe gelangt man mittels einer Leiter über Platten und Stufen den Bändern folgend an den Wandfuß der Cima de la Puartate. An der folgenden Wegteilung kann man dann Richtung Passo degli Scalini und über den Steig Nr. 625 zur Cregnedul-Alm und dann auf dem Steig 624 zurück zum Ausgangspunkt auf die Pecol-Alm gehen. Für die gesamte Tour muss man eine Zeit von 9 Stunden! einplanen. Dazu kommt, dass durch teils gefrorene Schneefelder, die bis in den Sommer vorhanden sind, Verzögerungen eintreten können. Deshalb ist diese Tour wirklich nur für »Konditionswunder« zu empfehlen. Eine Alternative, die allerdings auch nicht ohne ist, wäre, in die Bärenlahn-Scharte (Forc. Lavinal dell'Orso) abzusteigen und dann in östlicher Richtung (rechts) zur Corsi-Hütte zu marschieren und dort zu übernachten. Auch für diese Tour muss man 8 Stunden Gehzeit einplanen. Am nächsten Tag kann man über den Passo degli Scalini (Steig Nr. 625 und 624) zur Pecol-Alm zurückwandern (Gehzeit 3 ½ bis 4 Stunden). Auf alle Fälle handelt es sich um eine äußerst lange hochalpine Tour, die nur bei besten Wetterverhältnissen gegangen werden sollte. Außerdem gibt es dazwischen keine Stützpunkte und kein Wasser! Und wenn es sehr warm ist, sind 3 Liter pro Person unter Umständen zu wenig.

Montasch und Wischberg: Der Kampf der Alpinisten

Die mächtigen Massive des Montasch und des Wischbergs prägen die Landschaft des heutigen italienischen Teils der Julier. Und die gewaltigen Wände, Schluchten und Gipfel stehen auch im Mittelpunkt der militärischen Aktionen im ersten großen Krieg. Entscheidende Schlachten und Stellungskämpfe konnten hier nicht stattfinden. Wichtig waren die Positionen der Artilleriebeobachter, um der jeweils anderen Seite möglichst großen Schaden zufügen zu können. Dazu kam das hochalpine Gelände mit Gipfelstellungen über 2.600 Metern. Die Versorgung dieser Hochstellung war sicher das Hauptproblem für beide Seiten. Dazu kam der Ausbau von winterfesten Positionen in diesen extremen Lagen. Wie bereits im ersten Kapitel angeführt, befand sich die italienische Seite in der besseren Lage. Von ihren Standorten am Montasch und den weiteren Gipfeln bis zum Monte Cregnedul sowie dem Zweispitz (Due Pizzi) und dem Großen Mittagskofel (J.d.Miezegnot) hatten sie Sicht auf alle österreichischen Stellungen und Geschütze im Kanaltal. Ihre Geschütze im Dogna-Tal konnten unbehelligt ihre grausige Arbeit verrichten. Die italienische Frontlinie verlief vom Mittagskofel über den Sompdogna-Sattel bis zum Kuglic (heute Biwak Stuparich) bzw. vom Montasch über den Cima di Terra Rossa, die beiden Buinz-Gipfel bis zum Cregnedul und im ersten Kriegsjahr bis zur Kastreinspitze. Die österreichischen Positionen auf dem Wischberg, der Kor-Scharte und der Moses-Scharte und ab Oktober 1915 auf der Kastreinspitze mussten abgesichert und ausgebaut werden. Der in der Überschrift angeführte Kampf der Alpinisten führte dazu, dass sich plötzlich frühere Bergkameraden als Feinde gegenüberstanden. Dabei wurde die ursprünglich von den Österreichern besetzte Kastreinspitze am 23. August 1915 von den Italienern erobert. Die von Steirern gestellte Gipfelfeldwache wehrte sich bis zum letzten Mann. Die Italiener transportierten ein kleines Gebirgsgeschütz auf den Gipfel. Nach schweren Unwettern am 23. Oktober räumten die Italiener den Gipfel. Vom Wischberg (Jôf Fuart) wurde dieser Vorgang beobachtet, und ein österreichischer Trupp stieg trotz der extremen Wettersituation auf die Kastreinspitze und besetzte sie. Dabei fanden sie in den verlassenen Zelten der Italiener noch 10.000 Patronen, 100 Fleischkonserven, ein paar Gewehrgranaten, Decken, Mäntel und sogar Schlafsäcke. Die Kastreinspitze wurde dann zu einer Festung ausgebaut. Im ersten Winter gab es noch keine Seilbahn, und der gesamte Nachschub und das Baumaterial musste von Trägern hinauf getragen werden. Einmal mehr waren das die Bosniaken, die diese gefahrvolle Arbeit verrichten mussten.

Nachdem die Italiener am 23. August die Kastreinspitze erobert hatten, geriet die Feldwachenstellung am Wischberg in eine aussichtslose Lage. Die südlich gelegenen Nachschubwege konnten mit Maschinengewehrfeuer belegt werden. Die nur aus 10 Mann bestehende Besatzung war praktisch abgeschnitten.

Die in der Folge geschilderten Aktionen hängen alle mit der Person Julius Kugy* zusammen. Er war der Sohn eines Kärntners aus Arnoldstein und einer Italienerin aus Triest. Er hatte ein Jusstudium in Wien abgeschlossen und war außerdem Botaniker, Musiker (Organist), Bergsteiger und Schriftsteller. Er gilt als der Erschließer der Julischen Alpen. Seine Begleiter waren Bergführer und vor allem Wilderer aus Slowenien (Komac, Tožbar), Italien (Gebrüder Pesamosca) und Österreich (Oitzinger). Er, der bei seiner Musterung 1876 wegen seiner Kurzsichtigkeit untauglich war, meldete sich als 57jähriger Freiwilliger und wurde Alpinberater der Österreicher in diesem Frontbereich. In seinem Abschnitt gab es in den Wintern 1915/16 und 1916/17 weit weniger Lawinentote als in den nicht so extremen Abschnitten der Julischen Front. Uniformen mochte er nicht besonders. Hohe Offiziere in ihrem bunten Outfit erinnerten ihn an stolzierende Gockelhähne. Am liebsten war er mit seinem braunen Schnürlsamtanzug unterwegs. Nur bei gefährlicheren Unternehmen zog er Uniform an, um nicht als »Franktireur«** erschossen zu werden. Sowohl in Slowenien (Jugoslawien) als auch in Italien und in Österreich hat man ihm Denkmäler errichtet und Straßen nach ihm benannt. Und dieser Kugy wurde sozusagen zum Retter des Wischberges. Mit den Alpinisten Oitzinger, Dibona, Dovgan, Innerkofler und Kirchweger baute er in 23 Stunden einen provisorisch gesicherten Weg durch die Nordost-Schlucht auf den Wischberg. Noch am Abend desselben Tages konnte der als »Klauergams« bekannt gewordene Fähnrich Klauer eine neue verstärkte Wischbergbesatzung auf den Gipfel bringen. Für den Winter war allerdings

---
* *19. 7. 1858 in Görz, + 5. 2. 1944 in Triest
** veraltet: Freischärler

dieser vorher erst dreimal begangene Weg wegen der extremen Lawinengefahr völlig ungeeignet. Da man den knapp 2.700 Meter hohen Berg unbedingt auch im Winter besetzt haben wollte, geriet die Gipfelbesetzung, die in Zelten untergebracht war, in große Gefahr. Durch die tiefen Temperaturen drohte ihnen der Erfrierungstod und die Vorräte gingen zu Ende. Zwei Versuche, durch die Nordostschlucht auf den Gipfel zu kommen, scheiterten. Die erste Gruppe wurde bei einer Querung unter dem Gipfel von einem Schneebrett in die Tiefe gerissen. Auch der zweite Versuch unter der Führung des wohl besten Alpinoffiziers Dr. Guido Mayer scheiterte an der totalen Vereisung und der extremen Lawinengefahr. Wie durch ein Wunder kam die gesamte Mannschaft heil zurück. Bei der dritten Aktion unter der Leitung Kugys konnte schließlich über die Südhänge (heutiger Normalweg auf den Wischberg) die Besatzung trotz der Lawinengefahr unversehrt ins Tal gebracht werden.

Erst im Mai 1916 wurde der Gipfel wieder besetzt. Für den folgenden Winter ging man daran, den winterlichen Ausbau der Gipfelstellung umzusetzen. Die mit Seilen gesicherte Unterkunftshütte wurde sozusagen unter den Gipfelaufbau »geklebt«. Nach dem Armeekommandanten Carl Scotti wurde sie »Scottihütte«

MONTASCH UND WISCHBERG 51

OBEN Die Scottihütte unter dem Wischberggipfel. Im Hintergrund sieht man das Faradaysche Netz über dem Gipfel. (WS)

RECHTS OBEN Im Vordergrund die Seilbahnbergstation und links von der Scharte der Aufstieg zur Kastreinspitze in einer Aufnahme aus dem Jahr 1917 (WS)

RECHTS UNTEN Der wackelige Frontsteig, der auf Stahlseilen hängend, hinter die Äußere Weißenbachspitze hinauf zum Kor-Scharten-Geschütz führte. (WS)

LINKE SEITE Auf dem Felsband rechts von der »Mosesgestalt« befand sich die Bergstation der Seilbahn. Von dort führte der Felssteig (heute der Klettersteig »Anita Goitan«) hinauf zu den so genannten Pagoden und weiter auf den Wischberggipfel.

getauft. Im Sommer bildeten die Gewitter eine weitere große Gefahrenquelle. Am 19. September wurden 4 Mann durch Blitzschlag schwer verwundet. Der in diesem Gebiet als Artillerist tätige Dozent Dr. Bernsdorf von der Universität Graz errichtete daraufhin eine Blitzschutzanlage in Form eines Faradayschen Netzes, das sich über weite Teile des Gipfelaufbaues spannte. Über ein Erdungsseil sollten die Blitze über die Wände ins Seebachtal abgeleitet werden. Bereits am 3. Oktober 1916 bewährte sich diese Einrichtung. 15 Blitzeinschläge richteten keinen Schaden an. Interessant ist, dass berichtet wird, dass nach der Installation der Anlage der österreichische Abhördienst im Seebachtal alle Telefongespräche, die am Wischberg geführt wurden, abhören konnte. Durch die

Der Blick aus der Kaverne hinüber zum Kaninmassiv.
Die Schipisten des Sella Nevea-Gebietes sind deutlich zu erkennen.

Einrichtung eines Versorgungsdepots für 7 Monate konnte die Gipfelbesatzung über den Extremwinter 1916/1917 am Gipfel bleiben. Im März 1917 wurde mit Flaschenzügen ein 7,5 cm Geschütz M 15 am Gipfel stationiert.

Besonders wichtig für die österreichische militärische Position war die Absicherung der Übergänge. Auf der Moses-Scharte zwischen der Kastreinspitze und dem Wischberg (J. Fuart) wurden die Stellungen und Unterkünfte entsprechend ausgebaut. Von der Findenegg-Hütte (heute Corsi-Hütte) führte eine Seilbahn in die Scharte. Von dort wurde auch die Kastreinspitzen – Höhenstellung mit einer Seilbahn versorgt. In einem Magazin wurden die Nachschubgüter gelagert. Durch die etwa 100 Meter hohe Wand führte auch ein Felssteig hinauf zur so genannten Pagode und weiter auf den Wischberg. Das Hauptproblem für die Besatzungen waren natürlich die Wintermonate mit den gewaltigen Schneemengen. Dabei konnten die Unterkünfte und Stellungen oft nur durch Schneetunnel erreicht werden.

Auch die genau im Osten gegenüber liegende Kor-Scharte (Forcella del Vallone) war für die österreichische Seite von großer militärischer Bedeutung. Durch das steile Weißenbachtal (Riobianco) führte der Saumweg herauf bis zur heutigen unbewirtschafteten Brunner-Hütte. Dort bei der ehemaligen Königshütte, sie war früher das Jagdhaus des sächsischen Königs, befand sich das österreichische Nachschubzentrum. Zahlreiche Baracken dienten als Mannschaftsunterkünfte, Magazine und als Krankenstation. Bis zu 500 Soldaten waren in diesem Bereich im Einsatz. Eine Materialseilbahn führte hinauf auf die Kor-Scharte, um die Höhenstellungen mit Nachschub zu versorgen. Am 4. März 1916 kam es unterhalb des Nachschubzentrums zu einem schweren Unglück. Beim Aufstieg wurde eine Tragtierkolonne von einer Lawine verschüttet. Dabei gab es zahlreiche Verletzte und 21 Tote, von denen einige erst im Sommer geborgen werden konnten.

Auf der Kor-Scharte hatten die Österreicher auf der Südseite der Äußeren Weißenbachspitze (Cime Marginali di Riobianco) ein Gebirgsgeschütz stationiert. In den ersten beiden Kriegsjahren war das Geschütz nur über einen auf Stahlseilen aufgehängten schwankenden Frontsteig, der durch die Schlucht von der Kor-Scharte hinauf führte, zu erreichen. Heute sieht man davon nur mehr vereinzelte Eisenstifte und Seilreste.

Erst im Jahr 1917 wurden der Stollen und die Kaverne fertig gestellt, durch die man heute zum Klettersteig gelangt. Von der geräumigen Kaverne konnte die italienische Linie jenseits des Seebachtales (Valle Rio del Lago) unter Feuer genommen werden.

Das Hauptproblem für die österreichischen Militärs waren die italienischen Geschütze im Dogna-Tal. Von keinem der Artilleriebeobachtungspunkte konnte man ins Dogna-Tal sehen. Deshalb bestand keine Möglichkeit die dortige Artillerie auszuschalten.

Der als Bauingenieur bei der Eisenbahn in Knittelfeld beschäftigte Ferdinand Horn* hatte im Jahre 1911 einen neuen Aufstieg über den Drachengrat auf den Montasch gefunden. Und nun erinnerte er sich seines prächtigen Ausblicks in das Dogna-Tal. Er war überzeugt, dass die Italiener diese Stelle nicht kannten. Nachdem er seine Idee dem Armeekommando in St. Veit vorgelegt hatte und der Alpin-Referent Kugy Horns Plan unterstützt hatte, musste er bei einer Besichtigung vom Praschnik-Sattel** aus feststellen, dass sein Anstieg durch die Rinnen und Kamine noch mit Schnee bedeckt war. Außerdem war bekannt, dass die Italiener Feldwachen aufgestellt hatten, sodass das Unternehmen nur in der Nacht durchgeführt werden konnte. Deshalb wurde die Aktion um drei Wochen verschoben. Nach Ablauf dieser Frist sollte Horn zuerst den Beweis bringen, dass es möglich sei, durch die Feldwachenlinie der Italiener und sozusagen vor ihren Augen (– sie saßen ja gegenüber am Köpfach –) in die Blockscharte auf dem Drachengrat zu kommen.

In der zweiten Julihälfte 1915 machte sich Horn in Begleitung des Mallnitzer Zugsführers Noisternigg und zweier von Kugy ausgewählten Bergführer aus der Trenta auf den Weg. In der Nacht stiegen sie vom Saisera-Bach durch den steilen Buchenwald hinauf in Richtung des »Montaschgletschers«. Unbemerkt gelang es ihnen durch die italienischen Feldwachenstellungen zu kommen. Nach der Querung der Geröllfelder am Montaschfuß gelangten sie in der einsetzenden Morgendämmerung zur Einstiegsstelle. Mit weichsohligen Kletterschuhen begannen sie nun mit der Besteigung der Wand, die in etwa von der Schwierigkeit mit der Nordwand der Kleinen Zinne vergleichbar ist.*** Gerade am Beginn eines schwierigen Kaminabschnittes bemerkten sie plötzlich unten beim Einstieg eine Alpini-Patrouille von etwa 25 Mann. Durch abgetretene Steine aufmerksam geworden, spähten sie hinauf in die Wand. Horn und seine Leute verharrten regungslos in den Felskamin gedrückt, bis die Italiener weitermarschierten. Die nervliche Belastung muss gewaltig gewesen sein. Eine Kletterei in hohem Schwierigkeitsgrad und dazu oben am Montasch, gegenüber am Köpfach

---

* *7. August 1876, †7. März 1967
** Sella Prasnig, Sattel zwischen dem Kaltwassertal und der Saisera
*** Ferdinand Horn in seinen Erinnerungen

und unten beim Einstieg die feindlichen Soldaten. Bei einer Entdeckung hätte man sie wie Schießbudenfiguren herunterschießen können. Deshalb beschloss Horn, nachdem die Patrouille endgültig abgezogen war, allein weiterzuklettern. Am späten Nachmittag stieg er in den Schlusskamin. Schließlich kroch er ganz langsam über ein der Sicht sehr ausgesetztes Band. Dabei verwendete er nach eigener Aussage eine Mimikry*-Maskerade. Mittels seiner grünen Regenhaut hatte er sich sozusagen als »Latschenfleck« verkleidet. Schließlich erreichte er gegen Abend einen schützenden Felsblock am Balkon der Scharte und sah als einziger Österreicher ins Dogna-Tal. Der Versuch mittels eines Taschentuches Sichtkontakt mit dem Posten auf dem Nabois aufzunehmen, scheiterte natürlich wegen der Entfernung (6 km!). Auf diesem Posten saß übrigens ein weiterer bekannter Bergführer mit seinem Fernrohr, Anton Oitzinger aus Wolfsbach (Valbruna), auf den ich im nächsten Kapitel noch einmal zurückkommen werde. In der Nacht brachte Horn an den zwei schwierigsten Stellen Fixseile an und erreichte bei Morgengrauen die österreichischen Stellungen in der Saisera. Damit war der Beweis für die Durchführbarkeit der Aktion erbracht.

Die beiden slowenischen Bergführer, es handelte sich dabei um Jože Komac und um den »Bärentöter« Anton Tožbar**, weigerten sich, nochmals an einer derartigen Aktion teilzunehmen. Beide waren keine Soldaten, sondern für das Unternehmen angeworben worden. Dass seitens der Militärs Tožbar als Feigling hingestellt und Komac sogar verhaftet wurde, da man ihm vorwarf, er habe durch das Winken mit einem Tuch die Aktion verraten wollen, wirft ein bezeichnendes Licht auf die militärischen Behörden. Erst die eindeutige Aussage Horns, dass er es gewesen sei, der mit dem Tuch gewinkt habe, um mit Oitzinger am Nabois Sichtkontakt aufzunehmen, führte zur Enthaftung von Komac.

In der Nacht vom 20. auf den 21. Juli erkletterte Horn erneut die Blockscharte. Die Aktion war diesmal exakt durchgeplant und vorbereitet. Begleitet wurde er wieder von dem ausgebildeten Signalisten Noisternigg und dem bekannten Bergsteiger Dr. Guido Mayer als Artilleristen. Mayer war nicht nur ein ausgezeichneter Bergsteiger, laut Julius Kugy war er auch der beste Alpinoffizier, der ihm jemals untergekommen ist. Bei bestem Wetter erreichten sie die Scharte. Noisternigg hatte sich am Beginn des Felsbandes in einer Nische mit Blick auf die Nabois-Scharte postiert. Mit Mayer, der sich am Felsblock in der Scharte befand,

---

* aus dem Griechischen: Schutzfärbung, Anpassung
** Nach dem Krieg wurde ihm von einem Bär der gesamte Unterkiefer weg gebissen. Tožbar lebte noch 20 Jahre ohne Unterkiefer und konnte sich nur flüssig mittels eines Trichters ernähren.

war er mit einem Feldtelefon verbunden. Die telefonischen Angaben Mayers übermittelte Noisternigg mittels Flaggensignalen an die Aufnahmestation in der Nabois-Scharte. Telefonisch wurden die Daten an die Geschützmannschaft eines 30,5 cm Mörsers im Kanaltal weitergeleitet. Von der Aufnahmestation, einem Zelt in der Nabois-Scharte, erhielt die Gruppe am Drachengrat durch Morsezeichen in Form von Lichtblitzen die Antwort, dass die Information angekommen sei und die erste Beschießung erfolge. Die Mannschaft konnte auch die Wirkung des Beschusses beobachten. Nach zwei Tagen war die gesamte Batterie im Dogna-Tal ausgeschaltet. Der nächtliche Rückzug verlief vollkommen glatt. Erst nach drei Wochen hatte die italienische Seite ihre Artillerie im Dogna-Tal wieder aufgebaut. Als dann im August der italienische Beschuss erneut einsetzte, holte man Ferdinand Horn ein drittes Mal. Zur Verstärkung der Truppe wurden mit Oberleutnant Gruber ein zweiter alpinerfahrener Artillerist und mit Angelo Dibona* ein weiterer Kletterspezialist dazugeholt. Dibona stieg mit Mayer von der Blockscharte noch 100 Meter am Grat höher, wodurch er auch eine bisher in einem Seitengraben versteckte Batterie entdeckte, die dann vernichtet werden konnte. Somit wurden die Batterien des Dogna-Tales ein zweites Mal ausgeschaltet. Wegen eines Schlechtwettereinbruchs wurde die Aktion am dritten Tag beendet und die Patrouille kehrte wiederum ohne Feindberührung zurück. Das Problem der österreichischen Artillerie im Kanaltal bestand darin, dass die dortigen 30,5 cm Geschütze nur eine Reichweite von 9,6 Kilometern hatten. Deshalb erreichten sie nur die italienischen Batterien im Dogna-Tal, aber nicht jene im Bereich der Ortschaft Dogna. Die 42 cm Skoda-Küstenhaubitze mit einer Reichweite von 14 Kilometern hatte man, wie im vorigen Kapitel erwähnt, wieder abgebaut, weil ihre Position von den italienischen Beobachtern vom Due Pizzi bis zum Mittagskofel sofort entdeckt worden war. Eine weitere Wiederholung der Aktion war dann nicht mehr möglich, weil die italienische Seite offensichtlich darauf gekommen war, dass österreichische Artilleriebeobachter am Drachengrat gewesen sein mussten. Deshalb installierten sie im Einstiegsbereich eine fixe Feldwache. Kugy vermutete, dass man Aufstiegsspuren entdeckt hätte. Laut Ingomar Pust habe eine italienische Patrouille auf der Blockscharte eine österreichische Bierflasche gefunden. Damit sei für sie das Rätsel gelöst gewesen.**

---

* *7.4.1879 in Cortina d'Ampezzo, †21.4.1956 ebenda; einer der besten und berühmtesten Kletterer seiner Zeit
** Pust, Ingomar: Die steinerne Front, Graz 2009, S. 44

Die heute nicht mehr vorhandene Unterkunft am Großen Nabois mit einer österreichischen Feldwachenbesetzung. Dahinter sieht man den Montasch. (WS)

Nachdem die Beobachtungsstelle in der Blockscharte verloren gegangen war, überlegten Kugy und seine Alpinleute, wie man zu einer anderen Ausblicksposition kommen könnte. Schließlich entwickelte Kugy den Plan, durch das zu dem Zeitpunkt noch freie Ostkar einzusteigen und die gesamte Nordwand zu queren, um dann etwa 300 Meter über der Blockscharte in den obersten Turmscharten des Drachengrates den Artilleriestand einzurichten. Eine Idee, die allein von der alpinen Schwierigkeit her gesehen eine gewaltige Herausforderung darstellte. Dazu kam, dass die Italiener sozusagen am gesamten Grat oberhalb der vorgesehenen Route saßen. Trotzdem erklärte sich Guido Mayer sofort dazu bereit, das Wagnis zu versuchen. Dem Brigadekommandanten war dieses Vorhaben jedoch zu riskant. Er wollte seinen Spitzenalpinoffizier nicht verlieren und verbot die Durchführung.

Um wenigstens in die Sompdogna-Senke und in die Südhänge des Mittagskofels und des Piper einsehen zu können, wurde ein Beobachtungspunkt auf dem Enzianturm (Torre Genzianna) in Erwägung gezogen. Der 1.931 Meter hohe Felsturm war vor dem Krieg erst einmal und zwar vom Geschwisterpaar Poech bestiegen worden. Neben den technischen Schwierigkeiten war vor allem die Nähe der Alpini, die sich in einer Entfernung von etwa 250 Metern auf dem so genannten »Schwamm« am unteren Brdo-Grat befanden, das Problem. Nachdem er den Fuß des Enzianturmes gegen Kuglic und Bärenlahnscharte mit seiner Hochgebirgsmannschaft gesichert hatte, stieg Dr. Guido Mayer gemeinsam mit seinem Begleiter Marek in der Nacht vom 12. auf den 13. September 1916* in die Wand ein. Sie erreichten die Spitze und versteckten sich bei Tagesanbruch in den Latschenbeständen. In der Sompdogna-Senke entdeckte Mayer ein riesiges italienisches Geschütz, das gerade getarnt wurde. Der Beschuss durch die österreichische Artillerie konnte nicht vom Enzianturm aus geleitet werden, da weder eine Telefonleitung noch eine optische Verständigung wegen der Nähe zu den italienischen Stellungen möglich war. Aber vom nicht so günstig gelegenen Spranje-Turm aus, der mit der Großen Nabois-Scharte telefonisch verbunden war, gelang es das gewaltige Geschütz auszuschalten. Im Kriegsarchiv in Wien liegt die Meldung Mayers nach erfolgreichem Abschluss dieses Himmelfahrtskommandos noch auf, in der er wie folgt zusammenfasst: »Der Abstieg wurde im Hochgewitter um 19.30 Uhr des 14. September begonnen und in vollständiger Dunkelheit bis zum Tagesanbruch des 15. September beendet. Die Kletterei übertrifft an Schwierigkeit alle anderen, von mir während des Feldzuges unternommenen Patrouillengänge. Die Nähe des Gegners, das Tragen der Rüstungen und Waffen über die Wände, der Abstieg im Gewitter hat das Höchstmaß von Anforderungen an die beteiligte Mannschaft gestellt.«**

Interessant ist auch, dass Julius Kugy bereits im September 1915 den Militärs einen Vorschlag zur Eroberung des Montaschgipfels unterbreitete. Vorerst wurde dieser Plan als undurchführbar abgelehnt, hatten die Italiener doch alle Gipfel und Scharten zwischen dem Montasch und dem Cregnedul besetzt. Dann entdeckte man doch eine Lücke oberhalb des Brdo-Grates. Bereits im Jänner 1916 startete Mayer mit ausgesuchten Leuten eine Erkundigungspatrouille und erreichte in nächtlicher Kletterei die Forca Huda Paliza zwischen Cima Gambon und Cima di Terra Rossa. Sie blieben dabei unentdeckt, obwohl die Huda Paliza-Scharte und der unmittelbar daneben liegende Terra Rossa-Gipfel von Italienern besetzt waren. Diese und andere Erkundigungen und Beobachtungen bestätigten, dass die italienische Verteidigungslinie zwischen der Forca di Palone und der Cima Verde (Vert Montasch) tatsächlich eine große Lücke aufwies. Zwischen März und Mai plante man den Angriff auf den Montasch.

---

* Ingomar Pust nennt in seinem Buch »Die steinerne Front« irrtümlich das Jahr 1915
** Mayer, Dr. Guido: Aufklärerpatrouille auf den Enzianturm; zitiert aus Schaumann, Walter: Schauplätze des Gebirgs- krieges IIIb, Cortina d'Ampezzo 1978, S.528

MONTASCH UND WISCHBERG

Das Montasch-Massiv von Norden, in dem Dr. Guido Mayer und seine Alpinkameraden die wohl kühnsten Kletteraktionen des Ersten Weltkrieges durchführten.

Zu diesem Zwecke wurde die Alpinschule in Saifnitz (Camporosso) geschaffen, deren Leitung Dr. Guido Mayer übernahm. In dieser Kletterschule entstand die alpine Elite-Einheit schlechthin. Der Angriff auf den Jôf di Montasio musste allerdings fallen gelassen werden, da die Italiener bereits im April aus dem tief verschneiten Ostkar eine Steiganlage durch die Nordwand gegen die Höhe des Brdo-Grates in den Fels sprengten und damit die Lücke zumachten.

Bereits im Oktober 1915, als die Österreicher den bereits im vorigen Kapitel behandelten völlig unsinnigen Angriff auf den Köpfach (Jôf di Sompdogna) und den Mittagskofel (Jôf di Miezegnot) begannen, sollte Mayer mit seiner Abteilung den Kuglic (heute Bivacco Stuparich) besetzen. Dabei geriet er in einen Hinterhalt, in dem einer seiner besten Bergsteiger, Fähnrich Purkowitzer, ums Leben kam.

Die Italiener besetzten den Kuglic erst nach der Entdeckung des österreichischen Beobachtungspunktes in der Blockscharte. Danach bauten sie den Felskopf zu einer starken Festung aus, die den Weg zum Brdo-Grat und zur Blockscharte endgültig absperrte.

Als dann im März 1916 die gewaltigen Schneefälle einsetzten, die im Verlauf des Spätwinters dazu führten, dass über 16.000 Mann an der Alpenfront durch die Lawinen zu Tode kamen, schlug Julius Kugy vor, den Kuglic zu besetzen. Er wusste, dass dieser Felsen absolut lawinensicher war, obwohl er direkt unter den Steilwänden und Extremrinnen des Montasch liegt. Und er war davon überzeugt, dass die italienische Seite das nicht wusste. Eine Patrouille stellte fest, dass die Stellung bis auf wenige Wachposten geräumt war. Und diese waren, wie es sich später herausstellte, nur Attrappen aus Stroh. Trotzdem war das Unternehmen äußerst gefährlich. Der Schnee lag mehrere Meter hoch und im unteren Teil waren extrem steile Flanken zu überwinden. Die Aktion konnte nur nachts durchgeführt werden und vor dem Anstieg musste man sich noch durch die italienischen Feldwachen in der Saisera schleichen. Am 16. März machte sich Mayer mit 28 Mann auf den Weg. Am frühen Morgen des nächsten Tages erreichte Kugy die Erfolgsmeldung Mayers. Dann nahm allerdings das Verhängnis seinen Lauf: Es klarte auf und starker Frost setzte ein. Nach dem starken italienischen Artilleriefeuer aus den Stellungen am Köpfach griffen die Alpini aus ihrer Position oberhalb des Kuglic mit gut zehnfacher Übermacht an. Die Kälte hatte den Schnee tragfähig gemacht, was für die Angreifer natürlich einen enormen Vorteil brachte. 27 Stunden hielt sich Mayer mit seinen wenigen Leuten, erst im letzten Moment befahl er den Rückzug. Ein Mann war gefallen, und einige Schwerverletzte gerieten in italienische Gefangenschaft.

Für Kugy war Mayer nicht nur ein hervorragender Bergsteiger und Kletterer, sondern auch der beste Alpinoffizier, den er jemals kennen gelernt hatte. Guido Mayer wurde am 26. Februar 1891 in Wien geboren. Bereits vor dem Krieg kletterte er Neutouren in den Dolomiten, im Gesäuse, der Brenta, im Karwendel, den Julischen Alpen, auf der Rax, am Glockner und in der Dauphiné. Meist mit seinem Bruder Max, aber auch mit bekannten Leuten wie den beiden Dolomitenführern Dibona und Rizzi. Er hatte sein Studium an der Technischen Universität abgeschlossen und war im Krieg mit der höchsten Tapferkeitsmedaille ausgezeichnet worden. Eigentlich alle Voraussetzungen für eine typische Heldenfigur. Weit gefehlt, denn Mayer war Jude. Stellvertretend für jene Autoren, die diese herausragende Persönlichkeit erwähnt haben, sei hier der wegen seiner politischen Einstellung nicht unumstrittene Ingomar Pust genannt, der in seinem Buch »Die steinerne Front« über dessen Tätigkeit im Krieg detailliert berichtet.

Nach dem Krieg gründete Mayer in Wien eine Seifenfabrik (»King« Rasierseife). 1938 (1941?) musste er nach Kroatien emigrieren, wo er ebenfalls eine Fabrik gründete. 1945? soll er umgekommen sein. Trotz intensiver Recherchen in Archiven und bei jüdischen Organisationen ist es mir nicht gelungen, mehr über sein Schicksal zu erfahren.

Interessant ist, dass man als Jude in Wien in der »hoch gelobten« Lueger-Zeit* nicht einmal Straßenkehrer werden, aber in der k.u.k Armee höchste Ränge

---

* Lueger, Karl: Bürgermeister von Wien; * 1844, †1910

erreichen konnte. In der ö.u. Armee dienten während des 1. Weltkrieges 300.000 jüdische Soldaten, davon waren 24.000 im Offiziersrang. Von den insgesamt 400.000 jüdischen Soldaten (in der deutschen Armee gab es 100.000 Juden) sind 42.000 gefallen. Viele der Überlebenden des Ersten Weltkrieges haben den Zweiten Weltkrieg nicht überlebt. Aber sie sind nicht an der Front gefallen, sondern wurden von den Nazi-Schergen in den Konzentrationslagern ermordet. Einer von ihnen, Johann Friedländer*, war hoch dekorierter Offizier des Ersten Weltkrieges, der unter anderem an der 6., 7. und 8. Isonzoschlacht teilgenommen hatte. Nach einer schweren Verwundung kam er 1917 an den Isonzo (die Soča) zurück und zeichnete sich in der 12. Schlacht beim Durchbruch bei Flitsch (Bovec) besonders aus. In der Ersten Republik baute er das österreichische Bundesheer mit auf und ging 1937 als Feldmarschall in den Ruhestand. 1942 wurde er mit seiner Gattin gezwungen ins Ghetto Leopoldstadt zu übersiedeln. 1943 verfrachtete man das Ehepaar Friedländer ins Ghetto Theresienstadt, wo die Frau 1944 verstarb. Johann Friedländer wurde im Oktober dieses Jahres nach Auschwitz deportiert. Als »noch Arbeitsfähiger« entging er der sofortigen Vergasung. Am 18. Jänner 1945, als wegen der nahenden sowjetischen Truppen das Lager geräumt wurde, begann für ihn und seine Leidensgefährten der »Todesmarsch« nach Pless**. Dabei wurde Friedländer am dritten Marschtag erschossen. Sein Mörder, SS-Oberscharführer Bruno Schlager, bemerkte dazu lachend: »Der Feldmarschall hat zwei Kugeln bekommen!«

Spät aber doch wurde im Jahr 2008 im Beisein des österreichischen Verteidigungsministers in der Wenzgasse in Wien eine Gedenktafel für Friedländer angebracht, auf der seine Ermordung allerdings nicht erwähnt wird.

Abschließend zu dieser Thematik etwas zum Nachdenken: Im Schauspiel »3. November 1918« von Franz Theodor Csokor*** gibt es folgende Szene – Spielort ist ein Genesungsheim für verwundete Soldaten der k.u.k. Armee in den Karawanken in den ersten Novembertagen des Jahres 1918. Ein Oberst wird begraben. Offiziere aus allen Teilen der Monarchie stehen am Grab und werfen Erde auf den Sarg des Verstorbenen – mit den Worten: »Erde aus Ungarn. Erde aus Polen. Erde aus Kärnten. Slowenische Erde. Tschechische Erde.« Schließlich wird die Schaufel an den jüdischen Regimentsarzt weitergegeben. Und der sagt nach kurzem Zögern: »Erde … aus Österreich.«

---

* * 5. November 1882 in Bern, †20. Jänner 1945 zwischen Auschwitz und Pless, Feldmarschall
** auch Pleß, polnisch Pszczyna: Stadt in Südpolen (Schlesien)
*** österr. Schriftsteller, * 6. 9. 1885 in Wien, †5. 1. 1969 ebenda

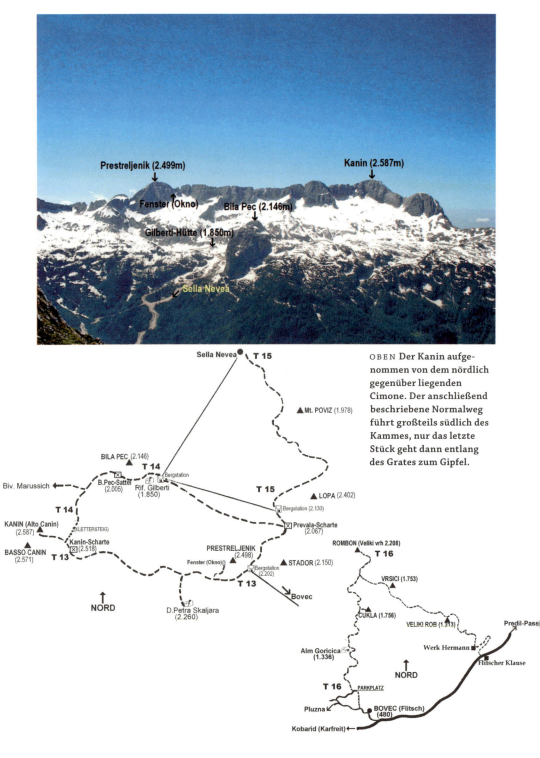

OBEN Der Kanin aufgenommen von dem nördlich gegenüber liegenden Cimone. Der anschließend beschriebene Normalweg führt großteils südlich des Kammes, nur das letzte Stück geht dann entlang des Grates zum Gipfel.

3. Kapitel
Der Kanin, Prevala-Scharte und Rombon

Auch das Kaningebirge gehört zu den Bergen mit einer besonderen Ausstrahlung. Wie eine von Riesenhand geschaffene Mauer erstreckt sich der Gebirgszug in östlich – westlicher Richtung südlich des Raccolana-Tales und erreicht eine Höhe von knapp 2.600 Metern. Der östlichste Gipfel ist der Rombon. Die Berge südlich des Kanin sind wesentlich niedriger, und das ist auch der Grund für die große Blitzschlaggefahr, die bei Gewittern in diesem Massiv herrscht. Die vom Mittelmeer kommenden feuchten Luftmassen treffen hier erstmals auf ein hohes Gebirge. Julius Kugy, der große Erschließer der Julischen Alpen, erzählt in seinen Erinnerungen von einem Gewitter am Kanin, das zu seinen schaurigsten Bergerlebnissen zählte. Sein einheimischer Begleiter und Führer, einer dieser legendären Wildschützen, bekam es so mit der Angst zu tun, dass er in seiner Verzweiflung den Spiritus austrank, in dem Kugy ein Paar seltene Käfer aufbewahrte. Ob er die auch geschluckt hat, geht aus den Aufzeichnungen nicht hervor.

Auf der Nordseite gibt es den am niedrigsten gelegenen Gletscher der Alpen auf einer Höhe von etwa 2.200 Metern. Wegen des allgemeinen Gletscherrückganges sind allerdings nur mehr Reste vorhanden.

Tour 13: Der Normalweg auf den Kanin (Alto Canin)

CHARAKTERISTIK: alpine Tour mit kurzen, teilweise gesicherten Kletterstellen [KS1]

WEGVERLAUF: Bovec (450m) – Seilbahn – Bergstation (2.202m) – Kanin (Alto Canin 2.587m) [2½–3 Stunden]

Das Kaningebiet ist heute zu einer italienischen-slowenischen Schischaukel ausgebaut. Sowohl von der italienischen Seite (Sella Nevea) als auch von der slowenischen Seite (Bovec) kann man mittels Kabinenseilbahnen auf Höhen von weit über 2000 Metern hinauffahren. Für den Normalweg auf den Kanin wählen wir die slowenische Bahn. Vom Norden kommend fahren wir über Tarvis und den Predil-Pass bis nach Bovec [Villach – Tarvis 29 km; Tarvis – Bovec 30 km]. Am Ende der Umfahrungsstrecke kommen wir direkt zur Talstation der Kaninbahn. Mit der Gondelbahn fahren wir auf eine Höhe von 2.202 Metern. Das sind gut 1.750 Höhenmeter! Von der Bergstation marschieren wir in westlicher Richtung über ein Schotterfeld in das Kar unterhalb des Prestreljenik. Rechts oben sehen wir bald das Prestreljenik-Fenster. Der Sage nach hat hier der Teufel bei einem etwas zu tief angesetzten Landeanflug dieses Loch in den Felsen geschlagen. Deshalb auch der Name Prestreljenik, was soviel wie der »Durchschossene« bedeutet. Das beeindruckende Naturdenkmal sollten absolut trittsichere Bergwanderer auf alle Fälle besuchen. Für diesen Abstecher braucht man etwa eine halbe Stunde.

Am Ende des Schotterfeldes folgt nun eine leichte Kletterei hinauf auf eine plateauartige Erhebung mit Dolinen, in denen man auch im Sommer Schnee finden kann. Die etwas steileren Stücke sind mit Stahlseilen und Tritthilfen gesichert. Danach geht es ein kurzes Stück hinab. Hier zweigt nach links der Steig zur Peter-Skalar-Hütte (Dom Petra Skalarja) ab.

Vor uns liegt eine der gewaltigsten Kar-Landschaften der Julier, der Kaninski podi (»Kaninboden«). Deutlich sehen wir den Weg, der fast eben in leichtem Bergauf und Bergab unter den Südwänden zur höchsten Erhebung führt, die gegenüber am anderen Ende des riesigen Felskessels liegt. Hier beginnt die unschwierige Kletterei hinauf in die Kanin-Scharte (Kaninska škrbina). Durch die Rinne im oberen Teil gelangen wir entlang der Stahlseile in die Scharte. Das plötzliche Auftauchen des gegenüber liegenden Montasch-Massivs ist immer wieder faszinierend. Jetzt geht es weiter den Grat entlang. Eine kurze ausgesetzte Stelle ist mit Stahlstiften und Seilen sehr gut gesichert. Die Aussicht ist in alle Richtungen einzigartig.

Danach kommen wir an der Ausstiegsstelle des Klettersteiges, der vom Norden heraufkommt, vorbei. Nach einem kurzen gut gesicherten Abstieg kommen wir nach leichter Kletterei auf den Gipfel. Obwohl man nur einen Höhenunterschied von zirka 400 Metern zu bewältigen hat, muss man eine Gehzeit von 2½ bis 3 Stunden einplanen und dasselbe noch einmal für den Rückweg. Aber die Tour ist nicht sehr anstrengend und allein wegen der Aussicht empfehlenswert. Während es mir vom weit südlicher gelegenen Krn noch nie vergönnt war, die Adria zu sehen, habe ich es am Kanin schon mehrmals erlebt. Dazu kommt, dass in der Stein- und Felswüste immer wieder Inseln mit wunderschönen Alpenblumen (Gämswurz, gelber Alpenmohn, Alpenvergissmeinnicht) auftauchen. Und als dann an einem besonders schönen Sommertag ein Bartgeier mit einer imposanten Flügelspannweite über uns fast lautlos dahin glitt, war es fast schon kitschig.

Tour 14: Via ferrata Divisione Julia – Klettersteig von Norden

CHARAKTERISTIK: hochalpiner Nordanstieg als lange Tour über die Reste des Kanin-Gletschers mit Rückweg über die Prevala-Scharte [KS3]

WEGVERLAUF: Sella Nevea (1.122 m) – Seilbahn – Bergstation Rifugio Gilberti (1.850 m) – Bila Pec-Sattel (2.005 m) – Einstieg Via ferrata Divisione Julia [2 Std.] – Kanin (Alto Canin 2.587 m) [2–2½ Std.] – Bergstation Seilbahn Bovec (2.202 m) [2½ Std.] – Prevala-Scharte (Sella Prevala 2.067 m) – Bergstation Rifugio Gilberti [1½ Std.]

Für erfahrene und konditionsstarke Alpinisten kommt natürlich noch die Tour auf der italienischen Seite in Frage. Die Zufahrt erfolgt über Tarvis und Raibl (Cave del Predil) [Villach – Tarvis 29 km; Tarvis – Raibl 9 km; Raibl – Sella Nevea 11 km]. Beim Raibler See zweigt man nach rechts ab und fährt bis nach Sella Nevea. Von Sella Nevea fahren wir mit der Seilbahn bis zur Gilberti-Hütte (700 Höhenmeter). Von der Hütte aus gesehen gehen wir rechts in westlicher Richtung in den Sattel südlich des Bila pec (2005 m). Vorbei an den Resten der ehemaligen Kanin-Hütte folgen wir einem Saumweg des 1. Weltkrieges (Mulattiera) teilweise bergab in einem Bogen in Richtung Kanin-Gipfel. Dabei queren wir eine manchmal fast unwirklich aussehende Karstlandschaft mit bizarren Felsformationen und großartigen Karrenfeldern. Nach etwa 30 Minuten zweigen wir bei einem Hinweis auf einem Felsen links ab und steigen steil über Schuttfelder hinauf zu den letzten Resten des Kaningletschers. Über den zunehmend steiler werdenden Gletscherrest gelangt man zum Wandfuß und zum gut markierten Klettersteig-Ein-

VIA FERRATA DIVISIONE JULIA

Der Blick zurück: Rechts unten sieht man den Pfad, auf dem wir herüber gegangen sind. Links hinten der Jalovec und rechts hinter dem Prestreljenik der Triglav.

stieg. Wegen des Gletscherrestes sollte man auf alle Fälle Steigeisen mithaben.

Bereits bei der Überwindung des Wandfußes merkt man, dass der Klettersteig nicht zur leichten Sorte gehört. Beim Aufstieg entlang der hervorragenden Sicherungen benötigt man doch einigen Kraftaufwand. Zudem ist die Sache sehr luftig und ausgesetzt. Die darauf folgende etwas weniger steile Schutt-Terrasse ist mit Felsen durchsetzt. Seit der Klettersteig vor wenigen Jahren erneuert wurde, ist auch dieser Bereich durchgehend mit einer Seilsicherung versehen. Perfekt gesichert, aber steil führt der Weg über die Westflanke eines Felssporns zu einer gut 15 Meter hohen senkrechten Wand, die man mittels Steigbügeln überwindet. Entlang des Grates mit Fixseilen gesichert geht es luftig weiter direkt nach oben. Immer in der Falllinie kletternd erreicht man schließlich die Ausstiegsstelle am Grat, wo man auf den Normalweg stößt. Auf diesem erreicht man nach knapp 30 Minuten den Gipfel. Für den Rückweg würde ich den Normalweg hinüber zur Bergstation der Seilbahn, die von Bovec heraufführt, empfehlen. Von dort gelangt man über die Prevala-Scharte wieder zurück zur Gilberti-Hütte. Für den Aufstieg sollte man an die 4½ Stunden einplanen. Den in manchen Führern vorgeschlagenen Bänderweg (Via delle Cenge) als Rückweg zu nehmen, würde ich nur wirklich guten Bergsteigern anraten, da es in den Felsbändern keine Sicherungen gibt und diese extrem ausgesetzt sind. Über die Prevala-Scharte ist es zwar recht weit (~3½ Stunden), aber es ist größtenteils ein alpiner Wandersteig. Wegen der Länge dieser Tour ist es empfehlenswert. auf der Gilberti-Hütte zu nächtigen. Da die Seilbahn von Sella Nevea fast bis zur Hütte geht, ist es

Die Schitour auf die Prevala-Scharte ist eine der landschaftlich schönsten, die ich kenne. In der Bildmitte der Prestreljenik (M. Forato) und ganz rechts der Kanin.

meistens kein Problem einen Schlafplatz (8 Doppelzimmer + Lager) zu bekommen [iri.piri@virgilio.it] (+39043354015 oder +390432670933).

Tour 15: Die Prevala-Scharte (Sella Prevala)

CHARAKTERISTIK: alpine Wanderung; als Schitour besonders zu empfehlen

WEGVERLAUF: Parkplatz Sella Nevea (1.140 m) – Mulattiera – Bergstation Prevala (2.133 m) [2 ½ – 3 Std.] – Prevala-Scharte (2.067 m) – Rifugio Gilberti (1.850 m) [1 Std.]

Wie bereits anfangs erwähnt, wurde der Bereich der Prevala-Scharte in der Zwischenzeit durch Seilbahnen völlig erschlossen. Dadurch hat die Tour von Sella Nevea auf die Scharte einiges an Attraktivität verloren. Heute gelangt man von der italienischen Seite mit der Kabinenseilbahn bis auf den Grat oberhalb der Prevala-Scharte, der zur Lopa führt. Trotzdem hat dieser Weg sowohl als Schitour im Winter als auch als alpine Wanderung im Sommer ihren Reiz. Vom großen Parkplatz folgen wir in südöstlicher Richtung der Trasse eines ehemaligen Schlepplifts. An dessen Ende folgen wir rechts einer Mulattiera (Wanderweg Nr. 636), die durch bewaldetes steiles Gebiet hinauf führt. Ab einer Höhe von ungefähr 1.700 Meter nimmt der Bewuchs ab, und wir kommen auf die flacheren Karsthänge westlich des Monte Poviz. Oberhalb der Baumgrenze stoßen wir auf Reste italienischer Stellungen bzw. Unterkünfte.

PREVALA-SCHARTE (SELLA PREVALA)

In einem weiten Bogen, zuerst in südöstlicher bis auf ungefähr 1.900 m und dann in südwestlicher Richtung umgehen wir ein großes Dolinenkar. Bei der Schitour sollte man unbedingt der Spur bzw. den Richtungsstangen oder Fahnen folgen. Von einer Querung des Bogens ist unbedingt abzuraten, da im Winter die 10 bis 20 Meter tiefen Hohlräume oft zugeweht sind. Ein Sturz in diese Löcher kann sogar letal enden. Nach einem Bergabstück unterhalb einer Felsrippe, die vom Golovec* ins Kar herunterzieht, steigen wir in südlicher Richtung (links) hinauf zur Seilbahnstation. Wobei die Aufstiegsspur je nach Schneelage variieren kann. 2013 führte der letzte Teil oberhalb der Felsrippe und danach leicht bergab zur Bergstation der neuen Kabinenbahn.

* westlich der Lopa gelegener Vorgipfel

> Der Čukla-Gipfel mit dem Denkmal und dahinter der Rombon. Der weitere Aufstieg führt links am Fuß der Steilwand zu einer steilen Rinne, über die man in einen kleinen Sattel kommt, von dem man weiter zum Gipfel geht.

Die Schitour durch das faszinierend weite Kargebiet zwischen dem Monte Poviz und der Lopa ist bei schönem Wetter von Dezember bis April bei Lawinenwarnstufe 1 und 2 weitgehend unproblematisch. Dazu kommt, dass man auf der präparierten Piste zurück ins Tal fahren kann. Für die 1.000 Höhenmeter sollte man 2½ bis 3 Stunden vorsehen. Im Sommer würde ich eine Zweitagestour vorschlagen. 1. Tag: Sella Nevea – Prevala-Scharte – Rifugio Gilberti (Nächtigung). 2. Tag: die vorher beschriebene Tour 2 (Via ferrata Divisione Julia – Klettersteig von Norden) auf den Kanin-Gipfel mit anschließender Seilbahnfahrt hinunter zum Nevea-Sattel.

Tour 16: Rombon und Čukla

CHARAKTERISTIK: lange, eine gewisse Kondition voraussetzende alpine Tour

WEGVERLAUF: Parkplätze Betontrog bei den letzten Häusern (~ 550 m) – Goričica-Hütte (Lovska koca na Goričici 1.330 m) [1 ½ Std.] – Čukla (1.767 m) [1 Std.] – Rombon (Veliki vrh 2.208 m) [1 ½ Std.]

Der Rombon ist trotz seiner Höhe von nur 2.208 Metern einer der besonders auffallenden Berge am Isonzo. Seine slowenische Bezeichnung »Veliki vrh« könnte man mit »großer oder starker Gipfel« übersetzen. Fast senkrecht erhebt er sich über dem Ort Bovec (Flitsch), und im 1. Weltkrieg war er einer der meist umkämpften Gipfel.

Die Zufahrt erfolgt von Tarvis über den Predil-Pass nach Bovec (Flitsch) [31 km]. Im Ort Bovec zweigen wir am Hauptplatz rechts zur Kirche ab. Wir folgen der asphaltierten Straße in Richtung Plužna. Etwa einen Kilometer nach Bovec fahren wir halbrechts und kurz danach wieder halbrechts eine schmale asphaltierte Straße bergauf. Nach einer Querung eines Wasserlaufes (fast immer trocken) sind rechts an der Straße einige Parkmöglichkeiten. Beim Betontrog, der mehrsprachig frisches Quellwasser verspricht, aber meist ausgetrocknet ist, beginnt der Steig, der gleich recht steil hinaufführt (Wegweiser und Richtungspfeil »Rombon«). Nach etwa 30 Minuten queren wir rechts über Felsplatten mit tiefen Karren in einen Buchenwald, Wenn der Steig steiler wird, sind häufig Stufen in den Stein geschlagen. Im Wald treffen wir manchmal auf noch vorhandene Reste der ehemaligen italienischen Mulattiera. Nach 1 ½ Stunden erreichen wir schließlich die Hütte auf der Alm Goričica (Lovska koca na Goričici). Gleich nach der Hütte zweigt links der Steig in Richtung Rupa ab (Wegweiser). Wir bleiben rechts und gehen eben in einen kleinen Fichtenwald, durch den der Steig links hinaufführt. Nach der Steilstufe treffen wir auf die ersten beeindruckenden Relikte aus dem 1. Weltkrieg.

Wir stoßen aber nicht nur auf Zeugen der eher jüngeren Geschichte. In den Wänden und auf den Felsplatten und Steinen sieht man immer wieder die herzförmigen Abdrücke der Megalodonten, die uns bis zum Gipfel begleiten. Die versteinerten Riesenmuscheln stammen aus dem Erdzeitalter der Trias, in dem auch die Saurier auf der Erde lebten und sind über 200 Millionen Jahre alt. In Österreich finden wir sie im Dachsteingebiet und im Toten Gebirge. Dort werden sie auch als Kuh- oder Hirschtrittmuscheln bezeichnet. Früher hat man auch geglaubt, dass es sich um Spuren der »Wilden Jagd« handle.

Nach einer weiteren Stunde gelangen wir in den Sattel zwischen der Čukla und dem Rombon. Ganz knapp vor der Senke zweigt rechts der markierte Steig zur Čukla ab, deren Gipfel wir nach wenigen Minuten erreichen. Den kurzen Abstecher würde ich unbedingt machen. Von diesem Vorgipfel hat man einen prächtigen Ausblick auf das Flitscher Feld und die Berge ringsum. Auch als eigene Tour ist die Čukla (4 ½ bis 5 Stunden im Auf- und Abstieg) durchaus zu empfehlen.

Zurück in der Senke gehen wir an 2 Dolinen vorbei, in denen auch im Sommer noch genügend Schnee vorhanden ist. Daraus bezogen die Soldaten im 1. Weltkrieg ihr Wasser. Vorbei an Schutzkavernen, Stellungen und steinernen Schützengräben führt der Pfad hinauf in Richtung der so genannten Teufelsstufen. Jetzt zweigen wir links in nördlicher Richtung ab. Am Wandfuß zieht sich der Weg zuerst leicht bergab, dann wieder ansteigend über Geröll und Schotter hinüber zur Rinne, durch die man rechts hinauf etwas mühsam in die Scharte steigt. Hier treffen wir auf den Steig, der von der Flitscher Klause (Trdnjava Kluže) herauf kommt. Nach einer sehr kurzen und einfachen »Kletterstelle« gehen wir in Serpentinen zum Gipfel hinauf, Dabei kommen wir immer wieder an Stellungsresten der Österreicher vorbei, die den Rombon während der gesamten Kriegszeit besetzt hatten. Nach 1½ Stunden ab der Senke stehen wir am breiten Gipfelplateau mit einem gewaltigen Rundpanoramablick, der den doch etwas langen Anstieg sicher wettmacht. Für den gleichen Rückweg sollte man auch gut 3½ Stunden einplanen. Dadurch kommt man auf eine reine Gehzeit von 8 Stunden. Mit Besichtigungen und Pausen ist man sicher 9 Stunden unterwegs. Die Rundtourvariante Flitscher Klause – Rombon – Bovec – Flitscher Klause ist noch um 2 Stunden länger. Bei der Seilbahnvariante Bovec – Kanin (Seilbahn) – Prevala-Scharte – Rombon – Bovec muss man mindestens eine weitere Stunde dazurechnen. Es gibt auf allen Routen keine bewirtschaftete Hütte und vor allem kein Wasser. Im Sommer kann es extrem heiß sein. Die von mir beschriebene Tour sollte man am besten im Frühsommer oder im Herbst machen. Sie ist wirklich interessant und landschaftlich wunderschön.

Das Kaninmassiv mit dem Rombon, der Gebirgsfestung der Österreicher

Wie eine riesige Felsmauer zieht sich dieses Massiv vom Hohen Kanin (Canin Alto) im Westen bis zum östlichsten Gipfel, dem Rombon. Die ö.u. Frontlinie querte das Gebirge im Osten vom Seebachtal (Vale Rio del Lago) kommend über den Kleinen und Großen Schlichtel hinauf auf den Rombon. Von dort verlief die Linie hinunter ins Soča-Tal, querte das Flitscher Feld bei den Ravelnik-Hügeln und ging weiter entlang des Slatenik-Grabens hinauf zum Javoršček. Militärisch gesehen waren es vor allem der Rombon und dessen Vorgipfel, die Čukla, die eine besondere Rolle gespielt haben. Und in der 12. Isonzoschlacht haben die italienischen Soldaten die Prevala-Scharte verhältnismäßig lange halten können.

Der eigentliche Kaninbereich gehörte nicht zum Kampfgebiet, allerdings gibt es eine interessante Episode, die sich Ende 1914 vor dem Kriegseintritt Italiens dort abspielte. Der Hauptdarsteller war der legendäre Anton Oitzinger* aus Wolfsbach (Valbruna). Im Herbst 1914 wurden die k.u.k. Militärs durch die Straßenbauaktivitäten der Italiener im Dogna- und Raccolana-Tal beunruhigt. Deshalb beauftragte man den zuständigen Offizier im Kanaltal entsprechende Erkundigungen einzuziehen. Die Wahl fiel auf den Bergführer Oitzinger, der

---

* geb. 20.11.1860 in Wolfsbach, gest. 13.06.1928 ebenda; Holzknecht, Sagmeister, Bauer und Bergführer; zahlreiche Erstbegehungen im Montasch-, Wischbergbereich

das gesamte Grenzgebiet gut kannte. Er wollte zwar zuerst nicht, wurde aber dann mit dem Hinweis auf seine Tätigkeit als autorisierter österreichischer Bergführer mehr oder weniger sanft dazu vergattert. Wahrscheinlich war er sich dessen nicht bewusst, dass er als eine Art Spion eingesetzt wurde, was bei der aufgehetzten Stimmung in Italien bei einer Aufdeckung fatale Folgen für ihn gehabt hätte.

So marschierte er hinauf auf den Sompdogna-Sattel, wo er prompt von italienischen Grenzern gestellt wurde. Er hatte sich allerdings schon eine Ausrede vorbereitet und erklärte den Grenzern, dass er von seinem damals schon sehr angesehenen Freund Dr. Kugy den telegraphischen Auftrag erhalten habe, nach Sella Nevea zu gehen, um dort einen Triestiner Doktor zu treffen, den er auf den Kanin zu führen habe. Man ließ ihn passieren und er ging weiter hinaus in die Ortschaft Dogna, in der er einige Freunde hatte. Diese rieten ihm, schleunigst umzukehren, weil seine Aktion viel zu gefährlich sei. Er schlug die Warnung in den Wind. In Chiusaforte traf er auf eine große Anzahl von Soldaten, die sich zwar über den österreichischen Bergführer wunderten, aber nichts unternahmen. Auf seinem weiteren Weg durch das Raccolana-Tal wurde er in Piani von Carabinieri gestellt und kontrolliert. Dabei kam ihm sein Freund, der italienische Bergführer Osvaldo Pesamosca zu Hilfe, der den Carabinieri bestätigte, dass Oitzinger der Bergführer des »besten Bergsteigers der Welt«, des Dr. Kugy, sei. Problematisch wurde es allerdings am Nevea-Sattel. Die dortige Grenzwache beschloss, ihn so lange festzuhalten, bis sein Klient aus Triest auftauche. Zu seinem Glück übergab man ihn dem Bergführerkollegen Francesco Mercon. Die österreichische Grenze im Seebachtal (Val Rio del Lago) war zwar sehr nah, aber sie war scharf bewacht und zusätzlich hatten die Wachen Suchhunde. So beschloss er in die entgegengesetzte Richtung zu flüchten. Während sein italienischer Kollege für ihn einen Kaffee zubereitete, packte er seinen Pickel und die genagelten Bergschuhe in den Rucksack, schlüpfte in Francescos Scarpettis (Filzpatschen) und huschte in die Nacht hinaus. Danach rannte er wie vom Teufel gehetzt, so erzählte er es später, hinauf Richtung Kanin-Grat. Wenige Minuten später gingen die Lichter an, deutlich vernahm er die Kommandos, hörte das Hundegebell. Aber wie erwartet, suchten die Wachen in Richtung Grenze. Er aber hastete weiter, zuerst über die steilen Hänge, über die heute die Schipiste herunterführt, dann zum Kanin-Gletscher und über die Bänder in die Kaninscharte und weiter durch die Karlandschaft nach Osten, bis er etwa dort, wo heute die Bergstation der Seilbahn steht, die von Bovec heraufführt, die Lichter von Flitsch leuchten sah. Erst jetzt war er in Sicherheit. Im Tourenteil dieses Kapitels habe ich diesen

Weg als Tour 14 (Klettersteig von Norden) beschrieben. Für Oitzinger gab es natürlich weder Seilbahn noch Klettersteig und außerdem absolvierte er seine 1.400 Höhenmeter in stockdunkler Nacht. (Quelle: Heindl, Hanns: Im Banne der Julier, Band 2)

Der Rombon (Veliki vrh), Eckpfeiler der Österreicher – einer der schrecklichen Blutberge

Er ist der erste der vier Blutberge des 1. Weltkrieges in den Julischen Alpen. Über die anderen, den Vršič*, die Batognica und den Mrzli vrh berichte ich in den nächsten Kapiteln. Er ist aber auch der Berg der Bosniaken, die ja als Elitetruppe der Österreicher in diesem Krieg eine besondere Rolle gespielt haben. In der ö.u. Armee gab es 4 bosnisch-hercegowinische** Infanterieregimenter und ein Feldjägerbataillon. In allen Truppenteilen betrug der Anteil der Bosniaken*** zwischen 93 und 96 Prozent. Sie hatten eine eigene Uniform mit ursprünglich blauen Jacken und orientalische Kniehosen. Als Kopfbedeckung trugen sie den Fez aus braunrotem Filz mit einer schwarzen Schafwollquaste. Für den Gefechtsdienst gab es diese Uniform in hechtgrauer Farbe. Beim Berliner Kongress 1878 wurde das damals türkische Bosnien unter österreichische Verwaltung gestellt. Die k.u.k. Truppen besetzten die eigentlich staatsrechtlich nach wie vor zum Osmanischen Reich zählenden Provinzen Bosnien und Hercegowina. Nicht zuletzt waren es die ohne Rücksicht durchgeführten administrativen Änderungen, wie zum Beispiel die Einführung der lateinischen Schrift****, die zum Widerstand der Bevölkerung führten. 1881/1882 wurden die Aufstände vom Militär niedergeschlagen. Der 1901 errichtete Gedenk-Obilisk am »Radetzkyspitz« in Graz erinnert an die Gefallenen der Bosnienkämpfe. Die danach von der k.u.k. Administration gesetzten Maßnahmen sind ein Paradebeispiel für eine gelungene Politik in einem besetzten Gebiet. Zuerst arrangierte man sich mit den muslimischen Eliten. Die Ausübung ihrer Religion wurde in allen Bereichen, auch beim Militär, unterstützt. Ein für diese Zeit vorbildliches Schul- und Sanitätswesen wurde aufgebaut. Eine Agrarreform zugunsten der muslimischen Mehrheitsbevölkerung kam zur Durchführung. 1897 gab es bereits vier Infanterieregimenter und 1903 wurde ein Feldjägerbataillon aufgestellt. Die Feldjäger

---
* Dabei handelt es sich um den Berg Vršič und nicht um den gleichnamigen Pass.
** offizielle Schreibweise der k.u.k Armee; die Schreibung mit »z« ist erst später entstanden.
*** Bosnier muslimischen Glaubens
**** Die Bosnier wurden dadurch praktisch über Nacht zu »Analphabeten«.

waren aber nicht wie in Deutschland eine Militärpolizei sondern eine spezielle Elitetruppe der Infanterie. Die endgültige Annexion Bosnien – Hercegowinas 1908 führte im Land zu keinerlei Problemen. Im Krieg waren die »Bosniaken« die Elitesoldaten schlechthin. Mit 35.613 Tapferkeitsauszeichnungen waren sie im Verhältnis zu ihrer Anzahl die mit Abstand meistausgezeichnete Truppe. Wegen ihrer Tapferkeit und Loyalität spendete Kaiser Franz Joseph 1916 25.000 Goldkronen für den Bau einer Moschee in Wien.

Das b.h. Infanterieregiment 2 war übrigens bis 1914 in der Dominikanerkaserne in Graz stationiert. Und zu dieser Kaserne in der Grenadiergasse habe ich eine ganz spezielle Beziehung. In den 1960er Jahren habe ich als Schüler dort einige Jahre in der zu einem Landesschülerheim umfunktionierten Kaserne verbracht. Wie ich bei der Ansicht von historischen Fotos feststellen konnte, hatte sich von der Ausstattung her praktisch nichts geändert. Sogar den Stacheldraht und die eingemauerten Glasscherben auf der Mauer waren noch vorhanden. An der Ecke in der Grenadiergasse ließ der damalige Heimleiter den Stacheldraht sogar erneuern, damit die Heimschüler des Nachts nicht hinausklettern konnten. Einen Komfort der Soldaten in der Monarchie gab es für uns allerdings nicht – das Badehaus (später »Bad zur Sonne) stand uns nicht zur Verfügung. Wir mussten uns sowohl im Sommer als auch im Winter mit kaltem Wasser begnügen.

Während des Krieges waren die Ersatztruppen des 2. Regiments in Lebring untergebracht. Im dortigen Friedhof liegen 805 Bosniaken begraben. Am letzten Oktobersonntag findet dort alljährlich eine Gedenkfeier statt.

Die bosnisch – hercegowinischen Kompanien wurden durchwegs von jungen österreichischen Offizieren angeführt. Einer von ihnen war der spätere österreichische Bundespräsident Adolf Schärf*, der Kompaniekommandant einer Einheit des b.h. Infanterieregiments 4 war, die im Bereich Flitsch – Rombon eingesetzt wurde.

Die außergewöhnlichen Taten der Bosniakenkrieger sind heute großteils vergessen. Geblieben ist das Denkmal der steinernen Soldaten am Friedhof in Log pod Mangartom (Mittelbreth). Das vom tschechischen Bildhauer Ladislaus Kofranek geschaffene Monument zeigt einen Gebirgsschützen des 27. Landwehrinfanterieregiments Laibach und einen Angehörigen des bosnisch – hercegowinischen 4. Regiments. Der Blick der Soldaten ist auf den Rombon gerichtet.

---

*   *24. 4. 1873 in Komorn (Slowakei), +4. 1. 1957 in Wien; Inhaftierung nach den Februarkämpfen 1934 und nach dem Hitlerattentat 1944; 1945 Wiener Bürgermeister, 1951 österreichischer Bundespräsident.

ROMBON (VELIKI VRH)

Die jungen österreichischen Offiziere trugen anstatt des Fezes die üblichen Militärkappen. Der zweite Offizier links des Gedenksteins ist der spätere Bundespräsident Schärf. (MK)

Über die Grundmauern der Moschee, die in diesem Ort gestanden ist, ist längst das Gras gewachsen. Die »Bosniakerln« (Bosniaken)* werden heute nur mehr als Kümmelweckerl gehandelt. Allein der Militärmarsch »Die Bosniaken kommen« des Militärkapellmeisters des 2. Bosniakenregiments Eduard Wagnes wird von den Blasmusikkapellen nach wie vor gespielt.

Bis zur Offensive in der 12. Isonzoschlacht versuchten die Italiener immer wieder den Rombon zu erobern. Der erste große Angriff begann am 27. August 1915. Mit Unterstützung von Gebirgsgeschützen und von schwerer Artillerie gingen 2 Alpini-Bataillone gegen den Gipfel vor. Die Angriffe erfolgten von Westen, Südwesten und Süden. In den späten Nachtstunden schlichen sich die italienischen Sturmpatrouillen über das Geröllfeld und den steilen Hang zur kleinen Scharte zwischen dem Kleinen Rombon (die Italiener nannten ihn Romboncino)** und dem Hauptgipfel hinauf. Ihre Schuhe hatten sie mit Fetzen umwickelt, um möglichst lautlos zu bleiben.

---

* Kümmelgebäck aus dunklem Brotteig
** Kote 2105

Durch diese Steilrinne, durch die heute der Steig auf den Rombon führt, stiegen die Alpini in die Kleine Rombon-Scharte hinauf.

In den frühen Morgenstunden stießen sie auf Verteidiger, deren Stellungen vorher von der italienischen Artillerie beschossen worden waren. Mit Handgranaten, Schüssen und großen Steinen, die sie auf die Angreifer warfen, wehrten sich die Verteidiger. Nur zwei Alpini-Züge gelangten auf den Grat und eroberten im Nahkampf zwei Steinwälle der Österreicher. Drei Tage steckten sie hier fest. Die wenigen noch einsatzfähigen Alpini zogen sich dann in der Nacht wieder zurück. Die Tatsache, dass die italienische Seite keine Angaben über ihre Verluste machte, zeigt, dass sie sicher sehr hoch waren. Weitere Versuche im September, den Rombon zu erobern, schlugen ebenfalls fehl.

Die Eroberung der Čukla im Februar 1915

Die Italiener hatten die Čukla (1.767 m) bereits im Mai 1915 besetzt und sie und die Senke in Richtung Rombon stark befestigt. Von der Čukla aus erfolgten immer wieder die italienischen Angriffe auf den Rombon und auf die österreichischen Stellungen an dessen Hängen. Deshalb hegte der Kommandant des Flitscher Abschnitts, Oberst Schusnigg, den Plan die Čukla-Anhöhe zu erobern. Wegen des Geländes und der ausgebauten Stellungen war ein direkter Angriff sinnlos. Deshalb entwickelte man den Plan, im Winter, wenn niemand damit rechnete, diese Aktion durchzuführen. Im Jänner betraute Schusnigg den erfahrenen Oberleutnant Hans Mickl mit dieser Aufgabe. Gemeinsam mit seinem Fähnrich Schlatte erkundete er von den vordersten österreichischen Stellungen aus genau das Gelände. Schließlich entdeckten sie eine schmale Stelle zwischen der Čukla-Höhe und der Senke, durch die man in die hinteren Stellungen der Italiener gelangen konnte. Auf einer Karte des Gefechtsfeldes auf dem Rombon, die allerdings die Situation vor der Offensive 1917 zeigt*, ist zwischen der Čukla und der Senke vor der Kote 1741 nach den Latschenköpfen eine Lücke im Stacheldrahtverhau zu sehen. Dabei könnte es sich um besagte schmale Stelle handeln. Nach einer Verschiebung wegen starken Schneefalls verließ die mit weißer Tarnkleidung versehene Kompanie des Oberleutnants Mickl am 12. Februar um 2 Uhr 45 ihre Ausgangsposition und bewegte sich in der Deckung der Überhänge und Schneewechten in Richtung Čukla. In den Mulden lag teilweise meterhoch pulvriger Schnee, so dass man bis über die Hüften einsank. Die Kuppen wiederum waren verharscht und vereist. Da die

---

* Ritter von Hoen, Max: Geschichte des salzburgisch-oberösterreichischen K.u.k. Infanterie-Regiments Erzherzog Rainer Nr. 59 für den Zeitraum des Weltkrieges 1914 – 1918, Salzburg 1931, Skizze 70

Aktion natürlich möglichst lautlos erfolgen musste, brauchte man bis zu dem Grabenriss statt der vorgesehenen 30 Minuten zwei Stunden. Die nur etwa 3 Meter hohe Felsstufe, die normalerweise problemlos zu durchsteigen gewesen wäre, war total vereist. Mehrmals scheiterten die Versuche die Blankeisstelle zu überwinden. Die Zeit verstrich, und im Osten begann es bereits hell zu werden. Im letzten Moment gelang es dem baumlangen Fähnrich Schlatte die Eisrinne zu durchklettern. Der erste Zug drang unbemerkt in die Stellungen ein. Über 80 Mann und drei Offiziere gerieten in Gefangenschaft. Erst die nachfolgenden Einheiten gerieten in Feuergefechte mit den zurückweichenden Italienern. Dabei gab es auf österreichischer Seite 5 Tote und mehrere Verwundete.

Die in den nächsten Tagen und Wochen einsetzenden Gegenangriffe und der intensive Artilleriebeschuss forderten zahlreiche Opfer auf beiden Seiten. Bis Ende Februar hatten die Italiener auf dem Čukla-Schlachtfeld nach eigenen Angaben 18 Offiziere und knapp 400 Mann verloren. Auf österreichischer Seite werden keine Zahlen genannt, erwähnt wird nur das vernichtende Artilleriefeuer. Diese fürchterlichen winterlichen Gefechte unter kaum vorstellbaren Bedingungen sind ein besonders exemplarische Beispiel für den Wahnsinn eines Krieges.

Am 12. April ersetzten die Soldaten des bosnisch-hercegowinischen Infanterie-Regiments 4 die Kärntner Gebirgsschützen in den Stellungen am Rombon. Sie waren von der russischen Front abgezogen worden. Ende April folgten zwei Versuche, gegen die italienischen Stellungen unterhalb der Čukla vorzustoßen, die keinen Erfolg brachten. Am 10. Mai erfolgte ein intensiver italienischer Artilleriebeschuss. Alle Batterien im Flitscher Feld, aber auch Geschütze aus dem Raccolana-Tal und sogar vom Krn beschossen die Bosniaken auf der Čukla. Nach dem etwa einstündigen Intensivbeschuss erfolgte der massive italienische Infanterieangriff. Nach Gefechten in und zwischen den Felswänden südlich des Gipfels konnten die 22. und 23. Kompanie des Bataillons Saluzzo und die 62. Kompanie des Bataillons Bassano die von den Österreichern drei Monate gehaltene Čukla-Höhe zurückerobern. Vergeblich versuchten die Österreicher zwei Tage lang den Gipfel wieder zu besetzen. Zu besonders intensiven Kämpfen kam es vor allem in der Senke zwischen Rombon und Čukla. Die zahlenmäßig unterlegenen Bosniaken lieferten den Alpini einen mörderischen Nahkampf. Dabei seien nach österreichischen Angaben 250 Mann gefallen und nur einige in italienische Gefangenschaft geraten, während auf Seiten der Italiener 18 Offiziere und 516 Mann gefallen seien. Italien spricht von 150 Gefangenen und

EROBERUNG DER ČUKLA 77

Die österreichischen Stellungen am Kleinen Rombon (Romboncino) (Kote 2105) im Winter (MW)

erwähnt keine Verlustzahlen.* Danach zogen sich die Bosniaken in ihre Felsstellungen zurück, wo sie bis zum Oktober 1917 blieben.

Bis zum September 1916 gab es keine größeren Auseinandersetzungen im Rombongebiet.

Am 14. und 15. September begannen die italienischen Geschützbatterien mit dem erneuten Beschuss der österreichischen Stellungen am Rombon. Die Einheiten auf der Čukla waren verstärkt und besser versorgt worden. Neue italienische Minenwerfer wurden aufgestellt. Am 16. September um 6 Uhr 30 begann die Artillerievorbereitung. Nach einem zweistündigen Dauerbeschuss hatte man Lücken in die Stacheldrahthindernisse gerissen. Von der Čukla und dem Gebiet südlich des Rombon stürmten 5 italienische Bataillone gegen den Berg. Ein weiteres Bataillon blieb in Reserve. Mit heftigem Artillerie- und Maschinengewehrfeuer wurden die bergauf stürmenden Italiener niederge-

* Immer, wenn, ganz gleich von welcher Seite, nach Kämpfen keine Angaben über eigene Verluste gemacht werden, bedeutet das, dass die Verluste hoch waren.

Die Reste einer österreichischen Stellung zwischen dem Kleinen Rombon und dem Gipfel mit Blick auf das Flitscher Feld. Der bewaldete Berg links ist der Javoršček.

macht. Tot oder verletzt blieben sie in den Stacheldrahthindernissen hängen. Gegen Abend gelang es den Überlebenden wieder in ihre Ausgangsstellungen zurückzukommen. Wieder nennen die italienischen Quellen keine konkreten Verlustzahlen. Allerdings geben sie für die Sturmpatrouillen einen fast siebzigprozentigen Ausfall an. Das ergibt einen Verlust von über 500 Mann an diesem einen Tag.

Im Spätherbst und im Winter 1916/1917 gab es keine größeren Kampfhandlungen auf dem Rombon. Beide Seiten verstärkten ihre Positionen. Wobei festzustellen ist, dass die Linien der Italiener wesentlich solider gebaut waren. Auch die Anzahl der Schützengräben und Kavernen war um vieles höher. In den meisten Gebieten hatten die Österreicher überhaupt nur eine Verteidigungslinie. Unterhalb der Rombonhänge verfügten sie zumindest über eine bescheidene Reservestellung.

Der österreichische Durchbruch scheitert vorerst am zähen Widerstand der italienischen Truppen.

EROBERUNG DER ČUKLA

Am Soldatenfriedhof in Log pod Mangartom (Mittelbreth) hat man für die gefallenen muslimischen Bosniaken schwarze Grabsteine gesetzt.

Wie im vorigen Abschnitt ausgeführt, hatten die Bosniaken die italienischen Angriffe auf den Rombon immer wieder abgewehrt. Im Oktober 1917 wurden sie von den Salzburger Rainern* abgelöst. Die Bosniaken wurden bei der Offensive an anderen besonders schwierigen Stellen in vordersten Linien eingesetzt. Im Divisionsverband unter dem Kommando des Oberst August Spieß von Braccioforte waren noch das 1. Bataillon des 4. Kaiserregiments, die 217. Brigade mit drei Bataillonen der Hessen sowie als Talreserve das 3. Kaiserjägerregiment. Vom Angriff auf die Čukla und weiter auf die Prevala-Scharte gibt es genaue Aufzeichnungen in der »Geschichte des salzburgisch – oberösterreichischen K.u.k. Infanterie-Regiments Erzherzog Rainer Nr. 59 für den Zeitraum des Weltkrieges 1914–1918« von Max Ritter von Hoen**, Salzburg 1924.

---

* 59. Infanterieregiment Erzherzog Rainer: Das 1., 2. und 4. Bataillon bestand großteils aus Salzburgern.
** *17. 2. 1867 in Fulda, +2. 9. 1940 in Wien; k.u.k. Feldmarschall-Leutnant, Militärhistoriker und Direktor des Wiener Kriegsarchivs

Um den Austausch möglichst unauffällig durchzuführen, tauschten die neu eintreffenden Truppen in Pustina im Koritnica-Tal ihre Feldkappen gegen die bosnischen Feze* aus. Die Bosniaken mussten sogar ihren Muezzin zurücklassen, der auch nach dem Abzug der muslimischen Soldaten fünfmal am Tag zum Gebet aufrief. Die Bosniaken waren die am meisten gefürchtete Truppe, deshalb versuchte man deren Präsenz vorzutäuschen. Gelungen dürfte das aber kaum sein, da die vorderen Stellungen auf dem Gefechtsfeld nur 25 Meter auseinander lagen.

Auf italienischer Seite bildeten drei Bataillone der Alpini-Einheiten Saluzzo, Borgo San Dalmazzo und Dronero die so genannte Gruppe Rombon, die unter dem Kommando von Oberst Cantori stand. Insgesamt waren in diesem Bereich laut Mario Silvestri** 5000 Alpini im Einsatz. Die Versorgung erfolgte über die Mulattiera, die von Plužna*** über die Alm Goričica auf die Čukla führte. Weiters gab es noch eine Lastenseilbahn bis zum Fuß der Čukla-Westwand. Mittels eines Handaufzugs konnte man Nahrungsmittel weiter zu den westlich der Čukla liegenden Kavernen transportieren, in denen sich die italienischen Ruhestellungen befanden. Kurz vor Beginn der Offensive besetzte das Alpinibataillon Ceva den Ort Plužna, um die Nachschubwege anzusichern. Die Stellungen der Italiener waren zudem perfekt ausgebaut und eingerichtet.

Die militärische Infrastruktur auf österreichischer Seite war wesentlich schlechter. Die Kavernen, Unterstände und Befestigungen boten teilweise nicht einmal vor dem Dauerregen, der in den letzten Tagen vor dem Angriff einsetzte, Schutz. Vor allem der Transport des Nachschubs über die steilen Ostflanken des Rombon war äußerst problematisch. Es gab zwar zwei Lastenseilbahnen, deren Kapazitäten allerdings bei weitem nicht ausreichten, sodass eine Trägerkompanie von 500 Mann vor allem die nötige Munition hinauf bringen musste. In manchen Bereichen konnte man wegen des steilen Geländes keine Tragtiere einsetzen. Teilweise war der Weg für die Italiener einsichtbar. Deshalb konnten diese Abschnitte nur bei Dunkelheit begangen werden. Dazu kamen die äußerst dürftige Verpflegung und der Mangel an Trinkwasser. Die Menschen waren zwar vom Regen völlig durchnässt, litten aber trotzdem an Durst. Das Pumpwerk der Seilbahn beförderte das Wasser in ein Reservoir auf die Alm Na robu (Kote 1313). Von dort führte sogar eine Wasserleitung in den Čukla-Wald unterhalb

---

* auch Fes oder Tarbusch: im Orient und auf dem Balkan verbreitete kegelstumpfförmige Kopfbedeckung; benannt nach der marokkanischen Stadt Fés
** italienischer Historiker; Autor von »Isonzo 1917«
*** Ortschaft westlich von Bovec (Flitsch)

EROBERUNG DER ČUKLA

Den Bereich zwischen Čukla (links) und dem Hauptmassiv des Rombon (rechts) bezeichneten die Slowenen treffend als Bojišče, auf Deutsch Schlachtfeld.

der Totenkuppen südwestlich des Čukla-Gipfels. Die vordersten italienischen Linien waren allerdings nur 25 Meter entfernt. Deshalb war es nur in der Nacht möglich Wasser zu holen. Die italienische Position war dort stark befestigt und mittels breiten Stacheldrahtverhauen geschützt, während die Österreicher nur wenige Felsdeckungen und abgebrochene Bäume zur Verfügung hatten.

Am 17. Oktober setzte der Schneefall ein. Ein Schneesturm führte zur Beschädigung der Seilbahnen. Erst am Nachmittag des 21. Oktober legte sich der Sturm. Am Rombon war bereits ein Meter Schnee gefallen. Deshalb wurde der Angriff auf den 24. Oktober verschoben. Am 21. Oktober herrschte plötzlich Schönwetter. Die Artillerie beider Seiten benützte den Tag zum Einschießen der Artillerie. Die Italiener waren über den ursprünglich für 22. Oktober vorgesehenen Angriff durch Überläufer bestens informiert.

Völlig durchnässt und frierend hockten die österreichischen Soldaten in der Nacht auf den 24. Oktober in ihren Stellungen vom Rombon hinunter auf das Felsenplateau unter dem Hauptmassiv, das die Slowenen treffend Bojišče

(Schlachtfeld) nannten. Es hatte wieder zu schneien begonnen. Um zwei Uhr waren die mächtigen Detonationen aus dem Tal zu hören. Der Gasbeschuss hatte begonnen. Am Rombon sollte das italienische Bataillonskommando auf der Alm Goričica getroffen werden. Nachdem dort Gasalarm gegeben worden war, merkte ein italienischer Feldkaplan, dass eine Mastgans, die einem Major vor Tagen geschenkt worden war, quietschfidel zwischen den Baracken umherwatschelte. Damit war klar, dass der Gasbeschuss völlig wirkungslos gewesen war. Nach dem Ende des Artilleriebeschusses um 4 Uhr 30 schlichen sich die Sprengpatrouillen nach vor, um in die italienischen Stacheldrahtverhaue Schneisen zu sprengen. Eigentlich hätte es den Kommandierenden klar sein müssen, dass die italienische Seite auf den Angriff wartete. Sie ließen die Österreicher bis an die Verhaue herankommen, um sie dann mit Handgranaten zu belegen. Ganze Mannschaften blieben verletzt oder tot liegen. Die wenigen Sprengsätze, die aktiviert werden konnten, blieben praktisch wirkungslos. Nach diesem Misserfolg versuchten die Österreicher mit Kanonen- und Minenwerferfeuer die nötigen Durchgänge zu schaffen. Bei Beginn des Artilleriebeschusses wurde die Sicht immer schlechter. Wie bereits erwähnt, hatte man am 21. Oktober das Einschießen bei schönem Wetter durchgeführt. Jetzt, bei schlechtem Wetter, änderte sich die Schussbahn, und eine nachträgliche Justierung war wegen der mangelnden Sicht nicht möglich. Dazu kam starkes Gegenfeuer von der italienischen Seite. Vorbereitete Steinlawinen vernichteten ganze Minenwerfermannschaften. Telefonverbindungen wurden zerstört, und optische Signale waren wegen des Nebels und des immer heftiger werdenden Schneefalls unmöglich. Teilweise traf die Artillerie sogar die eigenen Leute. Und jene Truppen, die vom Rombon herunter angreifen sollten, konnten wegen des eigenen Artilleriefeuers nicht weiter. Der kommandierende Hauptmann der Sturmtruppen meldete die Aussichtslosigkeit des Angriffs und bat um eine einstündige Verschiebung und um Einstellung des erfolglosen Artilleriefeuers. Um 8 Uhr 30 kam vom Armeegruppenkommando die Order, den Artilleriebeschuss um eine halbe Stunde zu verlängern und den Angriff um 9 Uhr fortzusetzen. Die Befehlsänderung erreichte nicht alle Einheiten. So griff das 2. Rainer-Bataillon entlang der steilen Hänge unterhalb der so genannten Totenkuppen an. Eine von einer italienischen Granate ausgelöste Steinlawine begrub die Angreifer unter sich. Die Lage wurde immer aussichtsloser. Bei dem immer stärker werdenden Schneesturm versuchte man um die Mittagszeit erneut auf die Čukla vorzustoßen, abermals ohne Erfolg. Erst am Nachmittag wurden die militärisch sinnlosen Angriffsversuche abgebrochen und die Angreifer in ihre Ausgangspositionen zurückgenommen.

Die Kavernen waren voll gestopft mit Verwundeten und am Schlachtfeld lagen unzählige Tote. Mehr als die Hälfte der Angreifer war tot oder verwundet. Ich habe dieses dunkle Kapitel, den 24. Oktober am Rombon, ganz bewusst etwas detaillierter dargestellt. Es klingt wie Hohn, wenn das Kommando der Armeegruppe Krauß es danach für angebracht gehalten hat, den Angreifern am Rombon Lob für deren außerordentliche Leistungen auszusprechen. Vor allem die Toten dürfte das besonders gefreut haben. Sinnlose und menschenverachtende Befehle gab und gibt es in allen Kriegen und auf allen Seiten. Und wenn Militaristen vom »Wunder von Karfreit« schwärmen, auf das ich in den nächsten Kapiteln noch eingehen werde, sollten sie auch an das »Bojišče« am Rombon denken.

Erst um 17 Uhr erreichte die Nachricht vom erfolgreichen Durchbruch im Tal die Einheiten auf dem Rombon und vom Vormarsch eines halbes Kaiserjägerbataillons im Rücken der Italiener in Richtung Alm Goričica. Bis um 1 Uhr in der Nacht hielt das italienische Artilleriefeuer an. Bereits eine halbe Stunde vor dem nächsten Angriffstermin meldete eine Patrouille, dass sie beim Durchschneiden der Drahthindernisse auf keinen Widerstand gestoßen sei. Die Italiener hatten sich bereits in der Nacht von der Čukla und der Alm Goričica in Richtung Plešivec und Vratni vrh zurückgezogen. Sowohl der Rückzug der Italiener als auch der Vormarsch der Österreicher durch den wild zerklüfteten Hochgebirgskarst waren höchst problematisch. Nach dem starken Schneefall und dem Sturm waren die Spalten und Dolinen zugeweht. Immer wieder stürzten Soldaten hinein und verletzten sich oder kamen sogar ums Leben. Als die ersten Einheiten der Österreicher in die Nähe des stark befestigten Vratni vrh gelangten, gerieten sie in das Feuer der schweren italienischen Artillerie, die am Nevea-Pass stationiert war. Das österreichische Korpskommando im Tal hatte natürlich keine Ahnung von den Schwierigkeiten, die allein das Gelände und der Schnee mit sich brachten. Erneut wurde der Befehl ausgegeben, die Prevala-Scharte schleunigst einzunehmen. Dabei solle den österreichischen Einheiten auch die schwere Artillerie aus dem Raibler Gebiet helfen. Wie am Vortag war dieser Artillerieeinsatz wirkungslos und die Einheiten verloren sich in diesem weiten schneebedeckten Hochgebirgsgelände aus den Augen. Verbindungen versagten. Die zurückweichenden Italiener verwickelten die Vorrückenden immer wieder in Gefechte. Der mit Geschützkavernen ausgestattete Vratni vrh konnte erst nach zahlreichen waghalsigen Angriffen am 26. Oktober eingenommen werden. Knapp 900 Italiener gerieten in österreichische Gefangenschaft.

Rechts im Vordergrund der Vratni vrh, der von den Salzburger Rainern nach schweren Kämpfen eingenommen werden konnte. Durch die steile Rinne in der Bildmitte sollte die Prevala-Scharte erstürmt werden, wobei nicht nur die Scharte befestigt war und verteidigt wurde, auch links der Stador und rechts der Lopa-Grat waren von den Italienern besetzt.

Nachdem der erste Ansturm der Kaiserjäger auf die Prevala-Scharte zurückgeschlagen worden war, gingen die Österreicher am 27. Oktober erneut zum Angriff über. Dabei geriet das 1. Rainer-Bataillon ins Kreuzfeuer von den Scharten des Lopa-Grates. Danach versuchten Soldaten in zwei Gruppen durch die Felsrinnen gegen den Lopa-Grat hinauf zu kommen, gerieten aber auf einem Schneefeld unter Feindbeschuss und mussten das Unternehmen abbrechen. Das Kaiserjägerbataillon, das versucht hatte, in Richtung Lopa-Gipfel vorzudringen, musste das Unternehmen wegen des Schnees und der nicht erkletterbaren Wände auf der Kote 2015 abbrechen. Der Versuch, die italienische Schartenstellung von Raibl mit den schweren Mörsern zu treffen, scheiterte. Mit Kletterhaken kamen einzelne Soldaten bis zu den Etagenstellungen der Italiener. Sie wurden jedoch entdeckt und mussten sich in Felsspalten verstecken, um nach Eintritt der Dunkelheit den Rückzug antreten zu können. Nachdem gerade jene, die den Großteil der Seile getragen hatten, abgeschossen worden waren, mussten sich die Überlebenden mit Hilfe von Zeltblättern und Schnüren an die 200 Meter abseilen. Die völlig erschöpften Männer wurden dann zwar abgelöst und zur Alm Krnica hinunter geschickt, aber einige von ihnen kamen dort nicht an, weil sie erschöpft liegen blieben und erfroren. Andere sollen sogar vom Sturm umgeworfen und über Felswände gestürzt sein.

Nach Mitternacht auf den 28. Oktober hörte der italienische Beschuss auf. Um 11 Uhr vormittags legte sich der Schneesturm, und die Sturmpatrouillen konnten die Prevala-Scharte kampflos besetzen. Der Großteil der Italiener hatte sich ins Raccolana-Tal zurückgezogen. Nach vier blutigen Tagen mit unvorstellbaren Anstrengungen hatten die Rainer und die Kaiserjäger die Scharte erobert. Die Salzburger Rainer hatten mehr als 500 Mann verloren. Offiziell waren es 104 Tote, 305 Verwundete, 19 Vermisste und 95 Mann mit schweren Erfrierungen.* Aber auch die italienischen Soldaten, die sich auf ihrem Rückzug immer wieder zäh und hartnäckig verteidigten und den Angreifern Verluste zufügten, erlitten die gleichen tragischen Schicksale. Viele waren ohne entsprechende Winterausrüstung unterwegs. Verwundete und Erschöpfte blieben zurück und erfroren. Viele stürzten oder verschwanden in den Spalten und Abgründen oder kamen bei den Kampfhandlungen ums Leben. Von den 230 Mann der 4. Kompanie des Alpinibataillons Ceva in Plužna überlebten nur 20.

Ich habe in diesem historischen Kapitel ganz bewusst die Ereignisse etwas ausführlicher beschrieben. Die Kampfhandlungen am Rombon zeigen auf drastische Weise, dass in Kriegen auf beiden Seiten jedwege Vernunft irgendwelchen vielleicht zu erreichenden militärischen Zielen untergeordnet wird, von Humanität ganz zu schweigen. »Sie waren weder Helden noch Feiglinge. Sie waren allesamt Opfer.«**

---

* Ritter von Hoen, Max: Geschichte des salzburgisch-oberösterreichischen K.u.k. Infanterie-Regiments Erzherzog Rainer Nr.59 für den Zeitraum des Weltkrieges 1914 – 1918, Salzburg 1924, S. 614
** Fest, Werner: Spurensuche am Isonzo, Klagenfurt-Wien 2011

UNTEN Der »Flitscher Zuckerhut« von der Abzweigung vor Bovec fotografiert. Vom Gipfel hat man einen einzigartigen Aus- und Überblick über den gesamten Raum im Bereich von Bovec (Flitsch).

4. Kapitel
Tour 17: Svinjak – der »Flitscher Zuckerhut«

CHARAKTERISTIK: lange und im oberen Teil sehr steile alpine Tour; Schwindelfreiheit und absolute Trittsicherheit unbedingt erforderlich!

WEGVERLAUF: Kal Koritnica (460 m) – Kal-Stellung (Freilichtmuseum Čelo) [30 Min.] – Svinjak (1.653 m) [2 ½ – 3 Std.]

Im ersten Moment mag es etwas verwunderlich aussehen, dass einem Berg, der alles andere als hoch ist und gegen den während des 1. Weltkrieges kein einziger Infanterieangriff geführt wurde, ein eigenes Kapitel gewidmet ist. Ein Grund ist seine auffallende Gestalt. Sie hat zu den deutschen Zusatzbezeichnungen wie »Matterhorn von Bovec« oder »Flitscher Zuckerhut« geführt. Der zweite und für mich maßgeblichere Grund war seine militärische Bedeutung während des 1. Weltkrieges, auf die ich im historischen Abschnitt eingehen werde.

Die Zufahrt erfolgt am besten von Villach nach Tarvis [29 km]. Dort in südlicher Richtung über Cave del Predil (Raibl) [9 km] auf den Predil-Pass (Passo del Predil) [4 km]. Auf der slowenischen Seite hinunter nach Log pod Mangartom (Mittelbreth) [7 km]. Danach fahren wir weiter, vorbei an der Flitscher Klause bis zur Abzweigung kurz vor Bovec (Flitsch) [8 km]. Jetzt in Richtung Vršič-Pass bzw. Kranjska Gora halblinks abbiegen. Nach der Überquerung der Koritnica erreichen wir nach 2 km den Ausgangspunkt der Tour – Kal Koritnica [Autostrecke Villach – Kal-Koritnica 59 km].

Gleich am Ortsbeginn findet man einen Wegweiser des Friedensweges (Pot miru), der von hier zur Kal-Stellung (Freilichtmuseum Čelo) führt. Weil es in diesem Bereich kaum eine Parkmöglichkeit gibt, ist es besser auf der Hauptstraße ein kurzes Stück weiter zu fahren und auf dem Parkplatz nach dem Gasthaus zu parken. Dort steht ein Wegweiser zum Svinjak. Dem asphaltierten Weg geradeaus folgen. Nach etwa 50 Metern knapp an Privathäusern vorbei beginnt der ansteigende Steig, auf dem man nach ungefähr 10 Minuten auf den vorher erwähnten Steig trifft. Bei den Angaben der Gehzeit sollte man in Slowenien übrigens etwas vorsichtig sein. Für die 1.200 Höhenmeter auf den Svinjak in steilem und im oberen Teil sehr steilem Gelände mit einigen leichten Kletterstellen sind 2 ½ Stunden zumindest für die etwas älteren Jahrgänge »leicht sportlich«.

Wir folgen nun dem Saumweg halbrechts hinauf in den dichten Laubwald. Nach einer knappen halben Stunde zweigt der Friedensweg nach links hinauf zur Kal-Stellung (Freilichtmuseum Čelo) ab. Nicht nur historisch Interessierte sollten die wenigen Minuten investieren, um das Freiluftmuseum zu besuchen. Neben den imposanten gemauerten Schützengräben und den Kanonenstellungen, die noch gut erhalten sind, hat man auch einen schönen Ausblick auf das Flitscher Feld und es ist gut vorstellbar, wie hier im Herbst 1917 die Generalität den Durchbruch im Rahmen der deutschen-österreichischen Offensive geplant hat.

In wenigen Minuten ist man wieder zurück am Weg zum Gipfel. Vorbei an einzelnen Granattrichtern und Steinwällen zieht sich der Weg durch den Buchenwald hinauf. Es gibt keine Orientierungsschwierigkeiten, man braucht nur dem Steig zu folgen. Zwischendurch, wenn der Steig an die Kante des Höhenrückens führt, ergeben sich schöne

Ausblicke auf die umliegenden Berge bzw. ins Tal auf die Flitscher Klause und das darüber liegende Werk (Fort) Hermann. Über einen Lawinenstrich, auf dem die Reste der abgeknickten Bäume wie graue Mahnmale wirken, steigen wir hinauf in Richtung Gipfel. Langsam werden die Bäume niedriger, Lärchen und Latschen mischen sich unter die Buchen.

Im letzten Drittel des Aufstieges wurde mir erst klar, warum dieser Berg Svinjak heißt. Man könnte das mit »Schweins- oder Saurüssel« übersetzen. Es wird nämlich immer steiler und steiler, sodass man immer öfter mit den Händen zugreifen muss. Dazu kam, dass ich Mitte Juni in der Mittagszeit unterwegs war, und die Temperaturen entsprechende Ausmaße erreicht hatten. Erst ganz oben geht es die letzten Meter flach zum Gipfel auf dem eine Miniaturausgabe des Aljaž-Turmes, der sich auf dem Triglav befindet, steht. Die Aussicht auf die umliegenden Gipfel und der Blick direkt hinunter ins Soča- und Lepena-Tal entschädigt natürlich für die Mühe, die man mit diesem »Saurüssel« gehabt hat. Beim Rückweg auf der gleichen Strecke merkt man erst richtig, wie steil das Gelände ist. Leute ohne alpine Erfahrung sollten nur bis zum letzten steilen Anstieg gehen. Bei Nässe würde ich von der Tour abraten. Besuchen sollte man den Svinjak auf alle Fälle, denn schon der Überblick vom Freiluftmuseum Čelo (Kal-Stellung) ist großartig. Wichtig ist vor allem, genug zum Trinken mitzunehmen und die Tour eher im Frühjahr (wegen der geringen Meereshöhe und der Südlage schon früh schneefrei) oder im Herbst zu planen.

Der Svinjak – ein idealer Beobachtungsstandort

Wie bereits erwähnt hat man von diesem Berg die optimale Sicht auf die italienischen Verteidigungslinien zwischen Bovec und Žaga. Die überragende Lage über dem Flitscher Becken führte schon vor dem Kriegsbeginn zur Planung einer k.u.k. Festung am Hang des Svinjak. Beim Kriegseintritt Italiens war nur die so genannte Kal-Stellung* oberhalb des Dorfes Kal-Koritnica fertig. Der Hauptteil dieser Befestigung besteht aus einem 200 Meter langen Schützengraben mit gemauerten Wänden. Dazu kommen zwei Kanonenstellungen, eine Küche, Beobachtungsposten, zwei Wohnräume und ein Unterstand. Im Graben gibt es 150 Schießscharten für Gewehrschützen. Die zwei 12cm Geschütze wurden nach Kriegsbeginn in tiefer liegende Kavernen verlegt, weil sie im Stellungsbereich zu wenig geschützt waren.

Von ganz besonderer Bedeutung waren die Beobachtungspunkte am Svinjak bei der Planung der Offensive im Rahmen der 12. Isonzoschlacht. Der Durchbruch im Raum Flitsch (Bovec) war für das Gelingen der Operation von

---

* heute Freiluftmuseum Čelo

ganz wesentlicher Bedeutung. Einen Monat vor Beginn der Offensive war der Kommandant des österreichischen Armeekorps in der 14. Deutschen Armee, General Alfred Krauss, auf einem Beobachtungsstand am Svinjak. In seinen Erinnerungen schreibt er, dass er sich ein Gelingen des Durchbruchs im Flitscher Talboden kaum vorstellen konnte. Allein an den Rombonhängen und am Polovnik befanden sich an die 80 italienische Artilleriekavernen, die Angreifer im Tal in kürzester Zeit vernichten konnten. Deshalb wurde jeder mutmaßlichen italienischen Kaverne ein eigenes Geschütz zugeordnet. Das waren vor allem leichtere Gebirgskanonen bis zu 10 cm Geschützen, die die Aufgabe hatten, die feindlichen Kavernen mit Gas- und Brisanzmunition zu beschießen. Aber mit dem Ausschalten der Artillerie allein war es noch lange nicht getan. Denn die erste italienische Frontlinie im Talboden war derartig ausgebaut und geschützt, dass sie von der österreichischen Artillerie nicht in einem solchen Ausmaß beschossen werden konnte, um einen erfolgreichen Infanterieangriff zu ermöglichen. Bereits bei der ersten Besichtigung kam der deutsche General Krafft von Delmensingen* zum Schluss, dass nur ein konzentrierter Einsatz von Kampfgas zum Erfolg führen könne. Und damit bin ich bereits bei jenem historischen Kapitel, das immer wieder für Kontroversen unter den schreibenden Historikern geführt hat. In meiner Kindheit in den Fünfzigerjahren hörte ich immer wieder von älteren Menschen, wenn ihre Lage nicht besonders rosig war, die Aussage, dass das so und so gleichgültig sei, weil irgendwann » eh der Gaskrieg käme«. Selbst die unfassbaren Verbrechen der Nationalsozialisten, bei denen dem Gas ja wiederum eine besondere Rolle zugeteilt war, hatte diese Metapher für unentrinnbaren Schrecken nicht zu überdecken vermocht. Viele deutschsprachige Militärhistoriker versuchen in ihren Publikationen immer wieder die Bedeutung des Kampfmittels Gas herunter zu spielen. Handelt es sich doch beim Durchbruch der deutschen und österreichischen Truppen im Rahmen der 12. Isonzoschlacht um den letzten Sieg der »großen österreichischen Armee«. Das Gas ist so etwas wie ein Schandfleck, der diesen glorreichen Triumph befleckt. Manche Autoren vermischen auch den Einsatz von Gasgranaten durch die Artillerie mit dem Gaswerferangriff bei Flitsch (Bovec). Die Artillerie-Einheiten der deutschen-österreichischen Truppen im Herbst 1917 waren neben den Brisanzgranaten auch mit Gasgranaten ausgerüstet, die 15% des Gesamtvolumens ausmachten. Das betraf alle Geschütze bis zu einem Kaliber von 15

---

* Konrad Krafft von Delmensingen, Chef des Stabes der 14. Armee, geb. 24. 11. 1862 in Laufen (Bayern), gest. 22. 2. 1953 in Seeshaupt (Bayern)

Zentimetern. Im gesamten Bereich machte das an die 100.000* Giftgasgranaten aus. Dabei handelte es sich zum Großteil um Blaukreuzgranaten**. Sie waren mit dem Reizstoff Diphenylchlorarcin*** gefüllt. Das Giftgas drang durch die Filter der damals üblichen Gasmasken und führte zu einer extremen Reizung der Schleimhäute in Hals, Nase und Augen. Betroffene wurden dadurch völlig handlungsunfähig gemacht. Am 24. Oktober ab 2 Uhr früh wurden die italienischen Stellungen zwischen Tolmein und Bovec (Flitsch) abwechselnd mit Gas- und Brisanzmunition beschossen, und das über einen Zeitraum von 2½ Stunden. Dass der Beschuss mit Gasgranaten für den Angriff von großer Bedeutung war, geht auch aus den Aufzeichnungen Erwin Rommels hervor. »Unter anderem dringen wir in die Stellung einer 21-cm-Batterie ein, die unter Gasbeschuss gelegen hat. Die Bedienung ist spurlos verschwunden. Berge von Granaten liegen dicht neben den riesigen Geschützen. Die in den Fels gesprengten Unterschlupfe und Munitionskammern sind nicht beschädigt. Knapp 100 Meter oberhalb besichtigen

---

* Die Angaben schwanken zwischen 80. und 111.000 Stück.
** mit blauem Kreuz gekennzeichnet
*** Kurzbezeichnung »Clark«

LINKS Ein heute im Museum von Kobarid ausgestellter 18cm-Gasgranatenwerfer. Die 18cm-Minen wurden einfach in den Boden geschlagen, mit elektrischen Drähten verbunden und schließlich mittels eines elektrischen Zünders gleichzeitig abgefeuert (Wandbild)

LINKE SEITE Die Kal-Stellung am Fuß des Svinjak – im Hintergrund das Kanin-Massiv

wir im Vorbeigehen eine mittelschwere Batterie, deren Geschütze vollkommen schusssicher in Felskammern mit nur ganz schmalem Ausschussloch stehen. Auch hier ist die Bedienung spurlos verschwunden.«* Das Gas der Artilleriegranaten war für die Ausschaltung der italienischen Artilleriekavernen von eminenter Bedeutung.

Daneben gab es im Raum Flitsch den Massivangriff des 35. deutschen Gaswerferpionierbataillons. Dabei handelte es sich um die fürchterlichste Weiterentwicklung dieser Waffe.

894 18 cm-Minen mit jeweils 12 bis 15 Liter Phosgen bzw. Diphosgen** gefüllt wurden südöstlich des Ravelnik eingegraben. Das Zielgebiet waren der etwa ein Kilometer entfernt liegende Naklograben und die Uferbereiche der Soča (des Isonzo). Dort befanden sich Baracken und Kavernen der italienischen Infanterie und einige Artilleriebatterien. Für den Durchbruch nach Žaga war deren Ausschaltung von großer Bedeutung. Da das Zielgebiet tiefer lag, war ein Zurückströmen des Gases nicht möglich. Nach den Berechnungen von Experten

---

* Rommel, Erwin: Infanterie greift an, Bonn 2010, S.200
** wegen der Kennzeichnung »Grünkreuz« genannt; führt zu Lungenödemen und zum Erstickungstod

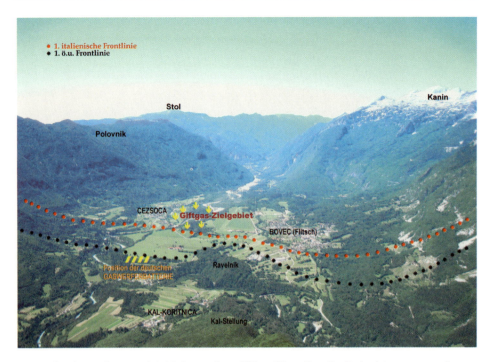

Das Flitscher Becken vom Svinjak fotografiert. All jene Historiker, die die Ansicht vertreten, dass der Gaswerferangriff keine Rolle beim Durchbruch im Flitscher Feld gespielt hätte, waren wahrscheinlich nie am Svinjak. Die totale Ausschaltung der italienischen Positionen zwischen Čezsoča und Bovec im Naklo-Graben und an der Soča ermöglichte erst den Durchbruch der Infanterie.

wurde durch die extreme Konzentration des Giftgases auf einer Fläche von 120.000 m² jedes Leben vernichtet.

Dass der Gaswerferangriff bei Flitsch (Bovec) für den Durchstoß zum Stol eine wesentliche Rolle gespielt hat, geht aus den Aufzeichnungen des Kommandanten Alfred Krauß deutlich hervor. »Der Angriff war dann tatsächlich in der Flanke durch ein weites lebloses und undurchschreitbares Gasfeld gesichert.«*
Weiters schreibt er bei der Schilderung des Angriffs am 24. Oktober: »Sie rückten am Rande des Gasfeldes des Gaswerferbataillons auf der Straße vor, fanden dort nirgends Italiener und konnten so jeden Widerstand nördlich der Straße durch ihr Vorgehen unterbinden.«**

---

* Krauß, Alfred: Das Wunder von Karfreit im besonderen der Durchbruch bei Flitsch, München 1926, S. 14
** ebenda, S. 40

»Das Schweigen in der Talsohle des Flitscher Beckens war das Werk dieses Gaswerferbataillons. Der Vorgang dauerte kaum dreißig Sekunden. Nach Jahren traf ich einen italienischen Offizier, der damals bei Flitsch gestanden hatte. Mit bewegten Worten schilderte er mir das Hinsterben jener Abteilungen, denen die Verteidigung der südlichen Talseite anvertraut war. Lautlos, wie von gespenstischen Fäusten erwürgt, waren achthundert Mann umgesunken, ohne dass jemand den Grund ahnte. Kein Dutzend Menschen entrann der Salve der Gaswerfer; und diese wenigen versetzten Tausende dahinter in panisch überstürzte Flucht.«*

In seinen Aufzeichnungen schildert der österreichische Artillerieoffizier Fritz Weber später den Vormarsch seiner Einheit nach Flitsch (Bovec). Dabei geht er mit seinem Adjutanten mit aufgesetzten Schutzmasken auch in die Straßenschlucht bei Čezsoča (Naklograben) hinunter.

»Tote, wie Gruppen von Wachsfiguren. Wenige auf der Flucht erreicht, zusammengebrochen, auf den Gesichtern liegend. Die meisten in den Unterkünften hockend, das Gewehr zwischen den Knien, die Rüstung umgeschnallt. (....) Nicht weit davon eine Kaverne, deren Eingang fast bis zur Decke mit Sandsäcken verschlichtet ist. Wir zerren die Brustwehr auseinander, steigen hinein. (....) im Vordergrund ist Raum, nur Waffen und Kleidungsstücke liegen dort. Aber im innersten Winkel geballt ein Knäuel übereinander geworfener Leichen. Aus dem Dunkel der Körper tauchen gelbe, verkrampfte Hände, blecken Gesichter her ... Die da haben die Gasflaschen verzischen gehört.«**

LINKS In den Baracken und Kavernen fanden hunderte junge Soldaten den Tod. Sie hatten nicht einmal die Zeit ihre ohnedies wertlosen Gasmasken aufzusetzen. (MK)

* Weber, Fritz: Der Alpenkrieg, Salzburg 1996, S. 137, 138
** Weber, Fritz: Der Alpenkrieg, Salzburg 1996, S. 152, 153

Mit einem Schlag war die italienische Verteidigung in der südlichen Talsohle zusammengebrochen. Neben den hunderten Leichen der Soldaten des dritten Bataillons der Brigade Friuli fanden die nachrückenden Einheiten unzählige tote Ratten und umgekommene Zugtiere.

Der Giftgaseinsatz der deutschen-österreichischen 14. Armee war neben dem konzentrierten Einsatz der verschiedenen Einheiten und der damals neuen Taktik des Durchbruchs im Tal wesentlich für das Gelingen der Offensive verantwortlich. Der fürchterliche Gaswerferangriff bei Flitsch (Bovec) hat nicht nur einen wichtigen italienischen Verteidigungsbereich ausgelöscht. Er hat auch zu panischen Fluchtbewegungen innerhalb der italienischen Armee geführt.

Im Zusammenhang mit dem Giftgaseinsatz ist erst im heurigen Jahr (2014) in einem Buch des Historikers Fritz Keller* über die alte sozialdemokratische Familie Pölzer ein brisantes Dokument aus dem Jahr 1934 an die Öffentlichkeit gelangt. Kanzler Dollfuß, der bei der Offensive 1917 im Raum Flitsch Leutnant bei den Kaiserjägern war, hat während der Februarkämpfe laut eines Aktenvermerks vom 13. Februar 1934 die Anregung gegeben, »… die E-Werke in Simmering nicht zu stürmen, sondern überfallsartig zu vergasen, damit die Arbeiter keine Gelegenheit hätten, die Maschinen zu zerstören.«**

Die Wirkung war ihm ja aus dem Jahr 1917 bekannt. Nachdem das österreichische Bundesheer nicht im Besitz dieser chemischen Waffe war, ist es offensichtlich nur bei der Anregung geblieben. Mit »normalen« Kanonen ließ Dollfuß ja nicht nur auf die aufständischen Arbeiter sondern auch auf deren Frauen und Kinder schießen.*** Trotzdem gibt es bis heute Gedenkstätten für den von den Nazis ermordeten Kanzler. Seit 1998 gibt es in seinem Geburtshaus im niederösterreichischen Texing ein Dollfuß-Museum, im ÖVP-Parlamentsklub hängt nach wie vor sinnigerweise**** sein Bild, in Innervillgraten (Kalkstein) gab es bis in die 60er Jahre eine Dollfuß-Schule, heute eine Gedenkkapelle und ein Museum und in der Turmkapelle der Michaelerkirche finden wir ein Relief des betenden Dollfuß. Da passt es eigentlich ganz gut dazu, dass die Katholische Kirche einen der Mitverantwortlichen***** für die Menschen verachtende Aktion im Flitscher Feld selig gesprochen hat.

---

* Keller, Fritz: Die Pölzers. Eine sozialdemokratische Familien-Saga, Wien 2014
** Profil 5, 27. Jänner 2014, S.26
*** Über 600 Granaten wurden teilweise sogar ohne Vorwarnung auf Gemeindebauten abgefeuert. Dabei starben 109 unbeteiligte Zivilisten, darunter 15 Frauen und 2 Kinder.
**** Dollfuß hat die Demokratie abgeschafft.
***** Kaiser Karl I. war als Oberbefehlshaber der ö.u. Armee mitverantwortlich für dieses Kriegsverbrechen.

5. Kapitel
Vršič-Pass: die Sleme und der Fenstersteig auf den Prisojnik (Prisank)

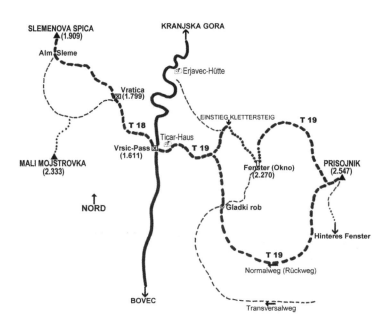

Der Vršič-Pass

Ich möchte hier als Ausnahme auch eine Autoroute etwas genauer beschreiben, weil eine Fahrt über den Vršič Leuten, die, aus welchen Gründen auch immer, keine Bergtouren unternehmen können, die Möglichkeit bietet, eine der schönsten Berglandschaften der Alpen kennen zu lernen. Entlang dieser Rundstrecke über den Vršič- und den Predil-Pass sind eine Vielzahl von Naturdenkmälern und historischen Stätten zu sehen.

Von Villach kommend fährt man bei der Abfahrt nach Fürnitz ab und dann über den Wurzenpass nach Kranjska Gora, dem ehemaligen Kronau [22 km]. Dort biegt man rechts in Richtung Süden ab. Nach etwa 4 Kilometern bei der Kehre 8 liegt links der Straße die Russen-Kapelle (Ruska kapelica). Das orthodoxe Gotteshaus wurde von russischen Kriegsgefangenen, die ab 1915 als Zwangsarbeiter diese Straße bauten, errichtet. Die renovierte wunderschöne kleine Kirche erinnert an die Lawinentoten des 8. März 1916. In dieser Nacht kamen durch eine Lawine 110 russische Gefangene und 7 österreichisch-ungarische Wachposten ums Leben.

Auf einer Höhe von 1515 Meter kommen wir an der Erjavec-Hütte (Erjavčeva koča na Vršiču) vorbei, die auf einem kleinen Hügel

Der Blick von der ehemaligen Seilbahnplattform auf das »Matterhorn der Julier«, den Jalovec

in einem Lärchenwald liegt und von der man einen Traumblick auf die Prisojnik-Nordwand hat, durch die der später beschriebene Fenstersteig führt. Vor der Hütte links befindet sich ein weiterer Friedhof, auf dem 65 russische Gefangene begraben sind.

Nach einer Strecke von 12 km ab Kranjska Gora erreichen wir die Passhöhe (1611 m). Wenn wir nur ein paar Meter links der Passhöhe am Gasthaus Tičar vorbei hinaufgehen, haben wir einen wunderbaren Ausblick bis zum weit im Süden liegenden Krn.

Etwa eineinhalb Kilometer unterhalb der Passhöhe sehen wir linkerseits ein Tunnelportal der »Erzherzog-Eugen-Straße« aus dem 1. Weltkrieg. Genaueres über diesen geschichtlich interessanten Verkehrsweg ist im anschließenden historischen Teil nachzulesen. Gute 200 Höhenmeter unter dem Pass befindet sich auf der rechten Seite ein PKW-Parkplatz. Auf der Plattform, die fast direkt 400 Meter über der Soča-Quelle liegt, war während des Krieges die Lastenseilbahnstation Šupca. Der Blick hinüber auf das »Matterhorn« der Julier, den Jalovec, ist ein weiterer Höhepunkt dieser Autotour.

Nun schlängelt sich die Straße in vielen Kehren in das Trenta-Tal (oberstes Soča-Tal) hinunter. Links der Kehre 48 befindet sich das Denkmal des berühmten Erschließers und Erforschers der Julischen Alpen, Dr. Julius Kugy. Gleich anschließend vor der Brücke über die Soča zweigt rechts eine Straße ins oberste Trenta-Tal ab. Auf ihr kommt man zum beeindruckenden Naturdenkmal der Soča-Quelle (Izvir Soča). Vom Parkplatz bei einem Gasthaus geht man etwa eine Viertelstunde zum Quelltopf, der

Die beiden steinernen Soldaten schauen hinauf auf ihren Schicksalsberg, den Rombon.

sich in einer Karsthöhle befindet. Das letzte Wegstück führt über eine mit Drahtseilen gesicherte kleine Felswand. Gleich nach der Brücke über die Soča kurz unterhalb des Parkplatzes gelangt man über eine Hängebrücke nach wenigen Minuten in die sehenswerte Mlinarica-Schlucht. Vor der Ortschaft Trenta / Na logu liegt links der ö.u. Soldatenfriedhof Britof, auf dem ebenfalls russische Gefangene begraben wurden. Das Nationalparkzentrum im Ort sollte man auch besuchen. Zahlreiche Zeugnisse der Kultur und der Natur dieses Tales können dort besichtigt werden. In Soča, der nächsten Ortschaft, gibt es einen weiteren ö.u. Soldatenfriedhof, auf dem über 600 Gefallene bestattet liegen. Im Deckenfresko der Dorfkirche sieht man neben einem Hund eine Teufelsfratze, die eindeutig die Züge Mussolinis trägt. Eine doch recht originelle Abrechnung mit den italienischen Besetzern der Zwischenkriegszeit. Kurz nach dem Ort Kal-Koritnica kommen wir zur Kreuzung mit der Predilstraße. Wir fahren rechts in Richtung Predil-Pass. Nach 2,5 Kilometern kommen wir zur Flitscher Klause (Trdnjava Kluže). Von hier führt die Armierungsstraße durch einen Tunnel hinauf zum Fort Hermann. Während die untere Festung bei der ehemaligen k.u.k Straßensperre im Schuss-Schatten der italienischen Artillerie lag, wurde das gut 100 Meter höher liegende Fort Hermann weitgehend zerstört. Trotz dieser Zerstörung wirkt das Gebäude durch seine Größe und durch die Mächtigkeit der Betonmauern noch immer beeindruckend. Nach weiteren 5 Kilometern erreichen wir die Ortschaft Log pod Mangartom (Mittelbreth). Kurz vor dem Ortskern biegt man links bei einem Grubenhunt-Denkmal zur Stollenbahn ab. Beim Stolleneingang befindet sich eine Schautafel mit anschaulichen Informationen über diese Verbindung durch den Berg nach Raibl (Cave del Predil). Gleich daneben befindet sich der ö.u. Soldatenfriedhof mit dem eindrucksvollen Denkmal, das einen Gebirgsschützen des 27. Laibacher Infanterieregiments und einen Bosniaken des 4. b.h. Infanterieregiments mit dem typischen Fes als Kopfbedeckung zeigt.

Bei der Fahrt über den Predil-Pass sehen wir noch das Denkmal für Hermann von Hermannsdorf, der mit seiner Besatzung beim Kampf gegen die napoleonischen Soldaten im Mai 1809 umgekommen ist. Die Pass-Sperre etwa 1 Kilometer vor der Passhöhe hatte im 1. Weltkrieg keine Bedeutung und wurde nur als Depot verwendet. Gleich nach der italienischen Grenze sehen wir links die Ruinen der k.u.k. Batterie Predil-Sattel. Sie war bereits bei der Fertigstellung 1899 wegen der zwischenzeitlichen Weiterentwicklung der Waffentechnik überholt. Während

Im Herbst auf der Sleme hat man das Gefühl mitten in einem Gemälde zu sein. Im Hintergrund der Lieblingsberg Kugys, der Jalovec.

des 1. Weltkrieges war sie nicht besetzt. Die Geschütze waren in tiefer gelegene Kavernen verlegt worden. Über Tarvis fahren wir dann zurück nach Österreich.

Tour 18: Sleme

CHARAKTERISTIK: alpine Wanderung

WEGVERLAUF: Vršič-Pass (1.611 m) – Vratica-Sattel (1.799 m) – Slemenova špica (1.909 m) [1½ Std.]

Die Bergwanderung auf die Sleme ist eine verhältnismäßig kurze und unschwierige Tour (Gehzeit hin und retour je 1½ Stunden). Der Gipfel, sofern man ihn als solchen bezeichnen kann, mit seinen gerade etwas über 1.900 Metern liegt knapp oberhalb der Waldgrenze. Das auf den ersten Blick einzig Spektakuläre ist der Steilabfall auf der anderen Seite zur Tamar-Hütte, die exakt 800 Meter darunter liegt. Aber trotzdem ist diese Tour etwas ganz Besonderes. »Sleme« bedeutet soviel wie Dachfirst und es gibt noch andere Almen und Berge in Slowenien, die so bezeichnet werden. Der Felsriegel hier mit seinem Abfall ins Tamar- bzw. Planicatal erinnert in seiner Form wirklich etwas an den First eines Pultdaches. Dieser »Aussichtsbalkon« ist einer der schönsten und im Spätherbst vielleicht sogar der schönste Platz in den Julischen Alpen.

Der Weg von der Passhöhe führt ein kurzes Stück parallel zur Straße in nördlicher Richtung. Bald führt der markierte Steig halblinks durch Latschenfelder, die immer wieder von Schuttrinnen unterbrochen werden, über die Mojstrovka-Flanke hinauf in einen Sattel, in die Vratica. Für die 200 Höhenmeter braucht man etwa 40 Minuten. Dabei sollte man sich ruhig etwas Zeit nehmen, denn von diesem Weg sieht man beim Zurückschauen direkt in die Prisojnik-Nordwand mit dem mystischen Bild des Ajdovska-Mädchens, auf das ich bei der Beschreibung der Fenstersteigtour noch näher eingehen werde. Vom Vratica-Sattel (1807m) hat man zwei Möglichkeiten des Weiterweges. Links führt der Steig unterhalb der Mojstrovka-Nordwand vorbei beim Klettersteigeinstieg zur Mali Mojstrovka über ein großes Schuttfeld in die Senke vor der Sleme.

Der schönere Weg geht allerdings vom Pass geradeaus einige Höhenmeter bergab und dann entlang des Abbruchs ins Planica-Tal durch einen lockeren Lärchenwald mit archaischen Felsblöcken hinüber unter die Alm, wo wir auf den Steig treffen, der unterhalb der Mojstrovka-Nordwand herüber führt. Nach wenigen Minuten erreichen wir die Almwiesen vor der höchsten Sleme-Erhebung. Zum eigentlichen »Dachfirst«, der Slemenova špica, sind es keine 100 Höhenmeter mehr. Am schönsten ist es aber auf der Almwiese mit den kleinen Seeaugen, auf der im Frühjahr zahlreiche Blumen blühen. Bei meiner ersten Tour auf die Sleme Ende Oktober bei herrlichem Herbstwetter hatte ich das Gefühl mitten in einem Gemälde zu sitzen. Schöner kann man die Bergwelt der Julier nicht erleben und das nach einer einfachen etwa 1½ stündigen Wanderung. Für den Rückweg kann man auch den Steig unterhalb der Mojstrovka wählen. Auf ihm kommt man an der Einstiegsstelle des mäßig schwierigen Klettersteiges auf die Mali Mojstrovka vorbei. Über die Vratica gehen wir wieder zurück auf den Vršič-Pass.

Tour 19: Klettersteig durch das Große Fenster auf den Prisojnik (Prisank)

CHARAKTERISTIK: anspruchsvolle hochalpine Tour mit langem Klettersteig [KS4]; nur für erfahrene Alpinisten!

WEGVERLAUF: Vršič-Pass (1.611m) – Großes Prisojnik-Fenster (Prednje okno 2.270m) [2½ – 3 Std.] – Prisojnik (Prisank 2.547m) [1 Std.] – Rückweg auf der Normalroute [2½ – 3 Std.]

Im Buch »Die Ehre des Herzogthums Krain« beschreibt Johann Weichard Freiherr von Valvasor im Jahr 1689 den Weg über den Vršič-Pass von Kronau (Kranjska Gora) nach Flitsch (Bovec). Dort gewesen ist er sicher nicht, denn für ihn geht der Weg über den Pass durch das vordere Prisojnik-Fenster.

»Bey Ober-Cronau in Ober-Crain, allwo die Natur durch den Schneeberg ein Loch geöffnet, dadurch man zu Fuß, wiewol kriechend, in Flütsch kommen kann, da man sonst viel Meilen herum zu gehen hat, weil das Schneegebirge zu passieren unmöglich fällt.«[*]

Der gute Freiherr hat anscheinend schon im 17. Jahrhundert vorausgeahnt, dass es mehr als 300 Jahre später einen Klettersteig durch das Fenster geben wird. Das Prisojnik-Massiv hat ja 2 Fenster (Wanddurchbrüche). Bei der Autoauffahrt von Kranjska Gora sieht man rechts oben in der Nordwand das Große Fenster (Prednje okno[**]). Und durch dieses Fenster führt einer der faszinierendsten Klettersteige, die ich kenne. In der allgemein üblichen sechstei-

---

[*] Kugy, Dr. Julius: Die Julischen Alpen im Bilde, 3. Auflage, Graz 1943, S. 87
[**] deutsch: vorderes Fenster

ligen Schwierigkeitsskala wird er als KS 4 – »Schwieriger Klettersteig« bezeichnet. Darunter versteht man sehr steiles Felsengelände mit teilweisen senkrechten Abschnitten. Meist gibt es nur Stahlseilsicherung mit gelegentlichen Tritthilfen. Vereinzelt benötigt man auch eine gewisse Armkraft, um sich empor ziehen zu können. KS 5 und KS 6 sind bereits Sportklettersteige bzw. extreme Sportklettersteige. Von den alpinen Rahmenbedingungen (Skala A – E) zählt die Tour zu den anspruchsvolleren Bergtouren (D). Dabei gibt es brüchige Felsbereiche und teilweise Firnfelder, und durch die Länge des Klettersteiges sind entsprechende Kondition, alpine Erfahrung sowie gutes Orientierungsvermögen unbedingt erforderlich. Dass eine entsprechende Klettersteigausrüstung (Gurt, Set, Helm) Voraussetzung ist, braucht nicht extra betont zu werden.

Die Tour ist äußerst abwechslungsreich, bringt immer neue überraschende Aus- und Einblicke und gehört zu den beliebtesten Klettersteigrouten der östlichen Julier. Deshalb sollte man, falls möglich, schöne Sommerwochenende eher meiden. Dann sind doch viele Leute unterwegs, und das führt einerseits unter Umständen zu einer gewissen »Staubildung« beim »Kriechband« nach dem Kamin und andererseits auch zu erhöhter Steinschlaggefahr.

Vom Vršič-Pass gehen wir in Richtung Trenta-Tal gesehen links hinauf und folgen dem breiten Weg am Tičar-Haus vorbei bis vor einen aus der Mussolini-Ära stammenden Betonbunker. Den lassen wir links liegen und wandern auf die mit Latschen bewaldete Anhöhe. Nach einem kurzen Abstieg über Schutt geht der Normalweg, über den wir zurückkommen werden, rechts weiter. Wir zweigen bei einem Stein mit der Aufschrift »Okno« links ab und steigen über einen mit Schutt und Geröll bedeckten Pfad teilweise recht steil ungefähr 100 Höhenmeter ab. Interessanterweise finden wir hier Reste von Stacheldrahtverhauen aus dem 1. Weltkrieg, obwohl die Front relativ weit weg war. Der Grund ist der, dass die österreichisch-ungarischen Militärs hier Vorarbeiten für den Fall eines italienischen Durchbruchs durchführen ließen. Kurz vor der deutlich sichtbaren Einstiegsstelle mündet der Steig, der von der Erjavec-Hütte herüber kommt, ein.

Schon nach dem Einstieg im untersten Wandbereich befinden sich Kletterstellen, die ganz schön luftig sind, aber durch künstliche Tritthilfen keinerlei Schwierigkeiten bereiten sollten. Falls jemand hier Probleme hat, wäre es gescheiter für ihn umzudrehen. Nach Überwindung einiger Felsstufen kommen wir auf eine Art Kanzel und wir bewegen uns auf einem gut sichtbaren Steig in einem mit Latschen bewachsenen Gehgelände weiter aufwärts. Da taucht plötzlich vor uns das Antlitz des Ajdovska-Mädchens (Ajdovska deklica) auf. Die Natur hat dieses mystische etwa 10 Meter hohe Gesicht eines trauernden Mädchens in die Felswand gemeißelt. Die ganze Wehmut, die über dieser Landschaft liegt, spiegelt sich in diesem Antlitz wider.

Nachdem wir diesen leichteren Abschnitt hinter uns gebracht haben, queren wir die große Schlucht an ihrem Ende nach links und kommen zu einem weiteren Höhepunkt der Tour. Wir klettern einen senkrechten Felskamin empor, der trotz der künstlichen Tritthilfen (Stahlstifte) eine gewisse Armkraft erfordert. Aber allein der Blick hinunter in die Schlucht mit ihren gewaltigen Felstürmen lässt uns die Anstrengung vergessen. Als Abschluss folgt jetzt noch das in Klettersteigkreisen fast legendäre Kriechband. Unter einem Überhang muss man sich sozusagen durch einen schmalen Felsspalt schräg nach oben schieben. Nachdem die meisten, die bis hierher kommen, zumin-

Das mystische Antlitz des Ajdovska-Mädchens in der Prisojnik-Nordwand

dest nicht extrem übergewichtig sind, wäre das kein besonderes Problem, wenn da nicht der Rucksack wäre. So kommt es immer wieder vor, dass Leute mit dem Rucksack hineinkriechen – und stecken bleiben. Und dann kann es schon vorkommen, dass der eine oder andere in leichte Panik gerät. Am besten ist es, ganz außen zu bleiben, damit der Rucksack praktisch im Freien ist und sich an den Stahlstiften hinauf zu ziehen. Eine andere Möglichkeit ist, den Rucksack vor sich her zu schieben oder ihn mittels einer Rebschnur hinauf zu ziehen. Danach klettert man über schroffiges Gelände, abschnittsweise gesichert, dann wieder auf Steigen, hinauf bis zum so genannten Katzenbuckel. Jetzt sieht man erstmals das riesige Felsfenster aus der Nähe, und jedes Mal bin ich von den gewaltigen Ausmaßen dieses Felsdurchbruchs erneut überwältigt. Viele behaupten, es sei das größte Fenster der gesamten Alpen. Gut gesichert klettern wir nun schräg die Felswand hinunter in die große Schlucht, die sich vom Fenster hinunter zieht. Im Mai und Juni liegt hier noch Schnee. Der weitere Anstieg erfolgt über Schutt und brüchigen Fels. Falls man Leute vor sich hat, sollte man im felsigen Gelände vor der Zentralschlucht warten, bis sie die Felsplatten vor dem Ausstieg erreicht haben, denn es werden immer wieder Steine abgetreten. Ein Helm ist unbedingt erforderlich, da ja beim Aufstieg aus dem sicher mehr als 100 Meter hohen Gewölbe etwas herunter kommen kann. Selbst in den wärmeren Jahreszeiten gibt es dort immer wieder Eiszapfen! Aber schließlich klettern wir über die glatten Platten des Ausstiegsfelsens empor und stehen vor der sonnenüberfluteten Südseite des Fensters.

Vom Vršič-Pass bis zum Fenster muss man eine Gehzeit von drei Stunden einplanen, wobei man am Klettersteig mehr als 500 Höhenmeter überwindet. Falls man es mit der Selbstsicherung einigermaßen genau nimmt, braucht man diese Zeit sicher. In manchen Führern wird empfohlen, dass man im Falle einer Ermüdung die Tour hier abbrechen soll, um über den vom Fenster auf der Südseite zum Normalweg hinunter gehenden Pfad abzusteigen. Ein vernünftiger Vorschlag, ich würde aber jenen, die noch nicht sehr müde sind, doch noch die etwa 100 Höhenmeter hinauf auf den Grat empfehlen. In leichter Kletterei ist man durch die an ausgesetzten Stellen gute Sicherung verhältnismäßig schnell oben. Man steht am Grat dann praktisch oberhalb des großen Fensters und das Panorama und vor allem der Tiefenblick hinunter auf den Pass sind einzigartig. Für den Fall, dass man nicht unbedingt auf den Gipfel will, ist man in kurzer Zeit wieder unten beim Fenster und erreicht in 2 Stunden über den Steig

Beim Ausstieg aus dem Großen Prisojnik-Fenster

zum Normalweg den Vršič-Pass. Dadurch verkürzt sich die Tour um gut 2 Stunden.

Der weitere Aufstieg über den Westgrat zum Gipfel ist unschwierig, hat aber einige ausgesetzte Stellen, die nur gesichert sind, wenn es sich um Kletterstellen handelt. Deshalb ist absolute Schwindelfreiheit und Trittsicherheit unabdingbar. Vorsicht ist im Frühsommer und im späteren Herbst geboten, da der Weg abwechselnd nördlich und südlich des Grates führt. Auf der Schattseite können Schneereste Probleme bereiten. Da wir meist im Gratbereich unterwegs sind, haben wir die entsprechende Aussicht nach beiden Seiten. Erst kurz vor dem Gipfel treffen wir auf den Normalweg und erreichen nach etwa 10 Minuten den Gipfel (2.547 m). An schönen Tagen trifft man hier viele Leute, weil auch der Anstieg über den Normalweg häufig begangen wird. Beim Abstieg wendet sich der Normalweg bei der Einmündung des Weges über den Westgrat nach links zur Scharte, in der der Jubiläumsklettersteig, der durch die Nordwände zum hinteren Fenster, auch Domfenster genannt, beginnt. Besonders Konditionsstarke könnten hier einen Abstecher über den 1963 anlässlich des 60jährigen Bestehens des Slowenischen Bergsteigerverbandes erbauten Klettersteig zum hinteren Fenster (Zadnje okno) machen. Der Klettersteig ist teilweise extrem ausgesetzt, aber gut gesichert und führt durch eine Felslandschaft, in die man als »Normalsterblicher« sonst wohl nie gelangt. Auch das hintere Fenster, das im Inneren an einen gotischen Dom erinnert, ist beeindruckend. Auf der Südseite gibt es einen sehr luftigen Abstieg hinunter zur Mlinarica-Quelle, von der man auf dem Transversalweg mit der Nummer 1 zurück zum Vršič-Pass kommt.

Für diese Variante muss man eine Gehzeit von gut 9 Stunden einberechnen. Dazu kommt, dass man nach ungefähr 8 Stunden über 200 Höhenmeter hinauf muss, um wieder auf den Normalweg zum Pass zu kommen. Vor einigen Jahren ist mir bei dieser Tour 2 Stunden vor dem Ziel der Flüssigkeitsvorrat – ich hatte »nur« 3 Liter mit – ausgegangen. Es war das reinste Martyrium. Aus den angeführten Gründen empfehle ich denjenigen, die auch das 2. Fenster besuchen wollen, von diesem den Klettersteig wieder zurück zur Scharte zu gehen und dann den Prisojnik-Normalweg hinunter.

Von der Scharte führt dieser in kleinen Serpentinen über Schutt und Geröll recht steil hinab. Bei einigen Felsköpfen gibt es kurze Kletterstellen mit künstlichen Tritthilfen. Schließlich kommt man zu einem schönen Steig, der über die steilen Grashänge der Südflanke zurück zur Gladki rob führen, an der die Wege wieder zusammenkommen. Im Frühjahr und Sommer blühen hier alle nur erdenklichen Alpenblumen. Unter anderem kommt man an einer richtigen Edelweiß-Wiese vorbei. Von der Gladki rob geht es dann in etwa einer Dreiviertelstunde zurück zur Passhöhe. Die Gehzeit für die Fenstertour mit dem Prisojnik-Normalweg als Rückweg beträgt gut 7 Stunden.

Der Vršič-Pass (Mojstrovka-Pass) im Krieg

Im Bereich des Vršič-Passes hat es während des 1. Weltkrieges keine Kampfhandlungen gegeben. Aber der Bau der Straße, der in erster Linie durch russische Kriegsgefangene unter kaum vorstellbaren Bedingungen erfolgte und die Bedeutung dieses Verkehrsweges bei der Offensive im Rahmen der 12. Isonzoschlacht waren für mich ausschlaggebend, dieses Kapitel in meiner Arbeit zu berücksichtigen.

In der Zeit der Monarchie verwendete man die Bezeichnung Mojstrovka-Pass nach dem Doppelgipfel westlich der Passhöhe. Interessant ist, dass es auch den eingedeutschten Namen Werschitz (auch Werschetz) gab. In der Mussolini-Ära der Zwischenkriegszeit hieß er dann natürlich Passo della Moistrocca. Und nach dem 2. Weltkrieg wurde er wieder zum Vršič-Pass, benannt nach einem »Latschenhügel« östlich der Passhöhe.

Bis zum 1. Weltkrieg führte nur ein schmaler Saumweg bis in das Gebiet unter dem Prisojnik, auf dem Holz hinaus nach Kronau (Kranjska Gora) gebracht wurde. Über den Sattel, der das Save-Tal mit dem Trenta-Tal (oberes Soča-Tal*) verbindet, gab es nur einen Fußpfad. Die einzige Straßenverbindung ins Soča-Tal führte von Tarvis über Raibel (Cave del Predil), den Predil-Pass und das Koritnica-Tal nach Flitsch (Bovec). Zu Beginn des Jahres 1915, als es den österreichischen Militärs klar war, dass es Krieg mit Italien geben würde, begann man mit dem Bau einer Straße über den Mojstrovka-Pass. Die Straße über den Predil lag zu nahe an der italienischen Grenze und der zu erwartenden Frontlinie. Kronau (Kranjska Gora), der Talort im Save-Tal, war mit Tarvis und mit Laibach durch die Eisenbahn verbunden. Die Linie Tarvis – Kranjska Gora – Laibach wurde übrigens erst 1966 eingestellt und abgebaut. Heute führt entlang der Bahntrasse von Tarvis nach Kranjska Gora auf italienischem Gebiet ein wunderschön ausgebauter Radweg. Die Bahnlinie war die einzige leistungsfähige Verkehrs-

---

* italienisch Isonzo-Tal

verbindung im Rücken der Front. Deshalb war Kranjska Gora Versorgungs- und Nachschubzentrum des nördlichen Isonzo-Frontbereichs vom Rombon bis zum Krn. Sowohl die Straße als auch die Lastenseilbahn waren dann natürlich für die Vorbereitung der Offensive im Rahmen der 12. Isonzoschlacht besonders wichtig.

Die Seilbahn führte vorerst von Kranjska Gora 800 Höhenmeter hinauf auf den Vršič-Pass, dann über die Stationen Šupca und Soča-Quelle (Izvir Soče) bis ins Zentrum der Ortschaft Trenta wieder 1000 Höhenmeter hinunter. Später verlängerte man die Seilbahn entlang des Trenta- bzw. Soča-Tales zuerst bis zur kleinen Ortschaft Črča und schließlich 1917 bis kurz vor das Dorf Kal Koritnica 3km vor Bovec (Flitsch). Pro Seilbahnwagen konnte man Lasten von 100 Kilogramm transportieren. Mit einer Geschwindigkeit von 1,5 Metern pro Sekunde (5,4 km/h) konnte man bei guten Witterungsverhältnissen an einem Tag (Betriebszeit 16 Stunden) 250 Tonnen befördern. Transportiert wurden vor allem Nahrungsmittel für Mensch und Tier, Werkzeug und Munition. Besonders in den Wintermonaten, wenn die Straße nicht benutzbar war, war man auf die Seilbahn ganz besonders angewiesen. 1916 gab es allerdings derartige Schneemassen, dass sogar der Seilbahnbetrieb nicht mehr möglich war.

Als Italien am 23. Mai 1915 Österreich-Ungarn den Krieg erklärte, waren die Bauarbeiten bereits im Gange. Das k.u.k. 10 Armeekommando befahl daraufhin den forcierten Ausbau der »Erzherzog-Eugen-Straße«*. Man beabsichtigte eine lawinensichere Straße, die auch im Winter benutzbar sein sollte, zu errichten. Man glaubte, dass Holzdächer entlang der Lawinenstriche als Schutz ausreichend wären. In dem Zusammenhang muss erwähnt werden, dass man zu diesem Zeitpunkt noch keinerlei Erfahrung mit dem Bau derartiger Verkehrsanlagen hatte. In der ganzen Monarchie versuchte man Fachleute aufzutreiben. Die Masse der Arbeiter bildeten allerdings die russischen Kriegsgefangenen, die als Zwangsarbeiter eingesetzt wurden.

Bis zu Winterbeginn 1915 war die Straße bereits provisorisch befahrbar. Wegen des schneearmen Winters konnten die Arbeiten bis in den Jänner fortgesetzt werden. Aber am 8. März 1916 wurde nach einem Schneesturm die neue Straße an mehreren Stellen zerstört. Auch das bereits errichtete Gerüst für ein Erzherzog Eugen-Denkmal auf der Passhöhe wurde dabei vernichtet. Unter den Schneemassen fanden unzählige Menschen, vor allem russische Kriegsgefangene, den Tod. Wie bereits in der Routenbeschreibung erwähnt,

---

* Erzherzog Eugen war der österreichische Oberbefehlshaber in Italien.

hielten die ö.u. Militärs die Daten geheim. Denn neben den Lawinenopfern kamen massenweise Gefangene durch Krankheiten wie die Blutruhr* und durch die katastrophalen Lebensbedingungen und inhumane Behandlung um. Die »Russen-Kapelle« erinnert an die Lawinenopfer. Über die Anzahl der beim Bau der Straße umgekommenen Russen gibt es keine Aufzeichnungen. Insgesamt wurden 12.000 Zwangsarbeiter eingesetzt. Tausende von ihnen mussten dabei ihr Leben lassen. Franc Uran behauptet in seinen Erinnerungen, dass beim Bau der Vršič-Straße 10.000 russische Gefangene umgekommen seien.** Diese Zahl erscheint natürlich extrem hoch, aber es gibt zahlreiche Aussagen Einheimischer über die unmenschliche Behandlung und die unvorstellbare Zahl von Opfern. Ihrer sollte man gedenken und ihnen ein Denkmal errichten.

Heute ist die Straßenführung der Nordrampe in größeren Teilbereichen identisch mit der ursprünglichen Trasse. In einigen Bereichen sieht man noch das originale Granit-Kopfsteinpflaster. Die heutige Südrampe wurde neu angelegt. Welche Bedeutung die Straße bei der Vorbereitung der deutschen und österreichischen Offensive im Herbst 1917 hatte, wird klar, wenn man sich die Masse der heran gekarrten Kriegsmaterialien vor Augen hält. Dafür setzte man 2.400 Eisenbahnzüge mit mehr als 100.000 Waggons ein. Transportiert wurden dabei 1,5 Millionen Granaten, 800 Tonnen Sprengstoff, über drei Millionen Sprengkapseln, 2 Millionen Signalpatronen, 2.000 Kilometer Zündschnüre, 230.000 Stahlhelme, 238.000 Gasmasken, 100.000 Paar hohe Schuhe, 50.000 Steigeisen, 200.000 Planen, und dazu eine Riesenanzahl von Schlachtvieh, Pferden sowie Nahrungs- und Futtermittel. 1.300 Waggons waren mit Baumaterial beladen, 200 Waggons nur mit Sanitätsmaterial, 150 Waggons mit Telefonkabel. Die Konzentration des Eisenbahnein- satzes über Wochein (Bohinjska Bistrica) für die südliche Offensive im Tolmeiner Bereich und über Kranjska Gora für den Vorstoß im nördlichen Flitscher Bereich führten 1917 zum Zusammenbruch der Lebensmittelversorgung im Hinterland der Monarchie. Ab September passierten täglich 120 Versorgungszüge Laibach.*** Vom Bahnhof in Kranjska Gora musste dann das Material 25 – 30 Kilometer über den Mojstrovka-Pass (Vršič) an die Front transportiert werden. Neben der Erzherzog-Eugen-Straße gab es ja nur noch die Straße von Tarvis über den Predil-Pass. Die lag aber teilweise im Schussbereich der italienischen Artillerie und konnte deshalb nur nachts befahren werden. Die

---
* Durchfallserkrankung mit starkem Blutverlust
** Klavora, Vasja: Blaukreuz, Klagenfurt-Laibach-Wien 1993, S. 32
*** Simčič, Miro: Die Schlachten am Isonzo, Graz 2003, S. 156

Tunnels der alten Vršič-Straße waren für Geschütze ab 15 cm auch im zerlegten Zustand zu klein dimensioniert, deshalb musste man sie nachts über den Predil transportieren. Beim Transport der schweren Geschütze über den Predil-Pass verwendete man Porsche Traktoren mit 100 PS Motorleistung. Selbst in der Nacht war das wegen des Lärms der Zugmaschinen äußerst gefährlich. Dichter Nebel machte es den Italienern aber unmöglich die Transporte zu orten.

Auf dem Vršič-Pass waren Lastkraftwagen und Pferdefuhrwerke im Kolonnenverkehr tagelang ununterbrochen im Einsatz. LKW-Fahrer fuhren bis zu 20 Stunden durch. Der österreichische Artillerieoffizier Fritz Weber schreibt in seinen Erinnerungen wie folgt:

»Halten, nur halten! Wer in Schuss kommt, ist verloren. Hinter uns her zieht eine Trainkolonne so genannter landesüblicher Fuhrwerke unter dem Kommando eines Wachtmeisters. Der Brave versucht, seinen Ruthenen (Ukrainer) begreiflich zu machen, dass schwere Haubitzen mit größerer Vorsicht geführt werden müssen, als ihre leichten Plachenwagen. Er stemmt sich förmlich gegen seine Karren, die immer wieder in uns hineinfahren und einen Knäuel krachender Deichseln und wild mit den Köpfen zerrender Pferdchen bilden. Endlich kommandiert er Halt, um größeren Abstand zu gewinnen. In diesem

LINKS Vor der Prisojnik-Nordwand fahren im Herbst 1917 leere Pferdefuhrwerke zurück hinunter nach Kronau (Kranjska Gora), während beladene Lastkraftwagen in Richtung Passhöhe unterwegs sind. (MK)

LINKE SEITE Ein heute noch vorhandenes zu klein dimensioniertes Tunnelportal auf der Südseite des Passes

Augenblick wird eines der Ruthenengespanne scheu, bricht aus der Kolonne und rast in gestrecktem Galopp an uns vorüber, die Straße hinunter. Ich sehe, wie der Kutscher verzweifelt in den Zügeln hängt, plötzlich die Pferde freigibt und abzuspringen versucht. Dann verschwindet der Wagen im Nebel, man hört ihn nur noch da und dort anprallen und schließlich krachend in den Abgrund hinunterstürzen. (….) Der Kutscher liegt mit zerschmetterten Gliedmaßen und eingeschlagenem Schädel tot am Straßenrand. Ein paar von den Ruthenen wickeln ihn in Pferdekotzen, tragen ihn aufwärts, legen die Leiche auf einen ihrer Wagen. Etwa dreihundert Meter weiter sehen wir die Schleifspur des durchgegangenen Gespannes und unten am Bach eine formlose Masse liegen: das Fuhrwerk, die Pferde und einen Haufen zersplitterter Konservenkisten.«*

---

* Weber, Fritz: Der Alpenkrieg, Salzburg 1996, S. 138, 139

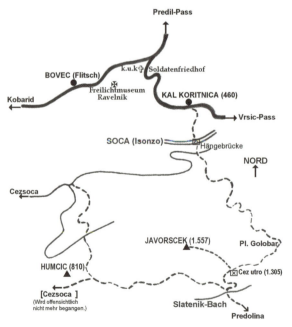

OBEN **Der Javoršček vom gegenüber liegenden italienischen Artilleriestützpunkt (Kote 1.640) auf dem Krasji vrh aufgenommen.**

6. Kapitel
Javoršček und Krasji vrh – die »feindlichen« Berge

Tour 20: Auf dem Friedensweg zum Javoršček

CHARAKTERISTIK: alpine Wanderung

WEGVERLAUF: Parkplatz Kal Koritnica (460 m) – Soča-Hängebrücke (400 m) – Planina Golobar – Čez Utro-Sattel (1.305 m) [2 – 2 ½ Std.] – Javoršček (1.557 m) [30 Min.]

Der Polovnik-Höhenzug mit dem Krasji vrh und der Javoršček-Kamm verlaufen parallel von West nach Ost und werden durch den Slatenik-Graben, der eigentlich schon eine Schlucht ist, getrennt. Der mit seinen 1.557 m um etwa 200 Meter niedrigere Javoršček ist auf der Nordseite zur Gänze bewaldet. Die felsige Südseite hinunter in den Slatenik-Graben hingegen ist im oberen Bereich baumlos.

Der Ausgangspunkt ist das Dorf Kal Koritnica bei Bovec. Die Anfahrt von Österreich erfolgt, wie bereits im 4. Kapitel (Svinjak) beschrieben, über Tarvis und den Predil-Pass (30 km ab Tarvis). Gleich nach dem Gasthaus in Kal Koritnica links der Straße zum Vršič-Pass (Gostišče Hedvika) gibt es auf beiden Seiten Parkmöglichkeiten. Wir folgen dem »Weg des Friedens« (Pot Miru), der rechts in südlicher Richtung über die Felder hinunter zur Soča führt. Der Weg ist durchgehend markiert. Neben den Stipfeln mit dem Pot Miru-Symbol gibt es zusätzlich immer wieder schwarz-rote Markierungen auf den Steinen. Auf einer Hängebrücke überqueren wir den Fluss. Am Brückenbeginn auf der rechten Seite erinnert die Aufschrift »bhI.R.4–7.IV.1916« an die Angehörigen des 4. bosnisch - hercegowinischen* Infanterieregiments, die hier für den Nachschub zuständig waren. Vor allem für den Munitionstransport wurden fast ausschließlich Bosniaken eingesetzt. Von 10 im Munitionstransport eingesetzten Soldaten überlebte im Durchschnitt einer!

Über Felsen und durch ein ausgetrocknetes Bachbett geht es weiter durch den immer dichter werdenden Buchenwald hinauf. Der Zick-Zack-Steig folgt teilweise dem alten Frontweg. Nach knapp 500 Höhenmetern wird das Gelände flacher. Die Reste der mit Steinen gepflasterten ehemaligen österreichischen Saumstraße sind teilweise noch gut erhalten. Links und rechts der Straße erkennen wir noch unzählige Granattrichter. Sobald die Italiener von ihren Beobachtungsstellen auf der Čukla einen Nachschubtransport bemerkten, nahmen sie das Gelände unterhalb der Alm Golobar unter Beschuss. Die Angehörigen des Transportzuges versuchten dann schnell in einen frischen Granattrichter zu flüchten, da die Wahrscheinlichkeit eines zweiten Einschlages an derselben Stelle äußerst gering war. Oben auf der ersten ebenen Freifläche der Alm sehen wir noch Mauerreste von den Mannschafts- und Magazingebäuden. Links der Wiese steht ein Steinkreuz, das vom K.u.K. Feldjägerbataillon im Mai 1916 errichtet wurde. Wir folgen den Markierungen des Friedensweges und erreichen nach gut 2 Stunden den Sattel Čez Utro (1.305).

---

* Die Schreibweise »herzegowinisch« stammt aus späterer Zeit.

Der Blick von der Napoleon-Brücke in Kobarid auf den Krasji vrh

Nach dem Abstieg zum Sattel Čez Utro kann man auf derselben Route wieder zurück nach Kal Koritnica wandern. Da man praktisch immer im Wald und noch dazu auf der Nordseite unterwegs ist, kann man diese historisch und landschaftlich interessante Wanderung ohne weiters auch im Hochsommer absolvieren. Die reine Gehzeit hin und retour beträgt 5 bis 5 ½ Stunden. Die Alternative wäre die Rundtour um den Javoršček. Dabei folgt man dem Friedensweg vom Čez Utro-Sattel hinunter bis knapp vor den Slatenik-Bach. Bei einer verfallenen steinernen Hütte nach rechts abzweigen. Der Friedensweg geht gerade aus über den Slatenik-Bach. Heuer im Frühsommer (2013) war das Hinweisschild nach Bovec nicht mehr vorhanden. Auch die Markierung ist nur noch selten und verblasst zu sehen. Dieser Pfad wurde zumindest heuer nur mehr notdürftig hergerichtet. Der Grund sind die teils großen Hangrutschungen. Deshalb gibt es Umgehungen oder recht luftige Querungen, die zumindest eine gewisse Trittsicherheit erfordern. Dazu kommt die nicht immer eindeutige Wegführung. Der in den Karten oberhalb des Slatenik-Baches eingezeichnete Pfad links des Humčič scheint überhaupt aufgelassen zu sein. Über den in nördlicher Richtung verlaufenden Steig zwischen Javoršček und Humčič kommt man letztlich auf einen Fahrweg. Diese Strecke wird auch von einigen mutigen Mountainbikern benutzt. Dem Fahrweg nun ein kurzes Stück bergauf nach rechts folgen. Dann den Fahrweg links hinunter entlang eines unmarkierten ehemaligen Saumweges verlassen. Nach einigen Kurven erreicht man wieder einen Fahrweg, dem man rechts zuerst eine Weile leicht bergauf folgen muss. Nach zwei Kehren kommt man dann zum Aufstiegssteig, über den man links hinunter zur Hängebrücke an der Soča gelangt. Für die Rundtour sollte man eine reine Gehzeit von 7 Stunden vorsehen.

Wir verlassen den markierten Friedensweg, der hinunter zum Slatenik-Bach führt und folgen halbrechts einem Steig ohne Markierung hinauf auf den Javoršček (1.557). Falls man von dem manchmal nicht mehr deutlich sichtbaren Steig abkommt, ist das kein Problem, weil man nur knapp rechts des Grates bleiben muss und dann bald wieder auf den Pfad stößt. Weiter oben kommen wir immer wieder an Kavernen und Resten von militärischen Bauten vorbei. Eine noch gut lesbare Gedenktafel erinnert an die 2. Kompanie des 20. Feldjägerbataillons. Nach Überwindung der dichten Gebüschreihe am Gipfelgrat gelangen wir auf die Gratsüdseite mit den vordersten Stellungen der Österreicher. Wie von einem Balkon sieht man auf den gesamten ehemaligen italienischen Frontbereich vom Vršič über die Planina Zaprikraj bis zum Krasji vrh und dem Polovnik-Rücken.

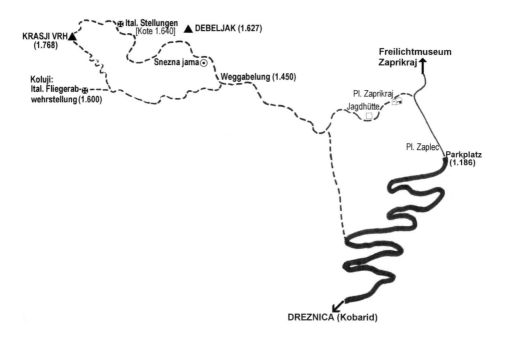

Tour 21: Rundtour am Krasji vrh

CHARAKTERISTIK: alpine Wanderung

WEGVERLAUF: Parkplatz Planina Zapleč (1.186 m) – Planina Zaprikraj – Weggabelung (1.450 m) – italienische Artilleriestellung (Kote 1.640 m) – Krasji vrh (1.768 m) [2 Std.] – italienische Fliegerabwehrstellung (Koluji 1.600 m) – Weggabelung – Parkplatz [1 ½ Std.]

Diese einfache Bergwandertour hat eigentlich alles, was man sich nur wünschen kann. Der höchste Berg der Polovnik-Kette (1.768) ist der eigentliche Hausberg von Kobarid, den man vom Ort aus immer wieder sieht.

Im Frühsommer wandert man zwischen Polstern von Erika- und Zwergalpenrosenblüten durch eine abwechslungsreiche Berglandschaft. Im Herbst prägt das Rot der Buchenwälder das Bild. Dazu gibt es beeindruckende Reste italienischer Militärbauten, die zu diesem Spannungsverhältnis von Licht und Schatten, Schönheit und Betroffenheit führen, was das Besondere dieses Landstrichs ausmacht. Vom Parkplatz sind es zudem nur gut 580 Höhenmeter, die zu überwinden sind. Und damit bin ich schon beim einzigen kleinen Minuspunkt. Die Anfahrt aus Österreich ist etwas langwierig. Von Tarvis bis Kobarid sind es zwar nur 51 Kilometer. Von dort über Drežnica und Drežniške Ravne zum Parkplatz auf der Planina Zapleč bzw. Planina Zaprikraj (1.186) sind es weitere knapp 14 Kilometer, wobei der letzte Teil zwar ohne weiteres befahrbar ist, aber doch wegen der zahlreichen Querrinnen eine vorsichtige Fahrweise verlangt. Ein geländegängiges Fahrzeug ist von Vorteil, aber nicht unbedingt notwendig.

Bereits vor dem Sattel beginnen die Ruinen der Mannschaftsunterkünfte. Die Italiener hatten die strategisch wichtige Anhöhe zu einem Artilleriestützpunkt ausgebaut. Wir finden hier eine Konzentration von Geschützkavernen und offenen Batterien, mit denen die gegenüberliegende österreichische Linie Ravelnik – Humčič – Javoršček – Kal – Lipnik unter Feuer genommen werden konnte. In der Bildmitte die Gedenksäule für Vincenzo Menna.

Vom Parkplatz nahe der Zapleč-Alm folgen wir der Fahrstraße weiter bis vor die Alm Zaprikraj. Beim Wegweiser (Krasji vrh) halblinks direkt zu den Almgebäuden und dann wieder links der Markierung folgend in den Buchenwald. Nach etwa 20 Minuten erreichen wir eine Jagdhütte, vor der sich rechts zwei Deckungskavernen befinden. Dann wandern wir durch einen wunderschönen Buchenwald die teilweise noch sehr gut erhaltene Mulattiera (Saumweg) hinauf. Schließlich kommen wir auf einer Höhe von 1.450 Metern zu einer Weggabelung. Rechts geht es über die »Snežna jama« (Schneehöhle) und links über die »Koluji« (Scheiben) zum Gipfel. Ich würde eine Rundtour gegen den Uhrzeigersinn empfehlen. Den rechten Steig folgend kommen wir an Resten von Unterkünften und weiteren Saumwegen vorbei.

Der Steig führt nun an gewaltigen Dolinen und an der links unten liegenden »Snežna jama« vorbei zum Sattel des Ostgrates. Oben in den Sattel-Dolinen, in denen sich oft auch im Sommer noch große Schneereste befinden, treffen wir auf die Reste einer kleinen »Militärstadt«, die die Italiener im 1. Weltkrieg aufgebaut haben. Zahlreiche Ruinen von Unterkunftsgebäuden, kavernierten Artilleriestellungen und Deckungskavernen zeigen noch heute, wie stark diese Verteidigungslinie ausgebaut war. Eine Gedenksäule erinnert an den hier am 1. 10. 1915 gefallenen Sergente Maggiore Vincenzo Menna vom 4.

Knapp 1.300 Meter über Kobarid befinden sich wie auf einem Balkon die Reste der Fliegerabwehrstellung, von der die zwei Betonringe noch gut erhalten sind. Beim unteren Ring ist sogar der Pivot (Dreh- / Angelpunkt einer Lafette) noch teilweise vorhanden. In der Bildmitte gegenüber der Matajur-Gipfel.

Feldartillerieregiment. Für mich persönlich sind solche Stätten weit beeindruckender als rekonstruierte militärische Anlagen, denen es oft an Authentizität mangelt.

Vom Sattel hat man einen wunderschönen Ausblick direkt auf Bovec (Flitsch) und die dahinter liegenden Berge. Über den Ostgrat gelangen wir etwa in einer Viertelstunde auf den Gipfel des Krasji vrh. Jetzt sehen wir auch im Süden direkt auf Kobarid hinunter. Der steile Hang in nordöstlicher Richtung in den Slatenik-Graben ist jetzt völlig zugewachsen. Deshalb sind die unzähligen Kavernen entlang des Polovnik-Rückens nicht mehr sichtbar. Für den Abstieg wählen wir nun den markierten Steig über den Südostrücken des Berges. Schon vom Gipfel aus sehen wir in südlicher Richtung (Kobarid) auf einem Felsvorsprung zwei Kreise. Dabei handelt es sich um die einzig mir bekannte noch erhaltene Fliegerabwehrstellung des Ersten Weltkrieges an der italienischen Front.

Wir folgen beim Abstieg dem markierten Steig über die in Gehrichtung rechte Flanke des Berges und kommen etwa 150 Höhenmeter tiefer zu einer Mulattiera. Dann dem Wegweiser mit der Aufschrift »Koluji 10 Min.« nach rechts folgen. Nach wenigen Minuten erreichen wir diese interessante Feuerstellung für eine Fliegerabwehrkanone M 75 Déport[*].

---

[*] Schaumann Gabriele u. Walther: Unterwegs zwischen Save und Soča, Klagenfurt 2002, S. 181

Von der Fliegerabwehrstellung hat man einen schönen Ausblick auf das Soča-Tal und auf die Höhenzüge Kolovrat, Matajur, Polovnik und Stol auf der anderen Talseite. Wir gehen dann den kurzen Weg zur Abzweigung zurück und folgen dem Saumweg talwärts, bis wir wieder zur Weggabelung (1.450 m) kommen. Anschließend den gleichen Weg zurück zur Planina Zaprikraj und zum Parkplatz. Für die gesamte Rundtour sollte man je nach Besichtigungsdauer 3 bis 4 Stunden einplanen. Sie ist landschaftlich wirklich schön, historisch sehr interessant und man trifft selbst an schönen Sommerwochenenden nur wenige Leute.

Der Angriff aus dem Slatenik-Graben: die vielleicht spektakulärste Aktion der Offensive 1917

Dass der Durchbruch im Flitscher Feld am 24. Oktober 1917 erfolgreich verlief, war einerseits auf die neue Taktik des Angriffs im Tal und andererseits auf den brutalen Gaseinsatz östlich von Flitsch (Bovec) zurückzuführen. Die Italiener hatten eine Offensive im Gebirgsbereich erwartet und ihre Positionen dementsprechend ausgebaut und verstärkt. Deshalb geriet sowohl der Angriff im Bereich Rombon – Prevala als auch jener auf der Linie Vršič – Polovnik ins Stocken. Der Hauptangriff in Richtung Alm Zaprikraj wurde von den Italienern erfolgreich abgewehrt. Trotz der Minensprengung auf dem Kal nordwestlich des Vršič-Gipfels misslang auch hier der Durchbruch. Während auf der anderen Seite des Flitscher Feldes am Rombon die Offensive im Schnee stecken blieb und der Artillerieeinsatz daneben ging, war es auf der Ostseite vor allem die Artillerie, deren Einsatz wirkungslos war. Nach Tagesanbruch am 24. Oktober war eine Beobachtung der Artilleriewirkung wegen des Nebels und Schneetreibens unmöglich. Die Schusswerte waren unter gänzlich anderen atmosphärischen Bedingungen erstellt worden. Die Folge war, dass die Angreifer immer wieder auf völlig intakte italienische Stellungen stießen. Dazu kam, dass die italienischen Linien perfekt ausgebaut waren. Bei einem Besuch des Freilichtmuseums beim Mali Homec vor der Zaprikraj-Alm sieht man noch heute die gewaltigen Verteidigungsanlagen der Italiener.

Aber auch die Anlagen im Nordabhang des Krasji vrh und des weiteren Polovnik-Rückens waren hervorragend ausgebaut. Der kommandierende österreichische General Krauß wollte mit den Angriffen im Gebirge in erster Linie gegnerische Truppen binden, damit der Durchmarsch zum Stol im Tal nicht gestört werden konnte. Der italienische Oberkommandierende General Cadorna vertrat in seinen Aufzeichnungen die Meinung, dass der Durchbruch am Krasji

ANGRIFF AUS DEM SLATENIK-GRABEN

Das historische Bild wurde vom Lipnik im Jahr 1917 aufgenommen und zeigt im Vordergrund die Stellungen am Kal. Dahinter sieht man die Javoršček-Flanke, über die die 900 Mann des IV. Bataillons 800 Höhenmeter in den Slatenik-Graben hinunter kletterten. (MW)

vrh besonders verheerend für die weitere Kriegsentwicklung gewesen sei. Der einzige Offensiverfolg in den Bergen östlich des Flitscher Feldes ging auf das Konto des IV. Bataillons des k.u.k Infanterieregiments 7 unter dem Kommando von Hauptmann Eduard Barger. Das hauptsächlich aus Kärntnern bestehende Bataillon war am 1.557 Meter hohen Javoršček stationiert. Ihr Auftrag lautete, in den schluchtartigen Slatenik-Graben abzusteigen und über die steilen gegenüber liegenden Hänge des Krasji vrh (1.773 m) die gestaffelten italienischen Stellungen anzugreifen. Schon vom Gelände her schien dieser Plan praktisch undurchführbar. Allein der Abstieg über die zerrissenen Karstfelsen in die 800 Meter tiefer liegende Slatenik-Schlucht war ohne technische Hilfsmittel unmöglich und außerdem wegen der gegenüber liegenden italienischen Stellungen nur in der Nacht durchführbar. Entlang des Slatenik*-Wildbaches kann man die Schlucht bis heute nicht begehen. Dort ist eine Urlandschaft aus riesigen Steinblöcken und umgestürzten Bäumen. Ohne Hilfsmittel kann man

---

* in manchen Karten auch als Slatnica bezeichnet

die Schlucht nicht überqueren. Und auf der anderen Seite geht es ähnlich steil und schwierig hinauf. Im ersten Waldbereich über der Schlucht befanden sich italienische Feldwachestellungen. Gleich dahinter folgten zwei Hauptstellungen und im oberen Latschenbereich war die dritte Hauptstellung positioniert. Der gesamte Polovnik-Rücken, der sich in einer Länge von gut 7 Kilometern vom Mali Polovnik bei Žaga bis zum Krasji vrh in westöstlicher Richtung zieht, wies überdies zahlreiche Artillerie-Kavernen auf. Es war klar, dass ein Angriff vom Javoršček aus nicht möglich war. Das Bataillon wäre schon beim Abstieg in die Schlucht vom feindlichen Feuer vernichtet worden. Deshalb musste man versuchen, die Soldaten in eine Bereitschaftsstellung etwa 200 Meter unter die erste italienische Verteidigungsanlage zu bringen. In zahlreichen Erkundigungsvorstößen, die vorwiegend nachts oder bei starkem Nebel durchgeführt wurden, wurde das Gelände genau erkundet. Dabei gelang es auch zwei Horchanlagen* aufzuspüren und auszuschalten. Pioniere brachten an den Extremstellen des Abstiegs und in der Schlucht Fixseile und Leitern an.

Am 23. Oktober war das Wetter extrem schlecht. Voll bepackt mit allen notwendigen Ausrüstungen verließen die 900 Mann des IV. Bataillons um 18 Uhr ihre Stellungen am Javoršček-Grat und stiegen der Reihe nach in die Schlucht. Dabei lautete die Devise, sich möglichst lautlos zu verhalten. Erst kurz vor Mitternacht wurde der Slatenik-Bach überquert. Völlig durchnässt und frierend kauerten sich die Angehörigen der 13. und 14. Kompanie ungefähr 200 Meter unterhalb der vordersten italienischen Linie in den Hang. Knapp 10 Stunden mussten die Leute möglichst regungslos in ihren Positionen verharren. Als dann um 2 Uhr der konzentrierte Artilleriebeschuss von 400 Geschützen im Raum Flitsch erdröhnte, stieg die Zuversicht der Angreifer. Allerdings mussten die Kommandierenden feststellen, dass während des stundenlangen Feuers nicht eine Granate auf die italienischen Stellungen über ihnen niederging. Auch die höher gelegenen Stellungen wurden nicht beschossen. Das hieß, dass die Drahthindernisse völlig intakt waren, und der Feuerschutz durch die Maschinengewehre wegen des starken Nebels auch nicht möglich war. Als selbst der legendäre Kommandant der 13. Kompanie, Oberleutnant Zigurnigg, zu zweifeln begann, überlegte der Kommandant Hauptmann Barger, die Aktion abzublasen. Nach einer Verschiebung des Angriffs auf 9 Uhr 30 rang er sich doch dazu durch, loszuschlagen. Wie er später berichtete, seien es die Mannschaften gewesen, die ihn zu dieser Entscheidung gebracht hätten. Dass die italienischen Vertei-

---

* Kohlemikrofone auf Basis der Feldfernsprecher

Von den österreichischen Stellungen am Grat des Javoršček sieht man direkt zum gegenüber liegenden Krasji vrh, den die Soldaten des 4. Bataillons des K.u.K Infanterieregiments 7 im Oktober 1917 erstürmten.

digungslinien überhaupt nicht beschossen worden waren, war meiner Meinung nach allerdings ausschlaggebend für das Gelingen dieser Aktion. Um 9 Uhr 30 erfolgte der Angriff. In Schützenketten hintereinander überrannten die 13. und 14. Kompanie die völlig überraschten italienischen Feldwachen. Aber vor der ersten Hauptstellung setzte das MG-Feuer aus den Kavernen ein. Trotzdem gelang es den Sturmtruppen Gassen in die Stacheldrahtverhaue zu sprengen. Dem vordersten Sturmtrupp der 14. Kompanie gelang der Einbruch in die erste italienische Hauptstellung. Mit einer Strickleiter gelangte der Sturmtrupp unter dem Kommando des Leutnants Martinkovic über eine Felswand in den Stellungsbereich. Bei Schneefall und dichtem Nebel erreichte das 4. Bataillon nach dem Durchbrechen der 2. Linie gegen Abend die Waldgrenze nahe der Alm Jama*. Am Polovnik-Bergrücken befand sich noch eine Reihe von voll besetzten Stellungen. Deshalb verbrachten die Soldaten die Nacht völlig durchnässt und

---

* Planina Jama: Alm nordwestlich des Krasji vrh (~1550 m)

erschöpft bei Kälte und Schnee auf einer Seehöhe von 1.500 Metern. Es gab keine Verbindung mit dem Divisionskommando oder mit anderen Einheiten. Hauptmann Barger war überzeugt, dass er mit seinen Leuten praktisch eingeschlossen war. Sie hatten die italienischen Linien ja nur auf einer Breite von ein paar 100 Metern durchbrochen. Und die dritte Linie oberhalb war nach wie vor völlig intakt. Außerdem hörten sie während der Nacht Geräusche, die auf eine italienische Truppenbewegung schließen ließen. Mit seinen Offizieren fasste er den Entschluss, bei Tagesanbruch den Versuch zu starten, zurück in die Ausgangsposition zu kommen.

Am nächsten Morgen schien die Sonne, und zur allgemeinen Überraschung war von den italienischen Soldaten weit und breit nichts zu sehen. Unterhalb der österreichischen Position führte ein Weg von der Alm Jama hinauf auf den Polovnik-Rücken. Und auf diesem Weg hatten sich die Italiener in der Nacht zurückgezogen. So erreichte das 4. Bataillon bereits in den frühen Morgenstunden den Polovnik-Grat. Damit war der Weg nach Kobarid frei.

Wie bereits erwähnt war in erster Linie der Überraschungseffekt für den Durchbruch maßgebend. Während des gesamten Kriegsverlaufes hatte es nie einen Angriff in diesem Ausmaß auf gut befestigte Stellungen gegeben, ohne dass diese vorher mit der Artillerie beschossen worden wären. Dazu kam, dass die ersten Berichte vom Durchbruch im Flitscher Feld und vom verheerenden Gaswerferangriff die verschiedenen italienischen Frontbereiche erreicht hatten, was natürlich eine entsprechende Demoralisierung mit sich brachte.

Der spätere österreichische Bundeskanzler Alfons Gorbach* war in der 13. Kompanie als Zugsführer an diesem Angriff beteiligt. Nach der Eroberung des Krasji vrh wurde er bei einem nächtlichen Angriff auf eine MG-Kaverne schwer verwundet und verlor dabei ein Bein. In der Ersten Republik betätigte er sich in der Christlichsozialen Partei. Nach der Machtergreifung durch die Nazis 1938 verbrachte er 5 Jahre und 8 Monate in den Konzentrationslagern Dachau und Flossenbürg. Er ist ein weiteres Beispiel dafür, wie die Nazis mit Menschen, die für Österreich alles gegeben haben, umgegangen sind.

* *2.9.1898 in Imst/Tirol; †31.7.1972 in Graz; Bundeskanzler von 1961–1964

7. Kapitel
Vom Vršič über Vrata und Skutnik zur Griva

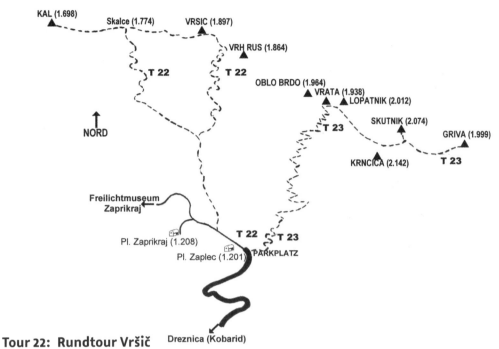

Tour 22: Rundtour Vršič

CHARAKTERISTIK: alpine Tour; oft in weglosem Gelände, was eine gewisse Trittsicherheit voraussetzt

WEGVERLAUF: Parkplatz Pl. Zapleč (1.186 m) – Vršič-Sattel – Vršič (1.897 m) [2 Std.] – Skalce (1.774 m) – Kote 1732 (vorderste italienische Stellung) – Kal (Vršič-Spitz 1.698 m) [1 Std.] – Skalce – Pl. Zaprikraj [2 Std.]

Diese Tour ist vor allem für die historischen Alpinisten interessant. Dabei wandert und durchsteigt man den nordwestlichen Teil dieser italienischen Verteidigungslinie, die wie eine Festung ausgebaut worden war. Die Zufahrt aus Österreich ist ident mit der im vorhergehenden Kapitel beschriebenen Tour auf den Krasji vrh. Man fährt mit dem Auto von Kobarid über Drežnica zum Parkplatz auf der Planina Zapleč. Danach folgen wir der Straße bis vor die Planina Zaprikraj. Wir zweigen rechts (in nördlicher Richtung) ab und folgen dem deutlich sichtbaren Weg in Richtung Vršič-Kamm. Nach ungefähr einer halben Stunde führt der Weg, der großteils der Mulattiera folgt, links gerade aus weiter auf die Skalce. Beim Rückweg kommen wir diesen Weg herunter. Wir gehen rechts in vielen Kehren hinauf in den Sattel, der südöstlich (rechts) des Doppelgipfels des Vršič liegt. Je näher wir dem Grat kommen umso öfter stoßen wir auf Kavernen und Reste von Unterkünften und Stellungen.

Vom Doppelgipfel des Vršič wandern und steigen wir den Bergkamm entlang in westlicher Richtung. Dabei stoßen wir in kurzen Abständen auf viele Reste italienischer Mi-

OBEN **Woanders wäre dieser italienische Helm längst »Opfer« eines militärischen Souvenirjägers geworden.**

OBEN RECHTS **Der vordere Bereich der italienischen Stellungen auf der Kote 1732 wurde durch die Minenexplosion zerstört.**

UNTEN **Unzählige Kavernen durchlöchern den Skutnik-Gipfel.**(MW)

litärbauten. Der gesamte Kamm vom Krn bis wenige Meter vor der letzten westlichen Erhebung (Kal) war von den Italienern zu einer Festung ausgebaut worden. Etwa 150 Meter vor der letzten italienischen Stellung stößt man direkt am Grat auf eine Kaverne mit einem Schacht nach unten. Darin hatten die Italiener sogar einen Generator zur Stromerzeugung installiert. Ein weiteres Beispiel für die Perfektion des italienischen Stellungsausbaus. Das Schöne an dieser Tour ist nicht zuletzt die Tatsache, dass man kaum auf jemanden trifft. Und falls man wider Erwarten doch auf jemanden stößt, ist das ganz sicher eine historisch interessierte Person.

Nach einer Strecke von mehr als einem Kilometer kommen wir zur letzten Erhebung, an deren Westseite sich die Österreicher festgeklammert hatten. Nur wenige Meter vor dem Kal (1.698) befanden sich die vordersten Stellungen der Italiener auf der Kote 1.732. Am 24. Oktober 1917 kam es hier zu einer Sprengung durch die Österreicher. Näheres dazu im historischen Teil dieses Kapitels. Die Auswirkungen dieser Minenexplosion und der Stolleneingang sind noch heute zu sehen.

Wir wandern wieder zurück auf die Skalce und halten uns dann rechts leicht talwärts und stoßen auf die Mulattiera, auf der wir in

Eine italienische Stellung im Bereich der Vrata. Der Berg links ist der Lemež, rechts mit Schnee der Potoče-Sattel. Links oberhalb des Sattels befanden sich die vordersten österreichischen Stellungen.

großen Serpentinen unterhalb des Vršič in Richtung Planina Zaprikray hinunter gehen. Speziell im Sommer, wenn der Graswuchs sehr hoch ist, kann es sein, dass man vom Weg abkommt. Aber da die Gehrichtung eindeutig ist, kommt man bald wieder auf den Pfad zurück. Oberhalb dieser Alm treffen wir wieder auf den Weg, den wir beim Aufstieg benutzt haben. Als Gehzeit für Hin- und Rückweg sollte man etwa 5 Stunden einplanen. Je nach Intensität der Besichtigungen verlängert sich die Tour entsprechend.

Tour 23: Vrata – Skutnik – Griva

CHARAKTERISTIK: hochalpine Tour; Trittsicherheit und Schwindelfreiheit sind Voraussetzung

WEGVERLAUF: Parkplatz Pl. Zapleč (1.186 m) – Vrata (1.938 m) [2 Std.] – Lopatnik (2.012 m) – Skutnik (2.074 m) – Griva (1.999 m) [2 Std.] und retour

Auch diese Tour wird nicht besonders häufig begangen. Allerdings trifft man hier doch vereinzelt Bergsteiger. Neben den historisch interessanten Dingen ist es vor allem der Gegensatz zwischen dem satten Grün und den Blüten der Heckenrosen und Alpenreben beim Aufstieg und der kahlen Kalksteinwüste auf der anderen Seite des Hauptkammes. Ausgangspunkt ist wiederum der Parkplatz auf der Planina Zapleč. Wir folgen dem Weg, der direkt vom Parkplatz auf der rechten Talseite in nördlicher Richtung hinauf auf den Kamm führt.

Nach knapp 2 Stunden erreichen wir den Hauptkammbereich. Rechts kann man im Felsen deutlich den Alpini-Weg sehen, der durch einen Tunnel unterhalb der Krnčica hinüber zum Krn führt. Wir halten uns leicht links des vor uns am Kamm liegenden Lopatnik-Gipfels. Vrata bedeutet im Deutschen Tür oder Tor. Laut Karte liegt er zwischen dem Oblo brdo im Westen und dem Lopatnik östlich davon. Der ganze Bergrat ist auch hier befestigt und man stellt sich die Frage, wer über den praktisch senkrecht verlaufenden Abfall in Richtung Lepena-Tal hier wohl hätte angreifen sollen.

Wir steigen jetzt rechts in südöstlicher Richtung über den stark befestigten Lopatnik und sehen das riesige Kar vor dem Skutnik unter uns liegen. Man könnte natürlich beim Aufstieg Vrata und Lopatnik links liegen lassen und gleich zur Senke zwischen Lopatnik und Krnčica weitergehen. Das wäre eine Abkürzung, aber die Anlagen auf diesen Bergen sind sicher sehenswert. Jetzt beginnt der schwierigere Teil dieser Tour: der weglose Abstieg ins Skutnik-Kar.

Im Kar steigen wir in südöstlicher Richtung in den Sattel rechts des Skutnik auf. Dieser Berg mit seinen unzähligen Kavernen erinnert im Aussehen wirklich an einen Emmentaler Käse. Vom Sattel kann man auf den Skutnik-Gipfel steigen.

Diese Tour sollte man nur gehen, wenn der Schnee großteils weg geschmolzen ist und die Sichtverhältnisse wirklich gut sind. Unterhalb der Schneedecke gibt es nämlich viele Spalten und Löcher. Die Verletzungsgefahr ist daher sehr groß. Der Weg vom Sattel hinunter und über die gewaltige archaische Felslandschaft hinüber zur Griva ist eindeutig. Immer wieder stößt man auf Mauerreste des italienischen Saumweges, der im 1. Weltkrieg angelegt wurde. Im Bereich der Griva befanden sich die vordersten italienischen Stellungen. Der Potoče-Sattel

lag sozusagen im Niemandsland, und auf der gegenüber liegenden Seite am Vogel war die vorderste österreichische Frontlinie.

Zurück sollte man am besten denselben Weg wählen. Als Variante gäbe es den Anstieg auf den Kamm zwischen Krnčica und Srednji vrh und dann auf dem ehemaligen italienischen Frontsteig nach rechts (NNW)

Der Blick von den vorderen österreichischen Stellungen am Kamm des Vogel hinüber auf die Griva. In der Mitte und rechts hinten Krnčica und Skutnik.

zurück zur Vrata. Dazu braucht man allerdings ein gutes Orientierungsvermögen und gute Sichtverhältnisse (teilweise weglos und unmarkiert).

Die steinerne Front

»Nass und kalt fängt der Samstag (24. Juli 1915) an, dass einem Hören und Sehen vergeht. Ist wohl traurig, unendlich traurig in diesem Wetter wie ein gekrümmter, getretener Wurm allein in dem öden, furchtbaren Felsengebirge auf Posten zu stehen, keinen Augenblick vor der tödlichen Kugel sicher. In solchen Momenten bitte ich die Himmelsmutter wohl inständig um eine ehebaldige Erlösung durch eine Verwundung.« (Aus dem Tagebuch meines Großvaters Thomas Bergner, der in der vordersten österreichischen Linie gegenüber der Griva stationiert war.)*

---

* Fest, Werner: Spurensuche am Isonzo, Klagenfurt 2011, S. 26

In seinem Buch über den Gebirgskrieg in den Julischen Alpen hat Ingomar Pust den Ausdruck »steinerne Front« als Titel gewählt. Für den italienischen Frontabschnitt von der Vrata bis zur Griva und für den auf der gegenüber am Vogel und Lemež gelegenen österreichischen Frontabschnitt ist diese Bezeichnung besonders treffend.

Zu den vorrangigen militärischen Zielen der Italiener zählte die Eroberung des Gebirgskammes vom Vršič über Vrata und Krn bis zum Mrzli vrh. Noch im Mai 1915 erfolgte der italienische Sturm von der Planina Zaprkraj praktisch entlang der im Tourenteil beschriebenen Aufstiege auf den Vršič und auf die Vrata. Am 31. Mai 1915 eroberte das Bataillon »Susa« den nur von einer Kompanie verteidigten Vršič-Gipfel. 46 österreichische Soldaten und ein Offizier gerieten in italienische Gefangenschaft. Auf dem gesamten Kamm vom Lipnik über den Vršič bis zum Krn waren nur 6 Kompanien und ein bosnisch-hercegowinisches Halbbataillon im Einsatz. Alle anderen Einheiten der 20. Honvéddivision befanden sich in Reservestellung hinter der Frontlinie. Gegenangriffe der Ungarn und der Bosniaken waren erfolglos. Die zahlenmäßige Überlegenheit der Italiener zeigt sich allein in der Tatsache, dass sie am Vršič ein ganzes Bersaglieri-Bataillon zur Verteidigung stationierten. Der italienische Kommandant Oberstleutnant Pettinati setzte den Angriff in Richtung Vrata fort. General Etna stellte ihm für die Eroberung des Kammes vom Vrata über Lopatnik, Krnčica und Srednji vrh 4 Alpini-Bataillone zur Verfügung. Wegen des schmalen felsigen Grates war der Vorstoß zum Krn extrem schwierig. Trotz hoher Verluste gelang es den hartnäckig angreifenden Italienern den Kamm am 2. und 3. Juni zu besetzen. In der Nacht vom 15. auf den 16. Juni begannen die Italiener mit ihrem Hauptangriff auf den Krn. Darüber berichte ich im historischen Abschnitt des nächsten Kapitels. Nach der Eroberung des Krn-Gipfels drangen italienische Truppen über den Potoče-Sattel bis zum Lemež vor, zogen sich aber wieder über den Sattel bis zur Griva zurück.

Anfang Juli 1915 griffen die Italiener erneut die österreichische Frontlinie an. Dabei versuchten sie auch im Bereich des Potoče-Sattels in Richtung Vogel und Lemež durchzustoßen. Diese Angriffe begannen am 19. Juli und fallen damit bereits in die 2. Isonzoschlacht. Unter den dort stationierten Kärntner Schützen befand sich auch mein Großvater Thomas Bergner, der diese Ereignisse in seinem Tagebuch festgehalten hat. Am 20. Juli erreichte er die Stellungen der 12. Kompanie um 4 Uhr in der Früh. Dort schlugen ununterbrochen italienische Granaten ein.

Ein Granattrichter direkt am Kamm, der vom Vogel oberhalb des Potoče-Sattels hinunter zur Alm Na polju führt. Auf dem Kamm verlief die vorderste österreichische Linie, die von den Kärntner Schützen verteidigt wurde.

Die Kampfhandlungen am 20. und 21. Juli schildert Thomas Bergner in seinem Tagebuch: »*Der Italiener schießt immer zu uns herüber. Im Laufe des Vormittags schlagen gewiss 20 Granaten in unserer unmittelbaren Umgebung ein. Dann fängt unsere Artillerie ein wenig an, aber nicht viel. Ist scheußlich, dieses furchtbare Heulen über unseren Köpfen, von unseren eigenen Geschossen. Italiener still, dann längere Zeit Pause, dann fangen wieder die Italiener an. In ungleichen Abständen senden sie 15er Granaten herüber. Ich habe schon zwei Steine abbekommen, aber nicht grob. Unsere Artillerie ganz still. Auf einmal wieder Granaten und Korporal Götzhaber schwer verwundet an beiden Füßen. Furchtbare Wunden. Auf einmal, zirka 6 Uhr abends fängt unsere Artillerie an mit einer solchen Gewalt, wie noch nie gehört. Italiener (sind) sofort still, bis neun Uhr abends sausen unsere Granaten und Schrapnells in die feindlichen Stellungen. Wahrscheinlich hat unsere Artillerie ein gutes Ziel entdeckt. Italiener machen keinen Muckser. Sobald es finster ist, geht es weiter in den einzelnen Stellungen. Meine Stellung gefällt mir ganz gut, nur sollte mehr Platz sein. ½ 10 Uhr melden die Horchposten, dass der Feind vorrückt. Alles mäuserlstill. Tatsächlich hört man ihn, trotz der Patschen, die die Alpini anhaben: Steine rollen herunter. Sofort Kompaniealarm – jeder zu seinem Schussloch. Mich interessiert die Geschichte sehr. Feind ist mit seinen Stellungen nur 500 Schritte entfernt. Auf einmal kracht es auf unserer Seite, auf ein gegebenes Zeichen beleuchten Leuchtraketen und Leuchtkugeln den Raum vor uns taghell. Da ging der Tanz an, denn die Italiener konnten sich nicht schnell genug decken, in dem steilen Felsabhange. Auch ich entdecke auf einer Schneelawine Italiener und der ganze Schwarm (7 Mann) richtet sein Feuer dorthin. 2 Tote liegen auch heute noch dort. So geht es fort bis zirka 12 Uhr. Dann Ruhe bis 2 Uhr. Dort fängt das Artillerieduell an, aber so fürchterlich, dass einem Hören und Sehen vergeht, (es) dauert bis 10 Uhr am Vormittag. Nachbarkompanie hat 21 Verluste (2 Tote, 19 Verwundete). Wir (haben) keine Verluste. Nachmittags Ruhe. Abends, wenn es finster ist, werden die Schäden, die die Granaten anrichteten, ausgebessert. Ich lege mich auf mein Steinlager und schlafe bis 6 Uhr morgens.«**

Nachdem die Angriffe zurückgeschlagen wurden, versuchten die Italiener nicht mehr über den Potoče-Sattel anzugreifen. Sie konzentrierten sich in den folgenden Tagen auf die Batognica. Darüber berichte ich im historischen Teil des folgenden Kapitels. Die Frontlinie zwischen Griva und Vogel veränderte sich während des gesamten Kriegsverlaufes nicht mehr. Die Kampfhandlungen am Bergkamm verlagerten sich in nordwestlicher Richtung zum Vršič und zum Lipnik. Die Italiener hatten ja den gesamten Kamm zwischen Kal und Krn besetzt. Nur auf der letzten Erhebung am Kal hatten sich die österreichischen Truppen festgeklammert. Von dort verlief die österreichische Linie über den Lipnik und die Kote 1776 in Richtung Planina Zagreben und dann weiter zum Vogel und zum Lemež.

Der hart umkämpfte Vršič

In der deutschsprachigen historischen Literatur zählt dieser Doppelgipfel zu den so genannten »Blutbergen«. Dabei ist der Gipfel selbst bereits am 31. Mai 1915 von den Italienern besetzt worden und die Versuche, ihn zurückzuerobern, sind noch im Sommer dieses Jahres eindeutig gescheitert, dass selbst die sonst in dieser Angelegenheit nicht sehr zimperliche österreichische Heeresführung davon absah, weitere Aktionen durchzuführen. Trotzdem berichten sogar die für mich besten historischen Autoren wie zum Beispiel Vasja Klavora von erbitterten Gefechten und Angriffen der italienischen Bersaglieri-Verbände

---

* Fest, Werner: Spurensuche am Isonzo, Klagenfurt 2011, S. 20 u. 21

DER HART UMKÄMPFTE VRŠIČ

Im Bereich zwischen dem Vršič-Kamm und der Kote 1776 spielten sich die Kampfhandlungen, von denen Mussolini berichtet, ab.

Mitte August 1915 auf die Stellungen der Österreicher am Vršič, bei der die Felsdeckungen der Verteidiger von der italienischen Artillerie hinweggefegt worden seien und erbarmungslose Nahkämpfe stattgefunden hätten (Klavora, Vasja: Blaukreuz S. 113). Und auch ich habe in meinem Buch »Spurensuche am Isonzo (2011)« von der Gipfelsprengung am Vršič im Oktober 1917 berichtet, wie es alle mir bekannten slowenischen und deutschen Autoren getan haben. Der Grund für diesen Irrtum liegt in der österreichischen Bezeichnung für die letzte westliche Erhebung des Bergkammes, an der sich die Österreicher festgeklammert hatten. Die Slowenen nennen sie Kal, wie sie heute noch heißt, die Italiener nannten sie Cocuzzolo Camperi (»Zeltkuppe«) und die Österreicher Vršič-Spitz. Und irgendwer hat dann eben Vršič-Spitz und Vršič-Gipfel gleichgesetzt, obwohl der Kal etwa einen Kilometer vom Vršič entfernt ist.

Die Kämpfe, von denen Klavora berichtet, haben natürlich stattgefunden. Im August versuchten die Italiener nach massivem Artilleriebeschuss vom Vršič in nordöstlicher Richtung über die so genannte Vršič-Brücke zu der von den Österreichern gehaltene Kote 1776 vorzustoßen. Die vordersten österreichischen Stellungen waren teilweise nur 30 Meter unterhalb der italienischen Linie am Bergkamm. Bei diesen fürchterlichen Nahkämpfen mit Handgranaten und Bajonetten gab es unzählige Opfer. Immer wieder wurden die Angreifer zurückgeworfen. Nach mehreren Versuchen mussten die Italiener ihre Angriffe gegen die Kote 1776 und gegen die Kal-Stellung (Vršič-Spitz-Stellung) ohne Raumgewinn einstellen. Im September erfolgte die nächste Offensive. Darüber berichtet Benito Mussolini in seinem Kriegstagebuch. Er gehörte im Hebst und im Winter 1915 zum 11. Bersaglieri-Bataillon und war im Bereich des heutigen Freilichtmuseums Zaprikraj bzw. am Vršič-Kamm im Einsatz. Über seine erste Nacht am 18. September 1915 auf der Kote 1870* schreibt er wie folgt.

»Um 10 Uhr beginnt der Angriff. Schon hörte man das trockene und prasselnde Geräusch der italienischen Gewehre: pam, pam. Die österreichischen Gewehre schießen sehr schnell: ta – pum –. Die ›Motorräder des Todes‹, die Maschinengewehre, beginnen zu rasen. Ihr ta-ta-ta hat eine phantastische Geschwindigkeit. Sechshundert Schüsse in der Minute. Handgranaten zerreißen die Luft. (...) Nach Mitternacht ertönt eine gewaltige Explosion – wir springen auf: eine österreichische Mine hat jenen Teil des Gipfels gesprengt, der durch einen Zug der achten Kompagnie besetzt ist. Ein langer Blitz durchfurcht den stürmischen Himmel und ein tiefes Rollen erfüllt das Tal.«**

Bei der Lektüre der Mussoliniaufzeichnungen muss man natürlich etwas Vorsicht walten lassen. Ursprünglich aus dem linken politischen Lager kommend, verwirft er 1914 den pazifistischen sozialistischen Kurs und tritt plötzlich als Werber für den italienischen Kriegseintritt auf Seite der Entente auf, was zu seinem Parteiausschluss führt. Erst viel später wurde bekannt, dass er für diese journalistische Tätigkeit von Frankreich und England bezahlt wurde. Im Jahr 1917 erhielt er mindestens ein Jahr lang wöchentlich vom britischen Geheimdienst einen Betrag von 100 Pfund. Das entspricht wertberichtigt heute einer Summe von 6.400 Euro. Politiker- und Meinungsmacherkauf hat in Italien – und nicht nur dort – offensichtlich Tradition.

Seine Aufzeichnungen sind natürlich unsagbar pathetisch, und auf jeder zweiten Seite umarmt ihn irgendein Soldat und bedankt sich für dessen Einsatz und Heldenmut. Die italienische Originalausgabe ist 1923 erschienen und natürlich von Mussolinis faschistischem Denken geprägt.

---

* Die Höhenangaben variieren. Deshalb ist der Standort nicht eindeutig zu lokalisieren. Aber da der Vršič-Gipfel 1.897 Meter hoch ist, muss es irgendwo am Bergkamm in der Nähe gewesen sein.
** Mussolini, Benito: Mein Kriegstagebuch, Zürich-Leipzig-Wien 1930, S. 28 u. 29

DER HART UMKÄMPFTE VRŠIČ

Gegen die italienischen Angriffe aus dem Slatenik-Graben setzten die Verteidiger im steilen Gelände auch Steinlawinen ein. Das historische Foto zeigt eine vorbereitete Steinlawine oberhalb des Čez-Utro-Passes zwischen dem Javoršček und dem Kal. Die auf einer Art Holztrage aufgetürmten Steine wurden bei einem Angriff hinunter gekippt. (MW)

Vor allem die Gipfelsprengung durch eine österreichische Mine dürfte etwas übertrieben sein. Zu diesem Zeitpunkt (1915) gibt es an der italienischen Front noch keine derartigen Sprengungen, wie sie in den Jahren danach im Trient, in den Dolomiten und den Julischen Alpen durchgeführt wurden.

Obwohl bereits Anfang November der Wintereinbruch erfolgte, startete Italien am 11. November erneut den Versuch, die österreichischen Linien am Javoršček und am Kal (Vršič-Spitz) zu durchbrechen. Einheiten der 87. Schützenbrigade und des Kärntner 1. Schützenregiments konnten den Ansturm abwehren. Besonders im Bereich der Kal-Stellung kam es zu intensiven Kampfhandlungen, bei denen die Österreicher ein Dreiviertel ihrer Mannschaft verloren.

Bis zum 1. Dezember erfolgten weitere Vorstöße, die ebenfalls erfolglos blieben. Dabei kam es zu kaum vorstellbaren Nahkämpfen in den vorgeschobenen Stellungen. Mit Kolben, Schaufeln, Bajonetten, Pickeln, Felsbrocken und Handgranaten wurden die italienischen Angriffe immer wieder zurückgeschlagen.

Besonders im Bereich der Kote 1776 wehrten sich die Angehörigen des LIR 2 aus Linz gegen die immer wieder anrollenden Angriffe. Die Italiener bezeichneten sie als die »Teufel von 1776«. Als die Italiener an der »Blut-Kote 1776« begannen, einen Stollen in den Berg zu treiben, um die Verteidiger in die Luft zu sprengen, kam es zu einer der tollkühnsten Einzelaktionen in diesem grausamen Frontabschnitt. Der Wiener Zugsführer Bauchinger seilte sich in der Nacht in die Schlucht ab und vernichtete mit gebündelten Handgranaten das italienische Bohrkommando und ein Sprengstofflager. Unverletzt wurde er wieder hoch gezogen. Die Italiener setzten die Bohrarbeiten fort, wurden aber letztlich durch die hereinbrechenden Schneestürme gezwungen sie zu beenden.

Danach gab es nur mehr vereinzelte Aktionen kleinerer Einheiten in den tiefer gelegenen Lagen. Dazu gesellte sich jetzt allerdings der »Weiße Tod«. Zwischen dem Rombon und dem Krn verlor die Heeresgruppe Rohr (ab Jänner 1916 10. Armee) rund 600 Mann durch Lawinenabgänge. Besonders tragisch waren die Ereignisse am Heiligen Abend des Jahres 1915. Nach einem klaren Tag kam es abends ab 22 Uhr zu starkem Schneefall. Nach einem Wintergewitter donnerte eine halbe Stunde vor Mitternacht eine gewaltige Lawine auf die Unterkünfte der 2. Kompanie unterhalb der Kote 1776. Allein diese Lawine tötete 58 Soldaten und verwundete mehr als 40. Im Lepena-Tal gab es einen eigenen »Lawinenfriedhof«, auf dem 300 österreichische Soldaten begraben wurden. Auf einem Kreuz stand der Text »Wanderer, kommst du an jene Stätte, dann bete für die, die nur der Weiße Tod bezwang.«* Vom Friedhof sind heute nur mehr ein paar verwitterte Reste zu sehen.

Die Minensprengung am 24. Oktober 1917

In der gesamten slowenischen und deutschen historischen Literatur wird durchgehend behauptet, dass im Rahmen der Offensive in der 12. Isonzoschlacht der Vršič-Gipfel in die Luft gesprengt worden sei. Auch ich habe, wie bereits erwähnt, in meinem ersten Buch diese Behauptung übernommen. Durch die irreführende österreichische Bezeichnung für den Kal (Vršič-Spitz) kam es zu diesem historischen Fehler.

Bereits im Sommer 1916 begannen die Österreicher einen Stollen unter die italienischen Stellungen auf der Kote 1732 (Cocuzzolo camperi) in den Berg zu treiben. Gewarnt durch Klopfgeräusche und Sprengungslärm wusste man, dass

---

* Klavora, Vasja: Schritte im Nebel, Klagenfurt-Laibach-Wien 1995, S.143

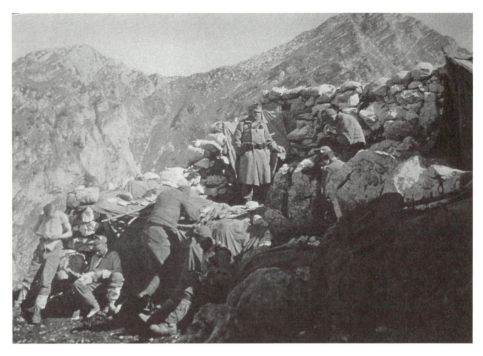

OBEN Die Stellung der Österreicher am nordwestlichen Abhang des Kal. Aus dieser Position bohrte man den Stollen in Richtung der italienischen Stellung auf der Kote 1732. (MW)

LINKS Der Sprengstolleneingang heute (2013) etwa 15 Meter unter den vordersten Stellungen der Österreicher, die bei der Explosion mitzerstört wurden.

seitens der Italiener ein Stollenbau im Gange war. Bei diesem Wettlauf zündeten die Österreicher die erste Mine im Jänner 1917. Dabei traf man den italienischen Gegenstollen, weshalb die Wirkung minimal war. Bis zum Beginn der Offensive im Oktober bohrte man erneut einen Gang unter den italienischen Bereich. Die Sprengkammer wurde mit 900 kg Sprengstoff gefüllt. Bei der Sprengung auf der Batognica, von der ich im nächsten Kapitel berichte, verwendete man 4.100 kg. Und bei der gewaltigsten Sprengung am Monte Pasubio wurden unfassbare 60.000 kg in die Luft gejagt. Allein diese Zahlen zeigen, dass die Sprengung am Kal eher zu den kleineren Aktionen dieser Art zählt.

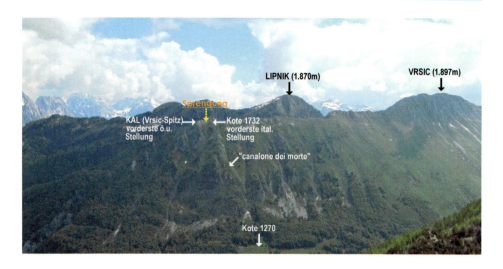

Am 24. Oktober um 9 Uhr 30 zündeten die Österreicher die Mine. Durch die Explosion entstand zwischen den gegenüberliegenden Stellungen ein Krater mit einem Durchmesser von 8 Metern und einer Tiefe von 10 Metern. Sowohl die vorderen italienischen Stellungen (Kote 1732) als auch die vordersten österreichischen (Kote 1712) wurden dabei zerstört. In Mitleidenschaft wurden auch die italienischen Linien bis zur Kote 1270 (heutiges Freilichtmuseum Zaprikraj) gezogen. Eine durch die Sprengung ausgelöste Mure muss im Tal einige Todesopfer gefordert haben. Auf einem leider sehr schlechten historischen Foto ist deutlich die Spur der Mure zu sehen, welche die Italiener als »canalone dei morti« (Kanal der Toten) bezeichneten.

Nach der Sprengung besetzte eine Kompanie des 4. Bosnisch-hercegowinischen Regiments den Krater und den vorderen Bereich der italienischen Stellung. Ein massiver sofortiger Gegenangriff der 5. Kompanie der 97. Infanterie-Brigade zwang die Bosniaken zum Rückzug. Noch heute kann man bei einem Besuch des Freilichtmuseums Zaprikraj und des Bergkammes vom Krn über den Vršič bis zum Kal sehen, wie perfekt alles befestigt war. Somit blieb der im vorigen Kapitel beschriebene Angriff aus dem Slatenik-Graben die einzig erfolgreiche Aktion der Offensive in diesem Gebiet.

8. Kapitel
Krn und Batognica – Monte Nero und Monte Rosso

Er ist ein ganz besonderer Berg. Noch einmal bäumen sich sozusagen die Julier auf, bevor sie sich hinunter senken auf die Flächen des Karsts. Obwohl bei weitem nicht zu den höchsten Bergen dieses Gebirges zählend, ist er der »schwarze Berg« (slowenisch črn = schwarz) – der Monte Nero. In anderen Gebirgen sind die »schwarzen Berge« auch immer die geheimnisvollsten, aber meist auch die höchsten. Wie zum Beispiel der Großglockner in den Hohen Tauern oder der Everest im Himalaja. Dazu kommt, dass der Krn ein phantastischer Aussichtsberg ist. Bei klarer Sicht hat man den Blick auf sämtliche Gipfel der Julier und auf die Adria. Und dieser Gebirgsstock hat auch im Ersten Weltkrieg eine besondere Rolle gespielt.

Tour 24: Krn – Rundtour von Süden

CHARAKTERISTIK: lange hochalpine Tour; Schwindelfreiheit und Trittsicherheit sind Voraussetzung

WEGVERLAUF: Parkplatz Planina Kuhinja (1.004 m) – Krn (2.244 m) [3 – 3 ½ Std.] – Batognica (2.165 m) – Lužnici-See (1.801 m) – Planina Leskovca – Parkplatz [3 Std.]

Die Zufahrt erfolgt von Kobarid nach Vrsno. Gleich bei der Ortseinfahrt von Kobarid zweigt man links in Richtung Drežnica ab, nach etwa 100 Metern über die Napoleonbrücke und nach der Soča-Überquerung rechts weiter und über die Ortschaften Ladra, Smast und Libušnje nach Vrsno. Im letztgenannten Ort steht das Geburtshaus mit der Gedenktafel des berühmten slowenischen Dichters Simon Gegorčič, der in dem visionären Gedicht »An die Soča« im Jahr 1879 die schrecklichen Ereignisse des Ersten Weltkrieges vorausgesagt hat. Auf der manchmal recht schmalen Bergstraße fährt man weiter bis zum Bergdorf Krn, das auf ei-

Der charakteristische Krn-Gipfel von Süden. Durch die beeindruckende Westwand führt ein schöner, langer, aber nicht besonders schwieriger Klettersteig.

ner Seehöhe von 840 m liegt. Nach ungefähr 1½ Kilometern erreicht man den Parkplatz vor der Planina Kuhinja (1004 m). Vom Parkplatz folgen wir kurz dem linken Fahrweg unterhalb der Triglav-Nationalparkgrenztafel und zweigen dann rechts in nördlicher Richtung auf den markierten Steig ab. Gerade aufwärts, dem Steig folgend, kommen wir zu den gemauerten Steinhäusern der Slapnik-Alm (1.300 m). Danach queren wir die Straße zur Zaslap-Alm, die wir links liegen lassen, und umgehen in weitem Bogen in östlicher Richtung den Kosljak. Der Hauptsteig führt weiter zum Kamm, wo er auf den Weg, der von Drežnica heraufkommt, trifft. Ungefähr 50 Meter vor dem Kamm zweigt rechts ein etwas steilerer Steig in Richtung Gipfel ab. Normalerweise bin ich kein Freund solcher Abkürzungen, weil diese zu Flurschäden durch Ausschwemmungen führen. Nur hier erspart man sich einen kleinen Höhenverlust und den doch um einiges weiteren Weg des Hauptsteiges. An Höhenmetern haben wir nämlich bis zu dieser Stelle erst knapp die Hälfte hinter uns gebracht. In unzähligen Kehren schraubt sich nun der Steig über die Krn-Flanke noch über 600 Meter hinauf. Die Südtour sollte man im Frühsommer oder im Herbst unternehmen. Im Hochsommer ist es sehr heiß. Und ganz allgemein ist es ratsam bei Touren in den Julischen Alpen immer eine größere Menge an Getränk mitzuhaben. Bei einer meiner Krn-Touren im Jahr 2006 gab es noch Mitte Mai Lawinenkegel direkt vor dem Parkplatz, dafür schritt man zeitweise durch ein Meer von Blüten: Schneerosen, Krokusse, Soldanellen, Heckenrosen und Petergstamm (Aurikel). Die Gipfelhütte war dafür mehr als zur Hälfte eingeschneit. Nachdem der Steig vom Schnee bedeckt war, dürfte ich von ihm etwas abgekommen sein. Dabei stieß ich auf eine nur wenige Zentimeter aus dem Schnee ragende Eisenspitze, ein auch heute noch gar nicht so ungefährliches Relikt aus dem Krieg. Bei Schitouren sollte man bei Abfahrten vom Gipfel im obersten Bereich vorsichtig sein – ein Sturz auf so einen fix verankerten Stahlspieß könnte fatale Folgen haben. Die Krn-Hütte (Gomiščkovo zavetišče na Krnu, 2.200 m) liegt unmittelbar unter dem Gipfel und ist auf den Gemäuern der ehemaligen Gipfelbefestigungen erbaut worden. Sie ist im Sommer bewirtschaftet, allerdings sehr klein mit wenigen Schlafplätzen. Sie verfügt auch über einen Winterraum. Wasser gibt es nur in einem Plastikcontainer.

Vom Parkplatz bis zum Gipfel sind es stolze 1.240 Höhenmeter. Dafür sollte man eine Gehzeit von 3 bis 3 ½ Stunden einberechnen. Vom Gipfel ((2.244 m) steigen wir nun in die Krn-Scharte (Krnska škrbina, 2.058 m) ab. Hier treffen wir bereits auf verschiedene Relikte aus dem 1. Weltkrieg, unter anderem auf eine als Mahnmal zurückgelassene Geschützlafette. Von der Scharte könnte man nun einen Steig, der in westlicher Richtung die Krn-Flanke quert, zurück zum Aufstiegsweg und dann weiter zum Parkplatz gehen. Allerdings verzichtet man dabei einerseits auf die Batognica (2.165 m), die aus historischer Sicht wirklich beeindruckend ist, und andererseits auch auf den landschaftlich wunderschönen Weg über den Lužnici-See.

Von der Scharte führt der Steig zuerst einige Meter am Grat in Richtung Batognica. Bald stoßen wir auf die Reste der breit angelegten »Alpini-Treppe«, die hinauf auf das Plateau führt. Auf dem etwas flacheren Teil vor dem Plateau sehen wir zahlreiche italienische Kriegsbauten. Es ist immer wieder faszinierend festzustellen, wie exakt und genau etwa die Eingänge mit Rundbögen in die Kavernen aufgemauert sind. Am Plateaurand führen mehrere Sprengstollen in den Berg. Hier haben die Italiener versucht, bis unter die österreichisch-ungarischen Stellungen zu gelangen, um sie in die Luft zu sprengen. Im Verlauf des Krieges trieben die italienischen Mineure 2 Hauptstollen und 5 Nebenstollen in den Berg und legten 3 Sprengkammern an. Oben auf dem Plateau kommen wir direkt am größten Sprengkrater vorbei. Im September 1917 haben die Österreicher die italienischen Stollen in die Luft gejagt. Noch heute liegen unter den riesigen Gesteinstrümmern etwa 200 italienische Soldaten begraben. Das Beeindruckende an der Batognica ist die Tatsache, dass der Berg heute noch so daliegt, wie er 1917 nach der Sprengung ausgesehen hat. In vielen anderen Frontbereichen verdeckt heute die Vegetation die fürchterlichen Kriegsnarben. Hier auf den Felstrümmern wächst nichts. Man verspürt die Grausamkeit dieser unmenschlichen Auseinandersetzung auf ganz besondere Weise. Genaueres über den Minenkrieg folgt im historischen Kapitel. Nach der Überquerung des Batognica-Plateaus kommen wir am Ostrand zu einer dolinenartigen Einsenkung, dem »Kavernenhof«. Die Österreicher haben sich sozusagen festgeklammert und ihrerseits die Sprengstollen gegen die Italiener in den Berg getrieben. Nach kurzer Zeit erreichen wir den Sattel zwischen der Batognica und dem Vrh nad Peski. Die slowenische Bezeichnung für den Sattel lautet Prag (2.068 m), was soviel wie Schwelle oder Stufe bedeutet. Hier treffen sich mehrere Steige. Einer führt in Gehrichtung gesehen scharf nach links in nordwestlicher Richtung unterhalb des Batognica-Massivs zurück in die Krn-Scharte. In östlicher Richtung kommt man entlang der Südflanke des Vrh nad Peski zur Piramida nad Peskih. Wir setzen die Tour in südlicher Richtung rechts bergab fort. Zwischen dem Strednji vrh (2.032 m) und dem Mali vrh (1.931 m) auf der rechten und dem Mali Peski auf der linken Seite wandern wir hinunter zum Lužnici-See (1.801 m). Der kleine wunderschöne See liegt zwischen dem Škofič (2.013 m) im Osten (links) und dem Maselnik (Leskovški vrh) (1.903 m) im Westen (rechts). Wir lassen den See rechts liegen und steigen kurz in den Sattel (1.858 m) zwischen den vorhin genannten Bergen hinauf.

Vom Sattel führt der Weg hinunter in das Kar unterhalb des Rdeči rob (1.913 m). Blumenliebhabern ist ein Besuch dieses Berges von Juli bis September besonders zu empfehlen. In dieser Zeit blüht hier der Silber-Storchenschnabel (Geranium argenteum), und die Berghänge leuchten dann silbrig und rosa durch die zahlreichen Blüten dieser eher selten vorkommenden Blume. Nach einem Rechtsbogen geht es dann in westlicher Richtung in vielen kurzen Kehren steil hinunter. Der markierte Weg führt dann links, die Flanke des Mali Stador querend, weiter auf die Planina Sleme. Wir folgen aber dem weiter abwärts gehenden Pfad hinunter zur bereits sichtbaren Planina Leskovca. Von dieser Alm marschieren wir auf einer teils asphaltierten Straße vorbei an der Planina Kašna zurück zum Parkplatz.

Als Gesamtgehzeit dieser historisch interessanten und landschaftlich eindrucksvollen Rundtour sollte man 6 bis 6 ½ Stunden einberechnen. Wie bereits angeführt, bietet sich sowohl der Frühsommer als auch der Herbst als ideale Tourenzeit an.

Tour 25: Variante Klettersteig

CHARAKTERISTIK: hochalpine Klettersteig-Tour [KS2-3]; konditionell sehr anspruchsvoll

WEGVERLAUF: Drežnica (550 m) – Ročica-Brücke (837 m) – Bivak na Črniku (1.180 m) Klettersteig-Einstieg [2 ½ Std.] – Krn-Gipfel-Hütte (2.182 m) – Krn-Gipfel (2.244 m [2–2 ½ Std.] – Rückweg [3 -3 ½ Std.]

Für konditionsstarke Alpinisten mit Klettersteigerfahrung gibt es vom Süden noch die Möglichkeit des Aufstiegs durch die Krn-Westwand. Ausgangspunkt ist das Bergdorf Drežnica nordöstlich von Kobarid.

Wie bei der vorher beschriebenen Rundtour biegt man von Norden kommend an der Ortseinfahrt von Kobarid links nach Drežnica (Hinweistafel) ab. Nach der Brücke über die Soča bleibt man jetzt allerdings weiter links und erreicht nach mehreren Kehren die Ortschaft Drežnica. Im Ort rechts in Richtung Koseč fahren. Nach etwa einem Kilometer Autoabstellmöglichkeit bei einigen Häusern.

Den roten Markierungspunkten folgend gehen wir auf einem Karrenweg nordöstlich in Richtung Alm na Svinjah. Weiter durch den Wald bis zur kleinen Brücke über den Ročica-Bach. Bei der Weggabelung halten wir uns links (rechts führt der Normalweg zum Krn) und steigen durch den Buchenwald steil aufwärts in Richtung eines großen vor gelagerten rotbraunen Felsens (Sokolič). Um den Felsen herum gelangen wir nach einigen Kehren zum Bivak na črniku (1.180 m). In mäßiger Steilheit geht es nun weiter zur großen Schlucht und zum Klettersteig-Einstieg. Die Gehzeit bis hierher beträgt 2 ½ Stunden.

Für den Klettersteig, der technisch zwar nicht schwierig ist, muss man nochmals dieselbe Zeit ansetzen. Auf einer Höhe von etwa 1.700 Metern nicht rechts zur »Zahodna smer Drežinska«, sondern geradeaus empor über die »Zahodna smer Silva Koren«.

Das idyllisch gelegene Dorf Drežnica vor dem Krn (Monte Nero). Direkt durch die Westwand führt der Klettersteig zum Gipfel.

Über zwei Steilwände, die wir auf Leitern überwinden, gelangen wir über ein ausgesprengtes Felsband rechts in die Schlucht und danach wieder links zurück auf den Grat. Anschließend steigen wir geradeaus weiter bis zum Ausstieg direkt unter der Krn-Gipfelhütte.

Für den Abstieg wählt man am besten den Normalweg in südlicher Richtung hinunter bis zur Weggabelung vor dem Kožljak. Dann rechts den Normalweg hinunter nach Drežnica. Für den Abstieg braucht man etwa 3 Stunden. Schon aus der Gesamtgehzeit (~ 8 Stunden!) und den 1.700 Höhenmetern ist klar ersichtlich, dass diese Tour nur erfahrenen und wirklich konditionsstarken BergsteigerInnen empfohlen werden kann. Alpinistisch ist diese Tour sicher schön und interessant, nur die Bezeichnung »historischer Anstieg«, die von einigen Autoren verwendet wird, beruht auf einer Annahme, die der geschichtlichen Phantasie zuzuordnen ist. Selbst von einzelnen HistorikerInnen wurde behauptet, mehrere italienische Bataillone (1 Bataillon hatte eine Stärke von 400-800 Mann!) hätten in der Nacht die Nord- und die Westwand des Krn durchstiegen und die schlafenden ungarischen Soldaten am Gipfel überrascht. Dabei handelt es sich um eine erfundene Legende. Genaueres dazu folgt im historischen Teil.

Tour 26: Krn und Batognica von Norden

CHARAKTERISTIK: lange unschwierige hochalpine Tour; Übernachtung auf der Krn-See-Hütte wird empfohlen

WEGVERLAUF: Dom dr. Klementa Juga (700 m) – Krn-See-Hütte (1.365 m) [2 Std.] – Krn-See (1.389 m) – Planina na Polju (1.543 m) – Krn-Scharte (Krnska skrbina 2.058 m) – Krn (2.244 m) [2 ½ Std.] – Batognica (2.165 m) – Prag (2068 m) – Planina na Polju – Krn-See-Hütte [2 ½ Std.]

Mit dem PKW fahren wir von Tarvis kommend über den Predil-Pass bis kurz vor Bovec. Dort zweigen wir links in östlicher Richtung ins Trenta-Tal (oberstes Soča-Tal) ab. Nach 7,5 km fahren wir rechts über die Soča ins Lepena-Tal. Auf der gut befahrbaren asphaltierten Straße kommen wir nach 6 km zur Hütte Dr. Klementa Juga (700 m), wo sich der Parkplatz befindet.

Die Tour aus nördlicher Richtung plant man am besten als Zweitagestour mit einer Übernachtung auf der Krn-See-Hütte (Koča pri Krnskih jezerih, 1.365 m). Direkt hinter

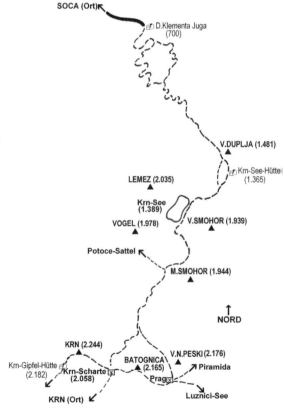

Der Schädelrest eines Zugtieres (Ochs), das hier vor knapp 100 Jahren umgekommen ist.

der Hütte Dr. Klementa Juga, einem ehemaligen italienischen Offiziersheim, das Anfang der Fünfzigerjahre vom Slowenischen Bergsteigerverband zu einem Bergsteigerheim umgebaut wurde, beginnt der Aufstieg über die Steilstufe am Talschluss. In zuerst weiteren und dann etwas engeren Kehren zieht sich der ehemalige Saumweg der ö.u. Truppen durch einen schönen Buchenwald hinauf. Wir folgen der Markierung und erreichen nach gut 1½ Stunden die Bergstation der Lastenseilbahn.. Diese ehemalige Kriegsstraße war als Nachschubweg für die ö.u. Soldaten von großer Wichtigkeit. Deshalb wurde sie während des 1. Weltkrieges häufig beschossen, und es gibt abseits der Wege sicher auch heute noch einige gefährliche Blindgänger. Vor ein paar Jahren konnte man noch auf einem alten Seilbahnsockel einen Teil eines Rinderschädels sehen. Dabei handelte es sich um den Überrest eines Zugtieres, das hier vor nunmehr fast 100 Jahren umgekommen war. Leider dürfte ein Souvenirjäger das mahnende Relikt in der Zwischenzeit mitgenommen haben.

Nach der Bergstation der Lastenseilbahn kommen wir bald auf den Sattel, von dem ein fast schluchtartiger Graben zwischen den Hängen des Debeljak (1.870 m) im Westen (rechts) und der Velika Baba (2.013 m)

im Osten (links) zur Krn-See-Hütte (Koča pri Krnskih Jezerih) führt. Während des 1. Weltkrieges befand sich hier das ö.u. Regimentskommando mit zahlreichen Baracken und Blockhäusern. Es gab eine Fleischhauerei und eine Bäckerei und für die meist deutschsprachigen Offiziere sogar ein Kino.

Nach einer Gehzeit von ungefähr 2 Stunden erreichen wir die neu erbaute Krn-See-Hütte. Die Hütte liegt gleich neben dem Duplje-See (Dupljesko jezero). Wenn man sich Anreise und Hüttenaufstieg so einteilt, dass man nachmittags auf die Hütte kommt, kann man die wirklich schöne Abendstim-

Die höheren, fast durchwegs deutschsprachigen Offiziere lebten hier in vollkommen geschützter Lage äußerst komfortabel, während die »normalen« Soldaten in Kavernen, Felsdeckungen und Zelten froren und immer wieder dem Artilleriebeschuss ausgesetzt waren. (WS)

mung am Krn-See (Krnsko jezero) genießen, den man von der Hütte über die Duplje-Alm in 10 Minuten erreicht. Der Krn-See ist der größte slowenische Hochgebirgssee mit einer Länge von 380 Metern.

Von der Krn-See-Hütte zum Gipfel sind es immerhin weitere 879 Höhenmeter, für die man eine Gehzeit von 2 ½ Stunden ansetzen sollte. Leicht ansteigend queren wir auf der linken Seeseite den Abhang des Veliki Šmohor (1.939 m) und gelangen südlich des Sees auf die Planina na Polju. Vom Šmohor kommen immer wieder kleinere Geröllstürze herunter, was manchmal auch zu einer Sperre des Steiges führen kann. Man kann auch unten am linken Seeufer entlang gehen und dann zur Planina na Polju aufsteigen. Am Ende der Alm kommen wir an einer Quelle vorbei. Dann beginnt der Anstieg über steiniges Gelände mit monumentalen Felsblöcken und faszinierenden Formen des Schichttreppenkarsts, die manchmal ausschauen, als seien die Stufen von Menschen in den Stein geschlagen. Nach der Durchquerung dieser archaischen Felslandschaft zieht sich der Steig hinauf in die Krn-Scharte (Krnska škrbina, 2.058 m). Von der Scharte gelangt man direkt über den Ostgrat zum Gipfel (2.244 m). Die reine Gehzeit beträgt an die 2 ½ Stunden.

Für den Abstieg empfehle ich die Route über die Batognica. Wie bereits in der Tour von Süden angeführt, steigen wir wieder zur Krn-Scharte hinunter. Von dort geht es auf der »Alpini-Treppe« hinauf auf das Batognica-Plateau.

Wir überqueren das Plateau und steigen am so genannten »Kavernenhof«, jener festungsähnlichen Einsenkung am südöstlichen Rand der Batognica, in der sich die ö.u. Truppen während des Krieges festgesetzt hatten, vorbei hinunter in den Sattel (Prag 2.068 m) zwischen der Batognica und dem Vrh nad Peski (2.176 m). Jetzt halblinks den Steig entlang der Westflanke des Vrh nad Peski hinunter. Unterhalb des großen Krn-Kars kommen wir wieder zum Weg, den wir beim Aufstieg gegangen sind. Die restliche Strecke bis zum Krn-See bzw. zum Parkplatz bei der Klementa Juga ist ident mit dem Aufstieg. Für den Abstieg sollte man bis zum Krn-See ebenfalls 2 bis 2 ½ Stunden einplanen.

Das Krn-Gebirge im 1. Weltkrieg

»O Monte Nero, traditore de' vita mia« (O Monte Nero, du Verräter meines Lebens) heißt es in einem Soldatenlied der Alpini*. Bereits zu Beginn des Kriegseintrittes Italiens am 23. Mai 1915 war die Besetzung des Krn-Gipfels für die Italiener ein vorrangiges Kriegsziel. Die Italiener besetzten noch im Mai den Kožljak und den Pleče**. Ende Mai eroberten Alpini-Einheiten den Vršič***. Ein ungarisches Honved-Regiment scheiterte beim Versuch den Vršič zurückzuer-

---

* 1872 gegründete italienische Gebirgsjägertruppe
** südlich gelegene Vorgipfel des Krn
*** Berggipfel nordwestlich des Krn (1.897 m)

KRN-GEBIRGE IM 1. WELTKRIEG

In der Nacht vom 15. auf den 16. Juni 1915 eroberten die Alpini den Krn-Gipfel. Im Bild die Angriffsrouten der Italiener.

obern bzw. den Bergkamm zwischen Vršič und Vrata zu besetzen. Am zentralen, beherrschenden Punkt, am Krn, saßen aber nach wie vor die ungarischen Truppen. Es ist heute natürlich nicht mehr zu klären, warum die ö.u. militärische Führung die völlig bergunerfahrenen ungarischen Soldaten als Besatzung für den strategisch wichtigen Berg ausgewählt hatten. Dazu kam, dass sie nicht einmal genügend Stacheldraht zur Verfügung stand, um einen entsprechenden Verhau zu errichten. Als einzigen Schutz hatten sich die Soldaten am Gipfel einfache Steinhaufen aufgeschlichtet, hinter denen sie zur Not Deckung fanden.

Für die italienische Seite war die Eroberung des Gipfels natürlich besonders wichtig. Ein Hauptangriff aus nördlicher Richtung war wegen des steilen, schmalen Felsengeländes nicht möglich. Angriffe von Norden konnten nur kleine Einheiten durchführen. Deshalb wurde seitens der italienischen Militärs der Beschluss gefasst, den Angriff aus südlicher Richtung vom Kožljak zu planen. Über dieses Manöver in der Nacht vom 15. auf den 16. Juni wurden später viele Dinge behauptet und geschrieben, die ins Reich der fantastischen Legenden gehören. Sogar HistorikerInnen verbreiteten die Mär, dass 6 Alpini-Bataillone* die Nord- und Westwand durchstiegen und bei dichtem Nebel um 3 Uhr früh den Gipfel erreicht hätten. Sie hätten die nichts ahnenden ungarischen Soldaten im Schlaf überrascht und den Gipfel eingenommen. Sogar Namen von slowenischen Führern werden genannt, die die Alpini durch die Westwand geführt hätten. Allein schon technisch ist es unvorstellbar, wie eine so große Anzahl von Soldaten durch die Wand hätte gebracht werden sollen. Und es gibt nicht eine militärische Quelle in Österreich oder Italien, die derartiges bestätigt. Innerhalb der deutschsprachigen Soldaten wurden natürlich auch die ungarischen Honved-Soldaten beschuldigt, den Angriff verschlafen zu haben. In der österreichischen Kriegspropaganda wurden die Italiener ja oft als feig, falsch und hinterlistig dargestellt. Deshalb will man nicht zugeben, dass die Eroberung des Krn eine militärische Leistung der Italiener war.

Tatsache ist, dass der Hauptangriff von Süden durchgeführt wurde und kleinere Einheiten über den Nordgrat angriffen. 3 Züge einer italienischen Kompanie stiegen etwa im Bereich des heutigen Steiges von Süden über den Westgrat und den westlichen Südhang in Richtung Gipfel. Vielleicht hat die Tatsache, dass einer der Züge direkt am Grat aufstieg, zu der Geschichte mit der Durchsteigung geführt. Eine weitere Kompanie gelangte weiter östlich über den langen Bergrücken in Richtung Gipfel und Krn-Scharte.

Für die italienischen Soldaten war der Angriff natürlich äußerst riskant. Man wusste ja nicht, inwieweit die ö.u. Truppen am Gipfel darauf vorbereitet waren. Schon ein paar Steinlawinen hätten wahrscheinlich die Aktion zum Scheitern gebracht. Deshalb erfolgte der Aufstieg möglichst leise und vorsichtig. Die an das Gebirge gewöhnten Soldaten hatten neben den Gewehren, Handgranaten und Blankwaffen (Dolche u. Bajonette) auch mit Erde gefüllte Rucksäcke mit. Im steinigen Gipfelbereich waren sie zur Deckung vorgesehen.

Um 3 Uhr in der Früh kam es zum ersten Schusswechsel. Für kurze Zeit gerieten die Italiener in eine äußerst schwierige Lage, da sie sowohl vom Krn-Gipfel als auch von der Scharte und von der Batognica beschossen wurden. Da setzte der italienische Artilleriebeschuss vom Kožljak-Gipfel ein. Wie bereits erwähnt, waren die Verteidigungsanlagen am Gipfel mehr als bescheiden. Die Deckung der ungarischen Soldaten bestand ja nur aus »Steinhaufen«, hinter denen sich 5 bis 6 Mann verschanzt hatten. Die ungarischen Honved-Soldaten hatten weder die Zeit noch die Mittel gehabt, sich entsprechend einzurichten. Nicht einmal

---

* Ein Bataillon hatte eine Stärke von 400-800 Mann.

die üblichen Stacheldrahthindernisse waren vorhanden. Dazu kam, dass die meisten überhaupt keine Erfahrung im Gebirgskampf hatten.

Nachdem immer mehr italienische Soldaten, ohne auf besonderen Widerstand zu stoßen, zum Gipfelbereich vorgedrungen waren, beschloss man den Gipfel im Sturm zu nehmen. Die Alpini überrannten die ungarischen Verteidiger in einem erbitterten Kampf. Bei diesem Angriff kam der italienische Leutnant Alberto Picco ums Leben, der nach einer Fußverletzung weiterkämpfte, bis eine weitere Schussverletzung seinem Leben ein Ende setzte. 22 Tote blieben am Gipfel zurück, weitere 10–20 Soldaten gerieten in italienische Gefangenschaft, der Rest flüchtete in Richtung Batognica.

Bereits in der Nacht auf den 15. Juni hatten zwei Alpini-Kompanien den Höhenzug nördlich des Krn erobert (Srednji vrh 2.134 m, Krnčica 2.142 m, Skutnik 2.074 m). Auch hier waren die Gegner Angehörige der ungarischen Honvedregimenter 3 und 4. Trotz verzweifelter Gegenwehr hatten die im Gebirge völlig unerfahrenen Soldaten keine Chance. Truppenteile der Italiener drangen weit nach Osten über den Potoče-Sattel bis zum Lemež (2.035 m) vor. Die Österreicher hatten keine Reserveeinheiten zur Verfügung. Hauptmann Vincenzo Arbarello, der mit seinen Alpini den Krn erobert hatte, ersuchte sein Kommando um die Genehmigung die Batognica anzugreifen. Die italienische militärische Führung lehnte das ab, weil das Ziel der Operation erreicht war. Auch vom Lemež zogen sich die Italiener wieder bis vor den Potoče-Sattel zurück. Den Krn-Gipfel bauten die Italiener zu einer Festung aus und gaben ihn nie mehr aus der Hand. Selbst bei der Offensive im Rahmen der 12. Isonzoschlacht versuchten die ö.u. Truppen gar nicht den Gipfel wieder zu besetzen. Sie umgingen den Gipfel und die Alpini blieben am Berg. Sie ergaben sich erst Tage später, als die österreichischen und deutschen Truppen schon weit in den Friaul vorgestoßen waren.

Für die Moral der italienischen Soldaten war dieser Sieg natürlich von großer Bedeutung, während die österreichische Propaganda versuchte, die strategische Bedeutung des Berges herunterzuspielen bzw. den im hochalpinen Bereich völlig unerfahrenen ungarischen Honved-Einheiten die Schuld zu geben. Dass die Aktion eine besondere militärische Leistung war, geht auch aus den Aufzeichnungen der österreichischen Kriegsberichterstatterin Alice Schalek hervor: »Wenn hier von diesem glänzenden Angriffe gesprochen wird, der in unserer Kriegsgeschichte rückhaltslos als Erfolg des Feindes gebucht wird, dann fügt jeder rasch hinzu: Hut ab vor den Alpini. Das war ein Meisterstück.«*

---

* Klavora, Vasja: Blaukreuz, Klagenfurt 1993, S. 86

Die italienische Führung ehrte die gefallenen Soldaten nachträglich mit goldenen und silbernen Ehrenzeichen. Auch die Überlebenden wurden dekoriert. Der Name des jungen Leutnants Alberto Picco, der Anführer der Gruppe, die als erste den Gipfel erstürmt hatte und der dabei zu Tode gekommen war, wurde nach dem Krieg in das gewaltige Steindenkmal gleich unterhalb des Gipfels eingemeißelt. Das 1928 von General Etna feierlich eröffnete typisch faschistische Monument wurde immer wieder durch Blitzschläge und Unwetter in Mitleidenschaft gezogen. Die italienischen Besatzer in der Zwischenkriegszeit beschuldigten die ansässige Bevölkerung, das Denkmal zerstört zu haben. Dafür gibt es allerdings keinen Nachweis. Heute findet man kaum noch Spuren des Monuments, an dessen Stelle heute die Krn-Gipfel-Hütte steht.

Während die italienische Öffentlichkeit den Sieg frenetisch feierte, drückten die überlebenden Alpini am Krn ihre Gefühle im Lied »O vile Monte Nero (O gemeiner Monte Nero)«, das kurz nach der Gipfeleroberung entstanden ist, wie folgt aus:

Per venirti a conquistare	Wir kamen dich zu erobern
Abbiam perdutti molti compagni	Und verloren der Kameraden viel
Tutti giovani sui venti anni	Sie waren in der Blüte ihrer Jahre
La sua vita non torna piú.	Und ihr Leben kommt nie mehr zurück
O Monte Nero	O Monte Nero
traditore de' vita mia ...	du Verräter meines Lebens ...

Die Batognica, der »Monte Rosso«

Wie bereits im vorherigen Abschnitt angeführt, verlagerten sich die Auseinandersetzungen nach der italienischen Besetzung des Krn-Gipfels auf den östlich gelegenen Nebengipfel, auf die Batognica, die zumindest von den Angehörigen des Kärntner Landwehrinfanterieregiments als Pyramidenkofel bezeichnet wurde. »Von allen Bergen der Julischen Alpen hatte er das meiste Blut getrunken.«* Diese Aussage von Ingomar Pust bezieht sich auf das Krn-Massiv, meint aber in erster Linie die Batognica, die von den Italienern nicht umsonst auch im Gegensatz zum Monte Nero (Krn) als Monte Rosso bezeichnet wurde.

---

* Pust, Ingomar: Die steinerne Front, Graz 2009, S. 147

Im Rahmen der 2. Isonzoschlacht griffen die italienischen Truppen die ö.u. Stellungen auf der Batognica an. Massiver Artilleriebeschuss vom Kožljak und vom Krn hatten die Steinwälle der Österreicher zerstört. Mit dem 19. Juli 1915 begann der Infanterieangriff. Dabei kam es zu unvorstellbaren Nahkämpfen. Tagelang wütete der Kampf Mann gegen Mann, wobei man sogar mit Steinen aufeinander losging. So schreibt der gegenüber im Bereich Vogel – Lemež stationierte Thomas Bergner in seinem Tagebuch am 22. Juli 1915: »Wir haben ein sehr gutes Maschinengewehr und sehen einem Handgemenge vis-a-vis auf dem Pyramidenkofel (Batognica) zu. Leider müssen unsere zurück, sie halten sich aber ausgezeichnet den ganzen Tag, aber die feindliche Übermacht (2 Regimenter gegen ein Bataillon) ist zu groß. Stundenlang bekämpfen sie sich gegenseitig mit Steinen, da zum Schießen keine Gelegenheit ist, weil alles hinter den Steinen liegt.«*

Der italienische Soldat Virgilio Bonamore schreibt in seinem Tagebuch in der Zeit vom 26. Juli bis zum 15. August 1915 wie folgt: »Um etwa 7 Uhr haben wir auf dem Berg gegenüber des Krn, der jetzt der unsere ist, und den wir, weil er so mit Blut getränkt ist, Monte Rosso nennen Stellung bezogen. (…) Heute schreibe ich wieder in mein Tagebuch. Während der letzten vier Tage, die ich auf dem Berg Batognica verbrachte, konnte ich nicht schreiben. In diesen Tagen erlebte ich die fürchterlichsten Schrecken dieses entsetzlichen Krieges. 24 Stunden verbrachte ich in hockender Stellung wenige Meter vom Feind entfernt. Die Toten konnten nicht entfernt werden und es herrschte ein unerträglicher Gestank. Wir hatten kaum Wasser, das uns in Taschen gebracht wurde. Und es stank entsetzlich. Zwei Tage hatte ich praktisch nichts zu trinken und zu essen. (…) Dann passierte plötzlich eine unfassbare Tragödie. Zwei Maschinengewehre, deren Position uns nicht bekannt war, eröffneten ein Kreuzfeuer und mähten alle in den Stellungen unter uns nieder. Wir wurden Zeugen dieses furchtbaren Schlachtens. Manche Körper waren wie aufgeplatzt. (…) Erst heute begreife ich, wie unermesslich diese Katastrophe war. Das 21. Bataillon mit Ausnahme von 50 Überlebenden gibt es nicht mehr. Die 7. und die 9. Division des 36. Bataillons wurden halbiert. Und das 23. Bataillon wurde stark dezimiert. Ein schreckliches Debakel…«**

Die ö.u. militärische Führung hatte erkannt, dass ein italienischer Durchbruch auf der Batognica fatale Folgen nach sich gezogen hätte. Deshalb musste dieser Berg unbedingt gehalten werden. Die ö.u. Truppen zogen sich schließlich wenige

---

* Fest, Werner: Spurensuche am Isonzo, Klagenfurt-Wien 2011, S. 21
** ebenda, S. 39 u. 40

LINKS Über die »Alpini-Stiege« gelangten die italienischen Soldaten von der Krn-Scharte auf das Batognica-Plateau, auf dem sich die unvorstellbaren Kämpfe abspielten. (MW)

RECHTS Aus dieser Stellung beobachtete Thomas Bergner die Kämpfe auf der gegenüber liegenden Batognica.

hundert Meter an den Ostrand des Berges in eine dolinenartige Senke, den so genannten Kavernenhof, zurück. Die Italiener bauten auf der Südwestseite zahlreiche Kavernen und Unterkünfte, die teilweise bis heute noch gut erhalten sind.

Die Tatsache, dass die vordersten Stellungen nicht einmal 20 Meter auseinander lagen, war einerseits sogar ein gewisser Vorteil für beide Teile, so absurd das auch klingen mag. Denn die Artillerie konnte die vordersten Linien nicht beschießen, da man die eigenen Leute gefährdet hätte. Andererseits führte der knappe Abstand dazu, dass beide Seiten versuchten, die gegnerischen Anlagen zu unterminieren und in die Luft zu sprengen. Der Minenkrieg, eine weitere grausame Facette des Krieges, spielte auch auf der Batognica eine große Rolle. Auf dem steinernen knapp 100 Meter breiten Felswall lagen sich die Soldaten Aug in Aug gegenüber. Wie bereits erwähnt, war es für die österreichischen Militärs unbedingt notwendig, die Position am Ostrand der Batognica zu halten. Bei einem italienischen Durchbruch wäre der Nachschub für die österreichische Frontlinie zwischen Flitsch (Bovec) und Tolmein (Tolmin) unterbrochen worden. Einzelne Militärhistoriker vertreten sogar die Meinung, dass das bereits 1915 kriegsentscheidende Folgen nach sich gezogen hätte. Nach dem Verlust des Krn-Gipfels hatte das Halten der Batognica nicht nur hohen taktischen sondern auch hohen moralischen Stellenwert. Für die dort kämpfenden Soldaten bedeutete das die reinste Hölle.

Das Unterminieren und Sprengen der gegnerischen Stellungen während des 1. Weltkrieges gehört zu den drastischen Beispielen für den Irrsinn von Kriegen. Am bekanntesten wurde die Gipfelsprengung des Col di Lana (3.223 m) westlich von Cortina d' Ampezzo. Noch heute liegen dort unter den Gesteinsmassen etwa 100 Kaiserjäger begraben. Die meisten Opfer gab es bei der Sprengung des Monte Cimone di Tonezza in der Provinz Vicenza. Am 23. September 1916 jagten die Österreicher den von Italienern eroberten Gipfel in die Luft. Am Gipfel blieb ein Krater mit einem Durchmesser von 50 Metern und einer Tiefe von 22 Meter zurück. Inklusive der folgenden Kampfhandlungen kamen dabei auf italienischer Seite 1.137 Mann ums Leben. Die gewaltigste Sprengung erfolgte am 13. März 1918. Am Monte Pasubio (2.232 m) in der Nähe des Gardasees zündeten die Österreicher in einer Tiefe von ungefähr 25 Metern etwa 60.000 Kilogramm Sprengstoff. Der gesamte Berg geriet ins Wanken, riesige Lawinen donnerten ins Tal. Die 25 Meter lange Verdämmung aus Stahlbeton im Stollen zur Sprengkammer wurde 40 Meter zurückgeschleudert. Opferzahlen sind nicht bekannt. Sicher ist nur, dass kein Italiener überlebt hat.

Diese Gefahr drohte nun den Soldaten auf der Batognica. Man wusste vom Minenkrieg und es gab nur eine Möglichkeit. Man musste schneller sein als der Gegner. Im Mai des Jahres 1917 lagen auf der Batognica noch große Schneemengen. Die Österreicher bereiteten einen Angriff auf die italienische Winterstellung vor. Beim Graben eines Schneestollens drang eine Gruppe bis unter die

LINKS Historisches Foto von den Arbeiten am österreichischen Sprengstollen im Kavernenhof (MK)

UNTEN Österreichische Soldaten im Sprengstollen auf der Batognica (MK)

RECHTE SEITE Der Explosionskrater mit den mannshohen Felsbrocken, unter denen 200 Alpini bis heute begraben liegen.

»MONTE ROSSO«

italienischen Drahthindernisse vor. Dabei stießen sie auf eine Felsspalte, aus der Rauch entwich. Außerdem waren Arbeitsgeräusche zu hören. Im Juli gelang es einer ö.u. Horchpatrouille die Position eines italienischen Stollens 20 Meter vor den österreichischen Stellungen in etwa 7 Meter Tiefe zu orten. Nachdem man noch einen zweiten Stollen weiter südlich entdeckte, begann man am 28. Juli von der österreichischen Sommerstellung aus mit dem Bau zweier Gegenstollen.

Man muss sich die psychische Anspannung der Menschen vorstellen, die hinter Steinwällen und in Kavernen hockten, immer mit der Angst im Nacken, in die Luft gesprengt zu werden. Als am 31. Juli keine Arbeitsgeräusche auf italienischer Seite mehr zu hören waren, war es klar, dass die Italiener offensichtlich mit dem Laden der Sprengkammern begonnen hatten.

Bei den Arbeiten in einem der österreichischen Stollen entdeckten die Sappeure (Spezialisten für Stollenbau) an ihrer Stollendecke Holzbretter. Sie waren auf einen italienischen Stollen gestoßen. Nach vorsichtigen Grabungen nach oben gelangten die österreichischen Soldaten in eine bereits geladene Sprengkammer der Italiener. Trotz der enormen Explosionsgefahr bargen sie 2.000 Kilogramm Sprenggelatine. Dabei handelt es sich um mit Kollodium gelatiniertes Nitroglyzerin. Sprenggelatine ist auch heute noch einer der stärksten gewerblichen Sprengstoffe.

Im italienischen Stollen wurde eine Schutzwand errichtet, an der zwei Wachen postiert waren. Danach setzten die Sappeure ihre Arbeit im österreichischen Sprengstollen fort. Erst vier Tage später kamen italienische Soldaten zur geräumten Sprengkammer. Die österreichischen Wachen eröffneten das Feuer, und die völlig überraschten Italiener mussten sich zurückziehen. Es dauerte ungefähr eine Stunde, dann kehrten die Italiener zurück, und es kam neun Meter unter dem Felsplateau zu einem Feuergefecht im Stollen, bei dem beide Seiten sogar Maschinengewehre einsetzten. Nachdem es den Österreichern gelungen war, die Italiener zurückzudrängen, entdeckte man eine Zündschnur, die in einen zugeschütteten italienischen Stollen führte. Beim Nachgraben entdeckte man eine weitere noch größere bereits geladene Sprengkammer der Italiener. Das Bergen des Sprengmaterials dauerte bis in die Morgenstunden des kommenden Tages. Wegen des vorangegangenen Feuergefechtes waren die Tunnel mit beißendem Rauch gefüllt und die Arbeit konnte nur mit Gasmasken durchgeführt werden. Am nächsten Tag belegten die Italiener die österreichischen Stellungen mit schwerem Feuer und zündeten eine dritte Sprengkammer, die allerdings weiter entfernt war und deshalb keine Schäden anrichtete. Darauf zündeten die Österreicher den Sprengstoff im italienischen Stollen. Experten waren sich darüber einig, dass eine Explosion aller drei italienischen Kammern nicht nur den gesamten vorderen Stellungsbereich sondern auch die dahinter liegenden Kavernen zerstört hätte.

Wenige Tage später begann man auf beiden Seiten mit dem Bau neuer Stollen. Nach drei Wochen waren sich beide Parteien schon so nahe, dass man mit den Horchgeräten menschliche Stimmen hören konnte. Deshalb beschloss das österreichische Kommando, das gesamte System in die Luft zu jagen. Der erbeutete Sprengstoff der Italiener (4.100 Kilogramm Sprenggelatine) wurde im 3. Stollen deponiert. Am 24. September um exakt 6 Uhr detonierte die Ladung. Ein 20 Meter breiter und 10 Meter tiefer Krater wurde in den massiven Fels gerissen. Sämtliche Stollen und mehrere Kavernen auf italienischer Seite stürzten ein. Ungefähr 200 Alpini liegen noch heute unter den Felsmassen begraben. Der Minenkrieg auf der Batognica war damit zu Ende. Und die Leute, die von der anderen Talseite auf diesen Berg schauten, glaubten, am »Monte Rosso« wäre frischer Schnee gefallen; das ganze Massiv war zentimeterdick mit feinem weißen Kalkstaub bedeckt. Die weiße Farbe hat der Regen weggewaschen, sonst hat sich auf diesem Berg nichts verändert, und deshalb ist er ein besonders beeindruckendes Mahnmal dieses Krieges.

9. Kapitel
Tour 27 Mrzli vrh

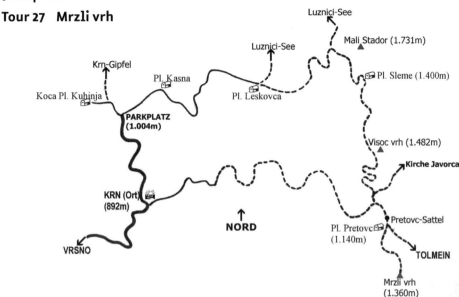

CHARAKTERISTIK: leichte alpine Wanderung

WEGVERLAUF: Ort Krn (892 m) – Pretovč-Sattel (1.124 m) – Mrzli vrh (1.360 m) [1½ Std.] – Planina Sleme (1.408 m) [1 Std.] – Planina Leskovca – Planina Kuhinja – Ort Krn [1 Std.]

Die Anreise ist identisch mit der zum Krn von Süden. Über Kobarid und Vrsno fahren wir bis zur Ortschaft Krn. Im Dorf fahren wir allerdings nicht links hinauf zum Parkplatz vor der Planina Kuhinja, sondern fahren geradeaus und suchen uns an der Straße einen Parkplatz. Die Höhe des Berges mit 1.360 Metern macht klar, dass es sich hier um eine reine Wandertour handelt, bei der rund 400 Höhenmeter im An- und Abstieg zu bewältigen sind. Dazu kommt, dass der Weg bis zur Alm Pretovč ident mit dem Friedensweg (Pot miru) ist, der hier hinüber ins Tolminka-Tal führt. Der Markierung folgend wandern wir zuerst in nordöstlicher Richtung durch einen Buchenwald hinauf. Der Weg dreht sich dann nach Südosten und wir kommen oben in Kammnähe zur Weggabelung. Links führt der Weg hinüber zur Planina Sleme bzw. hinunter zur Javorca-Kirche und ins Tolminka-Tal.

Wir gehen rechts hinunter und kommen nach wenigen Minuten zum Pretovč-Sattel. Der Weg führt weiter entlang der Ostflanke nach Tolmein. Wir gehen den Steig rechts der Schautafel hinauf an der Planina Pretovč vorbei auf den Berggipfel. Der ganze Berg ist praktisch ein Freiluftmuseum, und man stößt entlang der Steige immer wieder auf Stellungsreste, Schützengräben und ähnliches. Am besten ist es, an der Pretovč-Hütte rechts vorbei hinüber in Richtung Planina Lapoč zu gehen. Entlang des Pfades finden wir zahlreiche italienische Kavernen und besichtigen die Italienische Stellung auf der Kote (Höhenvermessungspunkt) 1158. Über den südlichen Almrand gehen wir weiter links in Richtung Gipfel und kommen nach wenigen Metern zu Überresten der österreichischen Stellungen.

Der Mrzli vrh vom Kolovrat (Na gradu) aufgenommen. Die schneebedeckten Berge dahinter sind links der Veliki Bogatin (Mahavšček) und rechts der Tolminski kuk.

Vom Gipfel wandern wir in Richtung Pretovč-Alm hinunter und dann unter den Felsen nach rechts (östlich), wo wir auf die Kavernen der ö.u. Truppen stoßen. In einer dieser geräumigen Kavernen haben ungarische Soldaten eine Marienkapelle eingerichtet. Auf dem aus Beton errichteten Madonnenaltar befindet sich eine ungarische Aufschrift, deren Übersetzung »Jungfrau Maria, sei die Beschützerin deines Volkes« lautet.

Von den ungarischen Kavernen gelangt man direkt über einen Steig wieder hinunter zum Pretovč-Sattel. Für die Besichtigung des Freiluftmuseums sollte man zumindest eine Stunde veranschlagen. Wenn man den gleichen Weg zurückgeht, ist man nach einer knappen Stunde wieder im Dorf Krn. Die Gesamtdauer dieser wirklich leichten, für jeden geeigneten Wanderung beträgt gut drei Stunden.

Wer etwas länger unterwegs sein möchte, sollte für den Rückweg die Strecke über die Planina Sleme wählen. Bei der Weggabelung, an der wir von links herauf gegangen sind, gehen wir die Straße weiter und bei der nächsten Gabelung links weiter in Serpentinen die Westflanke des Visoč vrh querend in Richtung Norden zur Planina Sleme. Dabei stoßen wir immer wieder auf Reste der ö.u. Frontlinie. Links am Mali Stador vorbei wenden wir uns dann in westlicher Richtung hinunter zur Planina Leskovca.

Bei der Alm Leskovca treffen wir auf den Steig, der vom Lužnici-See herunterkommt. Jetzt den Weg weiter, an der Planina Kašna vorbei zum Parkplatz bei der Kuhinja Alm.

BERG DES BLUTES 153

Abschließend die Straße hinunter ins Dorf Krn. Für diesen wirklich schönen, leichten Rundweg sollte man je nach Besichtigungsdauer 3 ½ bis 4 ½ Stunden einplanen.

Auf dem Bild ist der Weg hinüber zur Planina Sleme deutlich zu sehen.

Berg des Blutes

»Mrzli vrh! Montagna di sangue e sospiri, luogo di tragici ricordi.«
»Mrzli vrh! Gora krvi in vzdihljajev, kraj strašnih spominov.«
»Zord csúcs! Vér és sohajok hegye borzalmas emlékek szinhelye.«
»Mrzli vrh! Berg des Blutes und der Seufzer, Ort der grausamen Erinnerungen.«

In italienischer, slowenischer, ungarischer und deutscher Sprache stehen diese Worte des Oberleutnants Rado Pavlič auf einer Gedenktafel am Mrzli vrh. Der vollständige Text geht so weiter: »Ich glaube, dass es keinen Ort auf diesem Berg gibt, der nicht mit menschlichem Blut getränkt worden wäre. Tausende italienische und österreichische Granaten haben hier ihre schreckliche Geschichte geschrieben, so dass ihre Spuren keine Epoche vollkommen tilgen wird. Wie viele kräftige Bosniaken haben sich hier oben, in den letzten Atemzügen liegend, ihrer Angehörigen erinnert. Wie oft überflog seine Wälder die stechende Stimme: Mamma mia, mamma mia! Und wie viele umher liegende und unbegrabene menschliche Knochen gibt es hier oben!«*

Dieser eher unscheinbare Ausläufer des Krn-Gebirges ist zwar nur 1.359 Meter hoch, aber das Soča-Tal liegt mehr als 1000 Meter tiefer. Und so wie die Batognica, der Vršič und der Rombon war der Mrzli vrh einer der meist umkämpften Gipfel. Bei Kriegsbeginn 1915 hatten sich die wenigen Verteidiger der Donaumonarchie auf den Bergkamm, der von der Batognica über den Maselnik und die Alm Sleme zum Mrzli vrh führt, zurückgezogen. Anfangs waren das auf einer Strecke von 10 Kilometern nur 200 Leute. Die waren außerdem schlecht bewaffnet, allerdings hatten sie ein paar Maschinengewehre. Ende Mai 1915 versuchten die Italiener die Alm Pretovč zu erobern. Italienische Einheiten in Regimentsstärke wurden die steilen Rinnen zur Alm Pretovč empor gejagt. Die Soldaten mussten ohne jede Deckung angreifen.

Die Folgen waren für sie katastrophal. Mit Maschinengewehren und Steinlawinen vernichteten die ö.u. Verteidiger beinahe das gesamte Regiment (900 Mann!). Immer wieder wurden italienische Soldaten hinaufgeschickt, die dann von Maschinengewehrsalven niedergemäht oder von Steinlawinen hinunter geschmettert wurden. Schließlich konnten sich die von den Offizieren mit Gewalt hinauf getriebenen Soldaten auch ohne Feindeinwirkung nicht mehr halten, da die Rinnen durch das Blut und die hinabrutschenden Toten richtiggehend glitschig geworden waren. Es kam zu panischen Aktionen. Wenn sich irgendeine Gelegenheit bot, flohen die italienischen Soldaten in die tiefer gelegenen Wälder und versteckten sich.

In der Zeitung »Istra« schilderte 20 Jahre später ein unbekannter Verfasser diese unvorstellbaren Angriffe: »Es war zu erkennen, dass ihre Kommandanten völlige Anfänger in den Gefechtsmethoden des modernen Krieges waren. Einige hundert österreichische Landstürmer schlugen mit Maschinengewehren jeden Angriff mit Leichtigkeit zurück. Die Maschinengewehre mähten die italienischen Angriffsreihen erbarmungslos nieder. In der fast senkrechten, mit Gras bewachsenen Rinne war die italienische Katastrophe noch schlimmer. Die vorderen Reihen wurden von den Maschinengewehren niedergemäht, rissen die Nachfolgenden mit, die sich in den engen Heuwiesen kaum auf allen Vieren

---

* Klavora, Vasja: Schritte im Nebel, Klagenfurt 1995, S.150

Die Steilheit des Geländes im Bereich der Alm Pretovč unterhalb des Mrzli vrh kommt auf dem Foto nicht richtig zur Geltung.

halten konnten, so dass sich diese ganze Menschenmasse , einige verletzt, erschlagen, die anderen nur mitgerissen, in das Tal rollte (....)«*

Bereits am 4. Juni versuchten die italienischen Truppen erneut, die Alm Pretovč bzw. den Mrzli vrh zu besetzen. Die ohne jede Deckung nach oben gejagten italienischen Soldaten wurden wiederum Opfer der Maschinengewehre und Steinlawinen. Ähnliches ereignete sich auch auf der Alm Sleme. Wenn sich die Soldaten den Befehlen der Kommandierenden widersetzten, wurden sie an die Wand gestellt und erschossen. Zahlreiche Soldaten desertierten und versteckten sich in den tiefer gelegenen Wäldern. Es kam sogar zu Gefechten zwischen Militärpolizei-Einheiten und Deserteuren. In diesem Zusammenhang kam es auch zu Erschießungen von slowenischen Zivilisten, die verdächtigt wurden, Deserteuren geholfen zu haben. Um die Schmach des militärischen Misserfolges und der Desertion zu vertuschen, bezichtigte die

---

* Klavora, Vasja: Schritte im Nebel, Klagenfurt 1995, S. 85

italienische Führung die Zivilbevölkerung auch der Spionage. Ein Bauernehepaar aus Ladra wurde bei der Feldarbeit erschossen. Aus den Dörfern Kamno, Smast, Libušnje, Vrsno und Krn wurden 60 Männer zusammengetrieben und in der Nähe von Idrsko einem Verhör unterzogen. Danach wollte der Karabinieri-Hauptmann jeden zweiten erschießen lassen. Ein zufällig vorbei kommender höherer Offizier reduzierte das »Urteil« auf 6 Exekutionen. Diese Todesstrafe der Dezimierung (Erschießung jedes Zehnten) war bei Befehlsverweigerung und Hochverrat innerhalb der Armee üblich. Bei Zivilisten wurde diese Methode normalerweise im 1. Weltkrieg nicht angewandt. 6 Männer zwischen 45 und 66 Jahren wurden an Ort und Stelle hingerichtet. Die 54 Überlebenden wurden nach Cividale gebracht und dort vor ein Militärgericht gestellt, das sie letztlich freisprechen musste. Trotzdem durften sie nicht in ihre Heimat zurück und mussten in die Emigration nach Sardinien und auf die Liparischen Inseln. Die meisten von ihnen kamen dort ums Leben und sahen ihre Heimat nie mehr. Nach dem Krieg gelang es sozialistischen Abgeordneten, den verantwortlichen Karabinieri-Hauptmann auszuforschen und vor ein Kriegsgericht zu stellen. Nach zweijähriger Prozessdauer wurde er, nicht zuletzt wegen des immer stärker werdenden faschistischen Gedankenguts, freigesprochen. Und nach der faschistischen Machtübernahme wurden auch alle anderen Untersuchungen in dieser Richtung eingestellt.

Die Verteidiger des Mrzli vrh waren hauptsächlich ungarische Soldaten. Man muss das erwähnen, weil gewisse Kreise nach wie vor die Meinung vertreten, dass die Ungarn nicht mit »letztem Einsatz« für die Monarchie gekämpft hätten. Am Mrzli vrh, der nicht umsonst als ein »Berg des Blutes« bezeichnet wurde, haben sie und natürlich auch die anderen Soldaten des Vielvölkerstaates, die unzähligen Angriffe der italienischen Alpini und Bersaglieri immer wieder zurückgeschlagen. Mehrmals drangen Italiener bis in die Gipfelstellungen vor, wurden aber immer wieder durch Gegenangriffe zurückgeworfen. In einigen Bereichen lagen die Frontlinien weniger als 20 Meter auseinander. Wie bereits im historischen Kapitel über die Batognica erwähnt, hatte das den Vorteil, dass ein Artilleriebeschuss unmöglich war. Allerdings führte das auch hier wie am Vršič und auf der Batognica zum Minenkrieg. Dabei gelang es den ö.u. Mineuren mehrmals die italienischen Stollen zu sprengen. Im Juli und im August 1916 kamen bei den Sprengungen 2 italienische Minentrupps ums Leben. Vereinzelt kam es dabei auch zum Einsatz von Giftgas. Der Explosion zweier Minen am 1. Juli 1917 fielen etwa 30 Italiener zum Opfer. Am ersten Tag der 12. Isonzoschlacht am 24. Oktober 1917 leiteten mehrere Minensprengungen die Offensive auf die

Das Gebiet unterhalb des Mrzli vrh nach den Durchbruch im Rahmen der 12. Isonzoschlacht im Oktober 1917 (MK)

Lapoč-Alm und weiter zur zweiten italienischen Verteidigungslinie am östlichen Isonzo-Ufer ein. Dabei hatte die k.u.k. 50. Infanteriedivision die schwierige Aufgabe die tief gestaffelten italienischen Stellungen, die sich vom Krn-Gipfel herunterzogen zu überwinden und die zweite Verteidigungslinie zwischen Vrsno und Selišče zu durchbrechen. Das II. Bataillon des 18. Regiments griff an der linken Flanke in Richtung Gabrje an und ermöglichte damit den Durchbruch der der 12. Division im Tal nördlich der Soča (des Isonzo).

Der Mrzli vrh und die Bereiche der nördlich davor liegenden Almen Pretovč und Sleme gehörten zu den meistumkämpften Gebieten entlang der Soča.

OBEN Nach der ersten Kuppe auf dem Weg zum Stol sieht man die ehemaligen Mannschaftsunterkünfte der italienischen Besatzung. Links bei den Laubbäumen die Božica-Alm, dahinter der charakteristischen Krn-Gipfel, in der Bildmitte das Soča-Tal südlich von Kobarid und rechts das Natisone-Tal.

10. Kapitel
Stol, Matajur und Kolovrat

Für extremere Bergsteiger scheinen diese Berge mit Höhen von nicht einmal 1.700 Metern (Stol, Matajur) und knapp über 1.100 Metern (Na gradu) vielleicht eher mickrig. Auch ich muss gestehen, dass ich sie eigentlich nur wegen ihrer historischen Bedeutung besucht habe. Aber im Frühling und vor allem im späteren Herbst sind auch die Natur und die Landschaft wirklich sehenswert. Und wenn man bedenkt, dass Kobarid 300 Meter und Tolmin 150 Meter über dem Meeresspiegel liegen, ergibt das schon ordentliche Höhenunterschiede und das in sehr steilem Gelände.

Tour 28: Stol

CHARAKTERISTIK: leichte alpine Wanderung

WEGVERLAUF: Uccea-Pass (Sedlo Učja 733 m) – Planina Božica (1.400 m) [2 Std.] – Stol (1.673 m) [1 Std.]

Vom Norden aus gesehen ist der Höhenzug des Stol der erste der drei natürlichen Wälle, die Italien von der ehemaligen österreichisch-ungarischen Monarchie trennten. Vom Punta di Montemaggiore im Nordwesten bis nach Kobarid erstreckt sich der Stol-Rücken über eine Länge von gut 17 Kilometern. Der Stol-Gipfel mit einer Höhe von 1673 Metern kann von zwei Seiten bestiegen werden. Im Norden vom Učja (Uccea)-Pass und im Süden von der kleinen Ortschaft Sedlo bei Breginj.

Von Villach kommend fahren wir in Tarvis von der Autobahn ab und weiter in südlicher Richtung über den Predil-Pass nach Bovec [Tarvis – Bovec 30 km]. Nach 8 km erreichen wir der Ortschaft Žaga, wo wir rechts (westlich) zum Učja (Uccea)-Pass abbiegen. Nach 6 km knapp vor der ehemaligen slowenischen Grenzstation (Passhöhe) führt links eine schmale Straße hinauf. Hier beginnt die ehemalige italienische Militärstraße auf die Božica-Alm. Der Schranken mit einer Fahrverbotstafel wird offensichtlich nicht mehr geschlossen. Mit einem geländegängigen Fahrzeug kann man die 7,5 Kilometer bis auf die Planina Božica hinauf fahren, falls man die Verbotstafel »übersehen« hat. Ansonsten marschiert man sicher 2 Stunden bis auf die Alm. Von dort erreicht man auf einem schönen Steig in einer knappen Stunde den Stol-Gipfel. Der Gipfel wird leider von einem Antennenbau verunstaltet. Trotzdem ist die Aussicht von diesem Berg, der ja schon zu den Julischen Voralpen zählt, gigantisch: im Norden das gewaltige Kanin-Massiv, weiter im Osten der Bavški Grintavec und der Triglav, davor der Polovnik, der Krn und der Mrzli vrh, im Südosten der Matajur und der Kolovrat. Und schließlich sieht man bei klarer Sicht in südöstlicher Richtung die Adria.

Die andere Möglichkeit wäre die Zufahrt von Süden. Von Österreich kommend muss man allerdings von Žaga weitere 10 Kilometer nach Kobarid fahren. Von dort nach 4 Kilometern in Richtung Cividale (Italien) in Staro Sedlo rechts wegfahren. In Borjana rechts bleiben und bis nach Sedlo fahren [Staro Sedlo – Sedlo 8,5 km]. hier beginnt die ehemalige südliche italienische Kriegs-

Der Blick vom Matajur-Gipfel ins Natisone-Tal, dann der Stol-Rücken und rechts dahinter das schneebedeckte Kanin-Massiv.

straße, über die man ebenfalls auf die Alm Božica (Planina Božica) gelangt.

Tour 29: Matajur

CHARAKTERISTIK: alpine Wanderung

WEGVERLAUF: Avsa (860 m) – Idrska Planina (1.200 m) [1 Std.] – Matajur (1.641 m) [1 ½ Std.]

Der Matajur war die zweite Barriere der dritten italienischen Verteidigungslinie. Heute kann er von der italienischen Seite bequem in einer Dreiviertelstunde von der Pelizzo-Hütte (Rifugio Guglielmo Pelizzo), die mit dem Auto erreichbar ist, bestiegen werden. Als Bergtour empfehle ich allerdings die Route von Livek bzw. Avsa auf der slowenischen Seite. Weniger deshalb, weil man auf den Spuren des legendären Erwin Rommel, auf den ich im historischen Abschnitt näher eingehe, zum Gipfel wandert, sondern wegen der Landschaft und der einmaligen Flora im Frühling und im Sommer.

Mit dem Auto fährt man von Tarvis über den Predil-Pass und Bovec nach Kobarid [51 km]. 2 Kilometer weiter in Richtung Tolmin zweigen wir in der Ortschaft Idrsko rechts nach Livek ab. Nach 5 Kilometern und knapp 500 Höhenmetern fahren wir in der Ortschaft Livek rechts nach Avsa. Nach gut 2 Kilometern kurz vor der Ortstafel zweigt wieder rechts der Weg zum Matajur (deutlich gekennzeichnet) ab. 25 Meter links und rechts der Abzweigung gibt es ein Parkverbot. 300 Meter weiter findet man im Wald einen Parkplatz. Die angegebene Gehzeit (2

Stunden) für die knapp 800 Höhenmeter bis zum Gipfel sind wie meistens in Slowenien wirklich reine Gehzeiten bei eher zügigem Tempo.

Eine rekonstruierte Stellung im grenzüberschreitenden Museum auf dem Kolovrat

Der steinige Weg führt zuerst am Waldrand und später durch den dichten wunderschönen Buchenwald hinauf auf die Idrska-Alm (Idrska planina), die wir nach 75 Minuten erreichen. Heuer (2013) sind wir Ende April durch ein blauviolettes Meer von Krokussen gewandert.

Am Mrzli vrh*, der exakt einen Meter niedriger ist als sein Namensvetter auf der anderen Seite des Soča-Tales, vorbei führt der gut markierte Steig weiter hinauf zur kleinen Gipfelkirche, die hier nach halber Wegstrecke erstmals zu sehen ist. An und oberhalb der Waldgrenze treffen wir auf verschiedene Karstformen wie Karrenfelder oder Höhlen wie die Kavkna jama (»Dohlenhöhle«). Über einen etwas steileren Anstieg gelangen wir auf den »Glava« (Kopf) an der heutigen slowenischen-italienischen Grenze. Nach ungefähr 100 Höhenmetern ist die Gipfelkirche erreicht, wo man immer viele Italiener trifft, die über den kurzen Weg von der Pelizzo-Hütte heraufgekommen sind. Der Abstieg ist gleich wie der Anstieg. Nachdem man dafür auch 2 Stunden einplanen muss, kommt man auf eine ordentliche 4 bis 4 ½ Stunden Tour.

Eine interessante Alternative für Mountainbiker wäre die Tour entlang der Matajurstraße, die teilweise noch im Originalzustand vorhanden ist und auf der man abschnittsweise wirklich exakt auf den Spuren des legendären Erwin Rommel bis 200 Höhenmeter unterhalb des Matajur-Gipfels fahren kann. Von Idrsko sind es 13 Kilometer und gut 1.200 Höhenmeter. Wenn man bis Avsa wie bei der Wandertour mit dem Auto fährt und dann aufs Rad steigt, sind es nur mehr 5 Kilometer und 600 Höhenmeter.

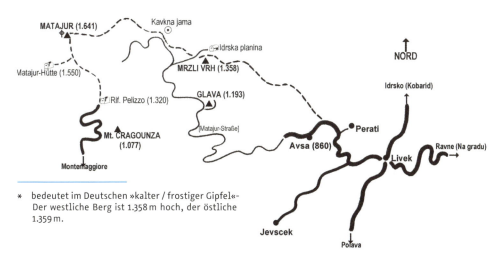

* bedeutet im Deutschen »kalter / frostiger Gipfel«- Der westliche Berg ist 1.358 m hoch, der östliche 1.359 m.

Tour 30: Na gradu – Kolovrat

Der Kolovrat ist der dritte Verteidigungswall der Italiener westlich der Soča, auf dem die dritte Frontlinie verlief. Heute führt eine asphaltierte Straße von Livek über Livške Ravne und die Anhöhe Na gradu hinunter nach Volče und Tolmin (Tolmein). Nach der Tour auf den Matajur kann man mit dem Auto einen Abstecher zum knapp 8 Kilometer entfernten Freilichtmuseum machen. Ein Teil des umfangreichen Verteidigungssystems (»linea d'armata«) im Bereich der Höhe Na gradu kann dort besichtigt werden. Ein Netz von Schützengräben sowie einige rekonstruierte Kavernen und Stellungen zeigen uns noch heute den großen Umfang dieser Anlagen. Für sportliche Radfahrer ist die Kolovrat-Runde (Kobarid – Livek – Na gradu – Volče – Tolmin – Kamno – Kobarid) zu empfehlen [~50 Kilometer, 900 Höhenmeter).

Die italienische Abwehrbarriere

Der fast 20 km lange Höhenrücken des Stol-Gebirges erstreckt sich vom Punta di Montemaggiore in südöstlicher Richtung bis Kobarid und trennt das Soča- vom Natisone-Tal. Die Fortsetzung der gestaffelten italienischen Hauptverteidigungslinie von Kobarid nach Tolmin bilden dann Matajur und Kolovrat. Während die Einnahme der italienischen Stellungen am Kolovrat und am Matajur vor allem durch die Hochstilisierung Erwin Rommels zum militärischen Superstar im 3. Reich immer wieder als soldatische Glanzleistung hervorgehoben wurde, ist die nicht minder wichtige Besetzung des Stol-Gebirges in den Hintergrund geraten. Den Taldurchstoß im Rahmen der 12. Isonzoschlacht im Flitscher Feld habe ich bereits im historischen Teil des 4. Kapitels über den Svinjak behandelt. Das Ziel dieser Aktion war die Eroberung des Stol-Gebirges.

Der Kommandant des k.u.k. 1. Korps General Alfred Krauß* schreibt im Vorwort seiner Erinnerungen, dass der »Durchbruch von Flitsch« in der Darstellung des deutschen Artilleriegenerals Kraft von Delmensingen doch eher zu kurz käme. Dabei entschuldigt er sich fast dafür, dass auch die »Alpendeutschen« etwas zuwege gebracht haben. »Es hat bei uns deutschen Österreichern und den von ihnen erzogenen anderen Nationen der alten Monarchie nur einer in Geist und Charakter »deutschen Führung« bedurft, und wir standen in Leistung und Erfolg ebenbürtig an der Seite unserer deutschen Brüder aus dem Reiche Bismarcks.«** Krauß, der in seinem letzten Lebensjahr als Abgeordneter

---

* General der Infanterie, *26. 4. 1862 in Zara, +29. 9. 1938 in Bad Goisern
** Krauß, Alfred: Das Wunder von Karfreit, München 1926, S. 3

Von dieser Stelle aus überzeugten sich er italienische König und General Cadorna von der »Uneinnehmbarkeit« des italienischen Verteidigungsriegels. Die erste Linie verlief nördlich von Bovec (Flitsch) links unterhalb des Rombon nach rechts in den Slatenik-Graben (nicht sichtbar) nördlich des Polovnik. Die zweite Linie folgte parallel dazu bei Bovec. Links und rechts des Soča-Tales gab es zwischen Rombon und Kanin bzw. am Nordhang des Polovnik unzählige italienische Geschützkavernen. An der Engstelle vor Žaga oberhalb der Ortschaft Log Čezsoški begann die dritte gestaffelte Verteidigungslinie über den Hum bis zum Gipfel des Stol.

Österreichs im nationalsozialistischen deutschen Reichstag saß, war nach dem Krieg ein begeisterter Nazi. Was aber nichts daran ändert, dass er im Krieg sicher zu den fähigsten militärischen Führern der k.u.k. Armee gehörte. Das pathologisches Betonen seines Deutschtums allerdings wirkt doch eher komisch: In den letzten 17 Zeilen seines Vorwortes zum Buch »Das Wunder von Karfreit im besonderen der Durchbruch bei Flitsch« kommt das Wort »deutsch« elfmal vor.

Der Angriff der »österreichischen Gruppe Krauß«, wie die Italiener das k.u.k. 1. Korps bezeichneten, war am ersten Tag der Offensive nicht zuletzt wegen des Gaswerferangriffs, der die linke (östliche) Verteidigung der Italiener in der ersten Linie vollkommen ausschaltete, ein voller Erfolg. Die zweite italienische Frontlinie wurde von den ö.u. Einheiten* praktisch überrannt. Einzelne Truppenteile drangen bis zur 3. Verteidigungslinie der Italiener bei Podčela vor. Laut eines Zeitungsberichts des Schuldirektors Karl Baumann aus Stainz in der »Weststeirischen Rundschau« über den Durchbruch bei Flitsch** haben Einheiten des Schützenregiments 3 um 9 Uhr abends die dritte Talstellung in der Nähe des heutigen Gasthauses Žvikar besetzt.

Bereits um 22 Uhr des 24. Oktobers wurde der Befehl ausgegeben bis Žaga am Soča-Knie vorzurücken und den Stol anzugreifen. Seitens der Italiener galten die gestaffelten Stellungen am Stol als uneinnehmbar und absolut sicher. Am Vortag (23. Oktober) hatte die römische Zeitung Secolo über einen Besuch Königs Emanuel III. und Generals Cadorna am Stol berichtet, bei dem beide festgestellt hatten, dass ein Durchbruch der Österreicher in diesem Gebiet unmöglich wäre.

Das Gelingen der Offensive hing von der Ausschaltung des natürlichen Abwehrwalles vor dem italienischen Hinterland, der vom Stol, dem Matajur und dem Kolovrat gebildet wurde, ab. Probleme für die vorrückenden k.u.k. Truppen ergaben sich durch die Zerstörung der Brücke unterhalb des Boka-Wasserfalls durch die zurückweichenden italienischen Einheiten. Zusätzlich gerieten k.u.k Einheiten unter Beschuss der eigenen Artillerie, die nicht über den Standort der Soldaten informiert war. Wegen der vorangegangenen starken Niederschläge war die Boka zu einem reißenden Gebirgsbach geworden. Mittels Notstegen von Fels zu Fels mussten die Soldaten das Bachbett überqueren. Die Errichtung dieser Notbrücke durch eine technische Einheit gestaltete sich wegen der fehlenden Materialien, des reißenden Wassers und des Beschusses durch die eigene Artillerie äußerst schwierig. Erst gegen 5 Uhr in der Früh gelangte die erste Einheit des Kaiserschützenregiments ans andere Ufer der Boka. Eine weitere Verzögerung ergab sich in Žaga, weil auch die dortige Brücke über die Učja teilweise zerstört war, und die Soldaten nur einzeln über den Rest der Brücke vorgehen konnten. Die Italiener hatten sich bereits wegen einer Falschmeldung, nach der die Österreicher bereits über den Polovnik vorgedrungen wären, aus den Bereichen Srpenica und Žaga zurückgezogen. Die schmale Straße auf den Uccea-Pass war durch die von den Italienern zurückgelassenen Fahrzeuge und Waffen verstopft. Auf einzelnen Wagen befanden sich auch Lebensmittel, und es war für die Offiziere sicher nicht einfach, die großteils ausgehungerten Soldaten weiterzubringen. Der kommandierende General Alfred Krauß behauptet in

---

* Marburger 26. Schützenregiment, Tiroler 2. Kaiserregiment, Grazer 3. Schützenregiment
** Der Bericht erschien im Oktober 1955.

Vom Sattel auf der Alm Božica wurde in der Nacht auf den 26. Oktober der Angriff auf den Stol-Gipfel durchgeführt.

seinen Aufzeichnungen, der Angriff auf den Stol durch das 1. Kaiserschützenregiment habe bereits um 5 Uhr begonnen.* Zu diesem Zeitpunkt aber hatten die ersten Soldaten gerade die Boka überquert, um weiter gegen Žaga vorzumarschieren, wo sich dann noch die weiteren bereits angeführten Probleme ergaben. Der Angriff auf den Stol erfolgte sicher erst einige Zeit später. Der Kommandant des 2. Bataillons, Mayor Miksch, spricht von einem Beginn der Angriffstätigkeit um 7 Uhr.** Die Hauptangriffsrichtungen waren in Richtung Stol von links nach rechts die Alm Božica (1450 m) (3. Bataillon), der Prvi*** Hum (1080 m) (1. Bataillon) und der Veliki**** Hum (1109 m) (2. Bataillon). Der Ausgangspunkt Žaga liegt auf einer Seehöhe von 372 Metern. Dazu kommt, dass das Gelände sehr steil und unwegsam ist. Bereits am Beginn des Anstieges gerieten die ö.u. Soldaten

---

* Krauß, Alfred: Das Wunder von Karfreit, München 1926, S. 41
** Klavora, Vasja: Blaukreuz, Klagenfurt 1993, S. 285
*** deutsch: erster
**** deutsch: großer

unter schweren Beschuss. So musste eine Vorausabteilung bereits am Fuß des Steilanstiegs zum Prvi Hum einen Stacheldrahtwall überwinden. Danach wurden 14 italienische Verteidigungsstützpunkte eingenommen, bis die Einheit die Nachschubstraße unterhalb der Anhöhe erreichte. Von der ganzen Kompanie waren nur mehr der Kommandant, Hauptmann Charwata und 15 Mann übrig geblieben, alle anderen waren umgekommen, verletzt oder total erschöpft liegen geblieben. Erst nach dem Eintreffen einer Aufklärungspatrouille der Kaiserjäger wurde auch der Stützpunkt am Prvi Hum eingenommen, wobei eine große Anzahl italienischer Soldaten gefangen genommen werden konnte. Nach dem Einlangen aller Angriffseinheiten wurde 1500 Gefangene ohne Bewachung, dafür hatte man keine Soldaten zur Verfügung, ins Tal geschickt. Um 13 Uhr wurde der Angriff fortgesetzt, und um 17 Uhr verlief die Frontlinie etwa 500 Meter unterhalb des Stolgipfels.

Nach der Überwindung zweier italienischer Verteidigungslinien und der Gefangennahme mehrerer hundert italienischer Soldaten erreichten Einheiten des 2. Bataillons nach 5 Stunden (12 Uhr 30) den Veliki Hum. Nach einer einstündigen Rast wurde der Aufstieg in westlicher Richtung auf den Puntarčič (1561 m) fortgesetzt. Ein direkter Angriff auf den Stol-Gipfel war wegen der steilen Felswände undurchführbar.

Besonders schwierig gestaltete sich der Angriff der Einheiten des 3. Bataillons auf den Sattel der Božica Alm, doch schließlich gelang es ihnen den Sattel östlich des Gipfels zu besetzen. Das Kaiserschützenregiment wurde vom 3. Schützenregiment abgelöst, das den Bergrücken besetzte und den Angriff auf den Gipfel vorbereitete.

Vor allem die Dunkelheit und die Witterungsverhältnisse, es lag Schnee, erforderten eine längere Vorbereitung des Gipfelsturms. Am 26. Oktober etwa um 3 Uhr in der Früh gelang es der ersten Einheit, den Gipfel zu erreichen. Damit war die mächtige Verteidigungslinie der Italiener durchbrochen. Einmal mehr muss in diesem Zusammenhang auch festgestellt werden, dass sich die italienischen Soldaten vor allem am Prvi Hum und auf der Alm Božica äußerst tapfer verteidigten. Dass es den Italienern nicht gelang die Offensive zu stoppen, hat natürlich mehrere Gründe. Einer der wesentlichen war diese fürchterliche neue Waffe, das Giftgas, die Angst und Schrecken verbreitete. Die verkrustete Kommandostruktur und die Unfähigkeit der italienischen Oberbefehlshaber haben das ihre dazu beigetragen, dass sich die Truppen auflösten und eine Fluchtbewegung entstand, die auch die Zivilbevölkerung erfasste.

»Das Wunder von Karfreit« und die Besetzung von Kolovrat und Matajur

Beim so genannten »Wunder von Karfreit« handelt es sich im engeren Sinne um den Durchmarsch der deutschen Einheiten von Tolmein entlang der Soča (des Isonzo) bis nach Kobarid (Karfreit). Wie bereits im vorigen historischen Abschnitt erwähnt, beansprucht der österreichische General Krauß seinen Anteil am »Wunder« mit dem Durchbruch bei Flitsch (Bovec). Einige Militärs und Autoren verstehen darunter überhaupt das Gelingen der Offensive im Rahmen der 12. Isonzoschlacht. Dass die 12. Division bereits am ersten Tag der Offensive bis Kobarid (Karfreit) durchmarschierte, war allerdings wirklich etwas Außergewöhnliches. Dabei muss man bedenken, dass die zum großen Teil aus Schlesien stammenden Soldaten normalerweise wie auf einem Präsentierteller für die italienische Artillerie links und rechts des Soča-Tales flussaufwärts marschierten. Die zwei italienischen Verteidigungslinien im Tal wurden großteils durch den konzentrierten Gasbeschuss ausgeschaltet. Nachdem ja kurze Zeit später der Infanterievorstoß durchgeführt wurde, verwendete man Blaukreuzgranaten*. Sie enthielten den Reizstoff Diphenylchlorarcin**. Dieser Reizstoff drang durch die Filter der damaligen Schutzmasken und führte zu einer extremen Reizung der Schleimhäute. Die Folgen waren praktische Sehunfähigkeit, Husten- und Niesanfälle, Erbrechen und starke Brustschmerzen und damit die Kampfunfähigkeit der betroffenen Soldaten. Dieses Gas ist nicht tödlich. Es gibt allerdings die Aussage des Kaiserschützen Hans Hack, der von einem deutschen Gasangriff im Bača-Graben*** südlich von Tolmein (Tolmin) berichtet, bei dem er viele umgekommene italienische Soldaten gesehen habe.**** Das deutet auf einen Angriff mit Grünkreuzgranaten hin, deren Reizstoff***** tödlich ist. Wobei natürlich die Möglichkeit besteht, dass der Veteran den Bača-Graben mit dem Naklo-Graben bei Flitsch (Bovec) verwechselt hat (Kapitel 4).

Das Schießen von 42 Batterien begann um 2 Uhr in der Früh und richtete sich gegen militärisch und strategisch wichtige Positionen im Bereich der Orte Kamno, Vrsno, Selišče, Volarje und Gabrje im Soča-Tal (Isonzo-Tal). Dass dabei Blaukreuzgas verwendet wurde, wird durch die Aussagen des damals 22-jährigen italienischen Leutnants Mario Mucci, der beim Dorf Kamno stationiert war,

---

* Sie waren mit einem blauen Kreuz gekennzeichnet.
** Kurzbezeichnung »Clark«
*** Die Bača ist ein Nebenfluss der Idrijca, die bei Most na Soči (S. Lucia) in die Soča mündet.
**** Simčič, Miro: Die Schlachten am Isonzo, Graz 2003, S.164
***** Phosgen oder Diphosgen: führt zur Verätzung des Lungengewebes.

bestätigt. »Um zwei Uhr in der Nacht, so wie es der Deserteur angesagt hatte, setzte der fürchterliche Artilleriebeschuss ein. Die Geschosse aus Hunderten Geschützrohren verwandelten alles zu Staub. Schreie ertönten: Gas! Die Masken, die Masken! Die Augen der Soldaten brannten, die Kehlen schmerzten. Es breitete sich ein seltsamer Geruch nach fauler Erde und bitteren Mandeln aus.«*
Um 8 Uhr begann der Angriff der Infanterie an der Tolmeiner Front. Im Tal stürmten Einheiten der 12. Division beiderseits der Soča flussaufwärts. Bereits nach einer Stunde hatten die nördlich der Soča vorstürmenden Einheiten die Stellungen westlich von Dolje und die starken Befestigungen vor Gabrje besetzt. Die Reste der Anlage kann man noch heute unterhalb der Brücke über die Sopotnica besichtigen. Trotz des starken Widerstands standen Einheiten des 63. Regiments kurz nach 10 Uhr bereits vor der zweiten italienischen Frontlinie, die vom Weiler Foni am Kolovrat-Abhang quer über das Tal bis Selišče verlief. Auch auf der anderen Flussseite hatte das 23. Regiment nach der Erstürmung einiger Talsperren gegen 11 Uhr die zweite Verteidigungslinie erreicht. Dass die Einheiten der schlesischen 12. Division unter dem Kommando von General Arnold Lequis** derartig rasch vorwärts kamen, hatte drei Gründe. Der Gasbeschuss hatte auf der einen Seite viele Verteidiger kampfunfähig gemacht und auf der anderen Seite in einigen Bereichen zur Panik geführt. Die italienischen Einheiten zwischen dem Krn und dem Mrzli vrh an der rechten Flanke der Angreifer gerieten durch den Angriff der k.u.k. 50. Division in größte Bedrängnis und konnten gar nicht auf die Vorgänge im Tal Einfluss nehmen. Und der Hauptverbündete der Angreifer war der Nebel, der es den Italienern, die am Kolovrat und Matajur saßen, unmöglich machte, in den Kampf einzugreifen. Und als dann zwischendurch der Nebel aufriss und die italienischen Beobachter am Kolovrat und Matajur geschlossene Zweierreihen feindlicher Soldaten Richtung Kobarid (Karfreit) marschieren sahen, waren sie davon überzeugt, dass es sich nur um Gefangene handeln könnte, die nach hinten getrieben wurden. Um etwa 15 Uhr erreichten die ersten Einheiten den Ort Idrsko. Eine Gruppe unter dem Kommando von Major Eichholtz trennte sich von den übrigen Einheiten und stieg in Richtung Livek, das in der Senke zwischen dem Kolovrat und dem Matajur liegt, auf. Um etwa 16 Uhr erreichten die ersten Einheiten den Ort Karfreit (Kobarid). Bereits um 15 Uhr 30 hatte der italienische Hauptmann Platagna ohne die Einwilligung des kommandierenden Generals Alberto Cavaciocchi die Brücke unterhalb

---

* Klavora, Vasja: Schritte im Nebel, Klagenfurt 1995, S. 303
** *2. 2. 1861 in Dillenburg, †16. 2. 1949 in Wiesbaden, Träger des Pour le Merite Ordens mit Eichenlaub

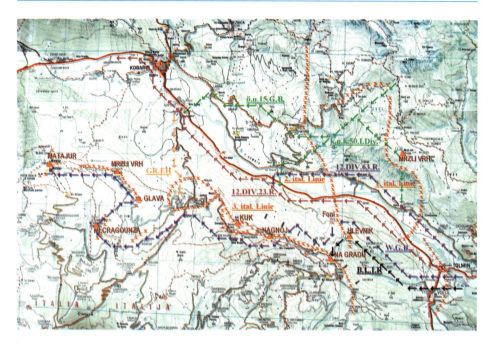

Die Karte mit der Offensive im Rahmen der 12. Isonzoschlacht von Tolmein bzw. der Alm Sleme und dem ostseitigen Mrzli vrh aus. Die wichtigsten militärischen Einheiten: k.u.k.50.I.Div.: k.u.k. 50. Infanteriedivision; ö.u.15.G.B.: österreichisch-ungarische 15. Gebirgsbrigade; 12.Div.63.R./23.R.: 12. Division 63. Regiment / 23. Regiment (Schlesier); W.G.B.: Württembergisches Gebirgsbataillon (Rommel); B.L.I.R.: Bayrisches Leibinfanterieregiment (Schörner); B.1.I.R.: Bayrisches 1. Jägerregiment; Gr.EH.: Gruppe Eichholtz

Karfreits gesprengt. Tausende italienische Soldaten unterhalb des Krn-Massivs hatten dadurch keine Möglichkeit mehr sich zurückzuziehen und gerieten großteils in Gefangenschaft. Auch die vordersten Einheiten der ö.u. Soldaten, die von der Planina Sleme und vom Mrzli vrh angegriffen hatten, marschierten mit den Einheiten der schlesischen 12. Division in Karfreit ein.

Dass der Angriff des deutschen Alpinkorps über den Höhenrücken des Kolovrats nicht in derselben Geschwindigkeit erfolgen konnte wie im Tal, erklärt sich schon allein aus der Beschaffenheit des Geländes. Die Bergkette erreicht zwar nur Meereshöhen von 1.000 bis etwas über 1.600 Meter, aber die Hänge sind von großer Steilheit und Tolmein liegt auf einer Seehöhe von 200 Metern.

Bei meinen Recherchen zu dieser Arbeit traf ich im Spätherbst 2012 am Stol-Gipfel auf eine Gruppe von jüngeren Slowenen, mit denen ich ins Gespräch kam. Sobald ich den Ersten Weltkrieg erwähnte, zeigten die jungen Leute sofort auf den gegenüberliegenden Matajur und erwähnten den Namen Rommel. Auf meine Frage, ob sie etwas über andere Berge wie den Stol, Rombon oder Krn und deren Geschichte während des 1. Weltkrieges wüssten, verneinten sie dies. Der Mythos Rommel, den das nationalsozialistische Deutschland während des 2. Weltkrieges aufgebaut hat, ist offensichtlich bis heute selbst in der Generation der 20–30jährigen lebendig.

Dieser Erwin Rommel* war als Oberleutnant Kompaniekommandant im Württembergischen Gebirgsbataillon. Im 2. Weltkrieg wurde er von den Nationalsozialsten zum Soldaten, der alle militärischen Tugenden in sich vereint, hochstilisiert. Mit seinem Ehrgeiz und dem Drang zur Selbstinszenierung war er dafür geradezu prädestiniert. Nachdem die Propaganda der Nazis sogar seinen Lebenslauf verfälschte, er wurde zum Arbeiterkind und zum Mitglied von SA und NSDAP**, wurde auch sein Einsatz am Isonzo besonders heldenhaft dargestellt. Für die Nazis war er der militärische Messias, der das »Wunder von Karfreit« bewirkt hatte. Faktum ist, dass er ein bedingungsloser Gefolgsmann Hitlers war und in diesem System den höchsten militärischen Rang eines Generalfeldmarschalls erreichte. Inwieweit er zum Widerstand des Juli 1944 gehörte, ist nach wie vor umstritten. In seinem Buch »Invasion 1944 – Ein Beitrag zu Rommels und des Reiches Schicksal« von Hans Speidl***, das 1949 erschienen ist, wird Rommel als Mitglied der Widerstandsbewegung genannt. Die Witwe Rommels widersprach dieser Aussage, weil er (Rommel) immer Soldat und nie Politiker gewesen sei. Im Oktober 1944 wurde Rommel das vermeintlich belastende Material vorgelegt. Danach wurde ihm eine Zyankaliampulle zur Verfügung gestellt, mit der er seinem Leben ein Ende setzte. Offiziell wurde als Todesursache eine Embolie als Folge seiner schweren Verletzungen, die er im Frühjahr bei einem Tiefliegerangriff erlitten hatte, angegeben. Um den Mythos nicht zu beschädigen, hatte man schon den Tiefliegerangriff als Autounfall hingestellt. Beim Staatsbegräbnis schloss der Trauerredner Rundstedt**** mit folgendem Satz: »…sein Herz gehörte dem Führer.« Rommel war sicher nicht der untadelige Überheld. Aber er war ein hervorragender Offizier, dessen extremer Ehrgeiz allerdings auch viele Soldaten ins Verderben führte. Und am Ende gehörte »sein

---

* *15. 11. 1891 in Heidenheim an der Brenz; †14. 10. 1944 in Herrlingen bei Ulm

** Sein Vater war Rektor einer Schule, und er war nie Parteimitglied.

*** *28. 10. 1897 in Metzingen; †28. 11. 1984 in Bad Honef, Stabschef der Heeresgruppe B unter Rommel, Mitglied des Widerstandes 1944. Er wurde nach dem Attentatsversuch als »nicht schuldig aber verdächtig« eingestuft und deshalb nicht hingerichtet.

**** Gerd von Rundstedt, *12. 12. 1875 in Aschersleben,; †24. 2. 1953 in Hannover, Oberbefehlshaber der Heeresgruppe West

Vom Stol-Rücken aufgenommen: Der Matajur, jener Berg, auf dem der Mythos Erwin Rommel seinen Anfang nahm.

Herz sicher nicht mehr dem Führer«. Unter Androhung der Verfolgung seiner Familie haben ihn die Nazis zum Suizid gezwungen.

Wie Rommel erhielt auch ein zweiter Kompaniekommandant für seinen Einsatz bei der Offensive am Kolovrat den Pour le Merite. Ferdinand Schörner* gehörte zum Bayrischen Leibinfanterieregiment. Ihm gelang es mit seiner Einheit in die stark befestigte Anlage von Na gradu einzudringen und sie zu besetzen. Seine Karriere in Nazideutschland führte ebenfalls zum Generalfeldmarschall, Hitler ernannte ihn in seinem Testament noch zum deutschen Oberbefehlshaber. Allein die Beinamen, die er während des 2. Weltkrieges erhielt, reichen für die Charakterisierung: blutiger Ferdinand, Hitlers brutalster General, Bluthund, größter Kameradenschinder aller Zeiten, letzter Tyrann von Athen, Schlächter von Riga, um nur einige zu nennen. Im März 1945 befahl Schörner, den General Hans von Rohr zu liquidieren, weil dieser sich geweigert hatte, unzureichend bewaffnete deutsche Soldaten wegen ihrer Flucht vor sowjetischen Panzern hinrichten zu lassen. Das OKH** milderte das Urteil auf

---

* *12. 6. 1882 in München; +2. 7. 1973 ebenda; 1945 letzter Oberbefehlshaber der deutschen Armee
** Oberkommando des Heeres

Degradierung und Bewährungseinsatz, weil Hitlerdeutschland schön langsam die Soldaten ausgingen. Schörner setzte sich allerdings kurze Zeit später von seiner Truppe ab, tauchte in Tirol unter, wurde von den Amerikanern verhaftet und an die Sowjetunion ausgeliefert. Wegen seiner Kriegsverbrechen wurde er zu 25 Jahren Zwangsarbeit verurteilt. 1955 kam er nach Deutschland zurück, wo er wegen seiner Todesurteile und deren Vollstreckungen zu einer 4 ½ jährigen Haftstrafe verurteilt wurde. Aus gesundheitlichen Gründen wurde er 1960 aus der Haft entlassen, und 1963 erhielt er von Bundespräsident Lübke einen Teil seiner Offizierspension zugesprochen. Selbst konservative Politiker wandten sich von ihm ab, in erster Linie allerdings deshalb, weil er seine Truppe in Stich gelassen hatte und nicht wegen seiner Verbrechen gegen die Menschlichkeit.

Wie im gesamten Angriffsbereich dauerte der Artilleriebeschuss von 2 Uhr bis 5 Uhr in der Früh. Anfangs schossen die Italiener phasenweise zurück, mit der Zeit verstummte die italienische Artillerie. Ab 6 Uhr 30 setzte der Brisanzbeschuss auf das gesamte Verteidigungssystem ein, wobei die Konzentration auf den vorderen italienischen Stellungen lag. Der italienische Leutnant Sironi erwähnt, dass es keinen Quadratmeter Erdoberfläche gegeben habe, der nicht von einem Geschoss getroffen worden wäre.* Um 8 Uhr erfolgte der Angriff des Deutschen Alpenkorps auf den Kolovrat. Von Tolmein gesehen links stürmte das Bayrische 1. Jägerregiment, in der Mitte das Bayrische Leibinfanterieregiment und knapp dahinter an der rechten Flanke das Württemberger Gebirgsbataillon. Das Ziel war die stark befestigte Anhöhe Na gradu (1.114m). Das Bayrische Leibregiment, an dessen Spitze sich die Einheit Schörners befand, griff über die Kovačičeva planina die Stellungen am Berg Hlevnik (886m) an. Für den Flankenschutz war die Einheit Rommels zuständig. Das Gros der Württemberger unter Major Stroesser stieß gegen den Weiler Foni vor. Das Bayrische 1. Jägerregiment hatte die äußerst schwierige Aufgabe über die steilen Bergrücken südlich des Kamnica-Baches über den Veliki špik (726m) und den Berg Sleme (865m) und dann über den Grat bis zur Kote 1114 (Na gradu)** vorzudringen.

Ohne größeren Widerstand konnten die Truppen des deutschen Alpenkorps das Tal bei Tolmein überqueren und die Ortschaft Volče (Woltschach) besetzen. Nachdem Einheiten des Bayrischen Leibinfanterieregiments den Hlevnik besetzten, wollte Rommel mit seinen Württembergern weiter in Richtung Na gradu vordringen. Der Kommandant des Leibregiments untersagte ihm jede

---

* Klavora, Vasja: Schritte im Nebel, Klagenfurt 1995, S. 303
** Der Gipfel heißt Mt. Poclabuz.

Aktivität und bot ihm an, den Bereich von Na gradu nach dessen Eroberung durch das Bayrische Leibregiment zu besetzen und zu sichern. In seinem Buch »Infanterie greift an«, das 1937 erschien, ereifert sich Rommel über die Einschränkung und betont, dass er nur Befehle seines Kommandanten (Major Sproesser) entgegennehme, da dieser dienstälter sei. Zu diesem Zeitpunkt weiß Rommel nicht, dass eine Einheit der »Leiber«, wie er sie geringschätzig nennt, unter der Führung Schörners durch eine schmale Lücke in die Verteidigungsanlagen von Na gradu eingedrungen ist und diese besetzt hat. Am Abend erfährt Rommel, dass die Württemberger unter Major Sproesser die Stellungen beim Weiler Foni besetzt haben. Als Major Sproesser um 5 Uhr in der Früh bei Rommel eintrifft, unterbreitet ihm dieser den Plan, unterhalb nordöstlich des Kolovrat vorzugehen und an geeigneter Stelle die italienischen Linien zu durchbrechen. Statt der geforderten 4 Schützen- und 2 MG-Kompanien erhält er die Hälfte. Etwa 200 bis 400 Meter unterhalb der italienischen Stellungen gehen die Einheiten Rommels vor. Dabei gelingt es einer Einheit, eine italienische Feldwache von 40 Mann mit 2 MG* zu überrumpeln, ohne einen Schuss abgeben zu müssen. Nach ungefähr 2 Kilometern zwischen der Höhe 1.174 und dem M. Nachnoi (Nagnoj) beschließt Rommel den Durchbruch. Trotz des starken Widerstands gelingt das Unternehmen nicht zuletzt deshalb, weil die Italiener mit keinem Angriff rechnen. Denn 2 Kilometer weiter südöstlich bei Na gradu sind die deutschen Angreifer in schwere Kämpfe mit italienischen Reserveeinheiten verwickelt. Am zweiten Tag der Offensive ist ein Streifen von etwa 800 Metern östlich des Nagnoj in der Hand der Angreifer. Dass sich die italienischen Einheiten östlich des Kuk (1.243 m) eingraben, anstatt einen Gegenangriff zu starten, bedeutet höchstwahrscheinlich die Rettung für Rommels Soldaten. Dadurch kann der größere Teil der Württemberger mit Major Sproesser zum Nagnoj nachrücken.

Für den Zeitpunkt 11 Uhr 15 hat Rommel als Vorbereitung für den Angriff auf den Kuk einen halbstündigen Artilleriebeschuss angefordert. Noch vor dem Angriffszeitpunkt treffen die ersten Soldaten des Leibregiments im Sattel östlich des Nagnoj ein. Der Angriff auf den Kuk erfolgt von drei Seiten. Während die Italiener auf den Infanterieangriff auf der Ostseite des Kuk warten und sich gegen das Dauerfeuer vom Nagnoj zur Wehr setzen, umgehen Einheiten der Württemberger und der Bayern auf der maskierten** Höhenstraße im Süden den

---

* Maschinengewehre
** gedeckt, geschützt

Kuk. Die Italiener auf dem Berg können in die Straße nicht einsehen. Nach der Besetzung der Ortschaft Ravne beschließt Rommel mit den vorderen Einheiten in Richtung Jevšček vorzugehen, um die Straßenverbindung und damit den italienischen Nachschub zu unterbinden. Eigentlich hätte er ja die Italiener auf dem Kuk von hinten sozusagen in die Zange nehmen sollen. Das wollte er aber, wie er in seinen Aufzeichnungen erklärt, nachkommenden Einheiten überlassen. Zwischen den Zeilen in Rommels Aufzeichnungen kann man die echten Beweggründe für sein Vorstürmen leicht herauslesen. Die Gruppe Eichholtz, ein Teil der 12. Division, steht bereits in Golobi kurz vor Livek im Feuerkampf mit der italienischen Artillerie in Avsa und Perati und ist damit räumlich dem Matajur bereits näher. Wenn er mit seinen Leuten den Kuk erstürmt hätte, wären unter Umständen nachkommende Einheiten des Bayrischen Leibregiments an die Spitze der Offensive gelangt. Und dann hätte es sein können, dass die »Leiber« vielleicht nach Na gradu auch die zweite italienische Bastion, den Matajur, vor ihm erreichen.

Im Tal südlich von Livek gelingt es den Einheiten Rommels mit Unterstützung der nachkommenden 3. Kompanie über 2.000 Mann der 4. Bersaglieri-Brigade gefangen zu nehmen. In der Zwischenzeit haben die übrigen Teile des Württemberger Gebirgsbataillons unter Major Sproesser die Ortschaft Livek erreicht und die Italiener auf die Matajur-Straße und die Osthänge des Mrzli vrh zurückgedrängt. Rommel rückt mit seinen Einheiten (3 Infanteriekompanien, 3 MG-Kompanien und 1 Nachrichtenkompanie) in südwestlicher Richtung gegen Jevšček vor. Nach Einbruch der Dunkelheit wird die Ortschaft Jevšček erreicht. Die italienischen Stellungen östlich des Ortes und der Ort selbst sind nicht besetzt. Noch vor Tagesanbruch gelingt es einer Einheit durch eine während der Nacht ausgekundschafteten Lücke in der italienischen Verteidigungslinie in nordwestlicher Richtung vorzustoßen. Gleichzeitig erfolgt der Angriff des Hauptteils gegen die Stellungen eines italienischen Regiments nördlich von Jevšček. Durch das Auftauchen der Württemberger im Rücken sind die Italiener davon überzeugt, dass sie abgeschnitten sind und das Regiment mit gut 1600 Mann ergibt sich. Dann erfolgt der Frontalangriff auf den Monte Cragounza (1.077 m). Um 7 Uhr 15 erreicht die 2. Kompanie den Gipfel. In dieser Situation zeigt sich einmal mehr der übersteigerte Ehrgeiz Rommels, der weder auf seine nachrückenden Truppenteile noch auf die von Avsa heranrückenden anderen Teile des deutschen Alpenkorps wartet. Ohne ihnen eine Pause zu gönnen, treibt er die Soldaten weiter gegen den vor ihm liegenden Höhenrücken des Mrzli vrh

(1.358 m)*. Die erschöpften Truppen erstürmen mit den auf einen Zug zusammengeschmolzenen Resten der 2. Kompanie die Höhe 1.193 (Glava) zwei Kilometer westlich des Ortes Avsa. Erst jetzt, nachdem Rommel nur mehr wenige Soldaten zur Verfügung hat, beschließt er auf nachfolgende Truppenteile zu warten. Um 10 Uhr hat er dann wieder zwei Schützenkompanien und eine MG-Kompanie zusammen, mit denen er den Angriff fortsetzt.

Interessanterweise hält Rommel in seinen Aufzeichnungen fest, dass er mittels Leuchtzeichen Artillerieunterstützung anfordert, obwohl er vorher anführt, dass er keine Möglichkeit gehabt hätte, mit anderen Truppenteilen in irgendeiner Form Kontakt aufzunehmen. Nachdem die deutschen Granaten am Südosthang des Mrzli vrh einschlagen und die Italiener durch das MG-Feuer vom Glava (Anhöhe 1193) festgehalten werden, gehen die zwei Schützenkompanien knapp unterhalb der Höhenstraße in westlicher Richtung um den Mrzli vrh herum, um anschließend gegen Flanke und Rücken des Berges anzugreifen. Die Italiener ziehen sich darauf auf die Ost- bzw. Nordseite zurück. Immer mehr italienische Soldaten sammeln sich im Bereich eines kleinen Sattels zwischen den beiden Anhöhen des Mrzli vrh und treffen keine wie immer gearteten Vorbereitungen für einen Gegenangriff oder Rückzug in Richtung Matajur. Als die vorderste Einheit nur mehr 150 Meter vor den Italienern ist, werfen die plötzlich die Waffen weg und laufen mit lauten »Evviva Germania«-Rufen den Hang herunter. Offiziere, die sich ihnen entgegenstellen werden einfach umgerannt. Einer soll sogar von den eigenen Leuten erschossen worden sein. Für sie ist der Krieg endlich zu Ende. 1500 Mann des 1. Regiments der Brigade Salerno marschieren als Gefangene die Matajur-Straße hinunter.

Bereits beim Vormarsch der Deutschen am Westhang des Mrzli vrh setzt starkes MG-Feuer der Italiener von den Anhöhen vor dem Matajur ein. Schleunigst müssen die Angreifer unterhalb der Höhenstraße Deckung suchen.

In diesem Moment erreicht Rommel der Befehl seines Kommandanten, dass das Württembergische Gebirgsbataillon sofort umzukehren habe und zum Mt. Cragounza zurückmarschieren müsse. Mit Ausnahme der 100 Schützen und der Bedienungsmannschaften von 6 schweren Maschinengewehren, die direkt dem Befehl Rommels unterstehen, halten sich alle an den Bataillonsbefehl. Rommel begründet das damit, dass der Bataillonsbefehl in Unkenntnis der Kampflage

---

* Nicht zu verwechseln mit dem Berg gleichen Namens auf der anderen Seite des Soča-Tales, der einen Meter höher ist!

Unterhalb der Matajur-Straße, die teilweise noch heute im Originalzustand erhalten ist, gingen Rommels Einheiten gegen den Matajur vor. Hinten der Westhang des Mrzli vrh.

erfolgt sei, und er setzt seinen Angriff trotz der »lächerlich geringen Kopfzahl«* fort. Weiters betont er, dass jeder Württemberger 20 Italiener aufwiege. Im Schutz des Südosthanges umgehen die Angreifer die Stellungen im Bereich der Höhe 1450 (Glava)**. Aus südlicher Richtung wird der Felsgrat in Richtung

---

* Rommel, Erwin: Infanterie greift an, Bonn 2010, S.248
** deutsch: (Fels)Kopf, Vorgipfel des Matajur, nicht ident mit der Anhöhe 1193 gleichen Namens südöstlich des Mrzli vrh

»DAS WUNDER VON KARFREIT«

Über diesen Hang erreichten die Soldaten Rommels den Matajur-Gipfel. Anstelle der kleinen Kirche, die sich heute am Gipfel befindet, stand damals ein altes verfallenes Grenzwachhaus.

Matajur mit MG-Feuer belegt. Auch hier legen die italienischen Soldaten (2. Regiment der Brigade Salerno) ihre Waffen nieder. Blitzschnell lässt Rommel die Offiziere von der restlichen Mannschaft trennen, bevor jene merken, dass sie vor einer Handvoll Soldaten kapituliert haben. Der Versuch direkt über den Südhang anzugreifen scheitert wegen des starken italienischen MG-Feuers aus den Stellungen im Gipfelbereich. Rommel weicht nach Osten auf den felsigen Grat aus. Dabei überraschen sie eine italienische Kompanie, die sich nördlich unterhalb des Grates im Feuergefecht mit Spähtrupps der 12. Division befindet, die aus dem Natisone-Tal vom Mt. della Colona (Visoká glava 1.541 m) aufsteigen. Das plötzliche Auftauchen in ihrem Rücken zwingt sie zur kampflosen Übergabe. Während der Vorbereitung zum Gipfelsturm gibt die italienische Besatzung Zeichen zur kampflosen Übergabe.

Am 26. Oktober 1917 um 11 Uhr 40 ist der Gipfel gefallen. Ein Spähtrupp des I.R. 23, der von Norden aufgestiegen ist, stößt am Gipfel zu ihnen. Rommel gewährt seinen Soldaten »großzügigerweise« eine Stunde Pause. Rommels Einheit vor allem war mit kleinen Pausen 52 Stunden meist an vorderster Linie im Einsatz, wenngleich ihnen diese Aufgabe nicht immer zugeteilt war. Die schweren Waffen tragend überwanden sie dabei 2.400 Höhenmeter aufwärts und 800 bergab auf einer Luftlinie von 18 Kilometern. Ich habe das historische Kapitel über die Eroberung des Kolovrat und des Matajur bewusst etwas ausführlicher und detaillierter behandelt. Ein Grund dafür sind die Aufzeichnungen Rommels, die es ermöglichen zumindest seinen Vormarsch weitgehend nachzuvollziehen. Die zweite Begründung ist die Entheroisierung der historischen Person Rommel. Erst in letzter Zeit hat man begonnen seine Rolle im 2. Weltkrieg etwas kritischer zu betrachten und dasselbe sollte auch für den 1. Weltkrieg gelten. Wobei klar ist, dass seine Soldaten und er als Kommandant militärisch gesehen sicher herausragende Leistungen vollbrachten. Aber aus seinen eigenen Aufzeichnungen geht einwandfrei hervor, dass er manchmal in fast krankhaftem Ehrgeiz seinen Zielen alles andere unterordnete. Dabei missachtete er sogar Regimentsbefehle, nur um möglichst immer der Erste zu sein. Wobei er mehrmals davon profitierte, dass italienische Einheiten einfach diesen fürchterlichen Krieg nicht mehr fortsetzen wollten. »Nacheinander wurden innerhalb von 28 Stunden fünf frische italienische Regimenter von der schwachen Abtlg. Rommel im Kampf überwältigt. Die Gefangenenzahl und Beute der Abtlg. Rommel betrug dabei: 150 Offiziere, 9000 Mann, 81 Geschütze. Nicht inbegriffen sind in dieser Zahl die feindlichen Verbände, die, nachdem sie abgeschnitten waren, auf dem Kuk, um Lucio (Livek), in den Stellungen am Ost- und Nordhang des Mrzli vrh und auf den Nordhängen des Mt. Matajur die Waffen streckten und sich willig in die Gefangenenkolonnen einreihten, die Tolmein zustrebten. Unverständlich war vor allem das Verhalten des 1. Regiments der Brigade Salerno auf dem Mrzli vrh. Ratlosigkeit und Untätigkeit haben hier zur Katastrophe geführt. Der Kriegsrat der Masse untergrub die Autorität der Führer. Schon ein einziges MG., bedient von Offizieren, hätte die Lage retten, zum mindesten aber dem Regiment einen ehrenvollen Untergang sichern können. (...) Heute (1937) ist die italienische Armee eine der besten der Welt. Sie ist beseelt von neuem Geist und hat die Probe ihres hohen Könnens in dem äußerst schwierigen Feldzug gegen Abessinien abgelegt.«* Die Aussage, dass mehr als 9.000 Soldaten im Kampf von der Abteilung Rommel überwältigt worden wären, ist zumindest etwas übertrieben. Viele der italienischen Soldaten legten die Waffen nieder, weil sie von vorne und von hinten angegriffen wurden. Dazu kam, dass die nachrückenden Einheiten die eroberten Bereiche gegen

---

* Rommel, Erwin: Infanterie greift an, Bonn 2010, S.251 u. 252

angreifende Reserve-Einheiten der Italiener verteidigen mussten, während Rommel weiter nach vorne marschierte. Über Rommels Unverständnis für das Niederlegen der Waffen durch das 1. Regiment der Brigade Salerno am Mrzli vrh braucht man eigentlich keine Worte verlieren. Dass es Menschen gibt, denen ihr Überleben wichtiger ist als der ehrenvolle Tod für König und Vaterland, war für ihn nicht zu begreifen. Und seine im Jahr 1937 getätigte Aussage über den »glorreichen« Feldzug der Italiener gegen Abessinien (Äthiopien)* zeigt bereits seine bedingungslose Treue gegenüber Hitler, der ja mit Mussolini 1936 die Achse Berlin-Rom gebildet hatte. Auch die Tatsache der geringen Verluste seiner Abteilung an den drei Angriffstagen mit 6 Toten und 30 Verwundeten** weist darauf hin, dass er nicht andauernd in gefährliche Kämpfe verwickelt war. Denn allein im deutschen Beinhaus am linken Soča-Ufer bei Tolmein liegen über 1000 deutsche Soldaten, die in diesen drei Tagen der Offensive umgekommen sind. Interessant ist auch, dass gleich nach der Eroberung des Matajur Leutnant Walther Schnieber*** aus dem deutschen 63. Regiment, der mit seinen Leuten vom Natisone-Tal kommend zum Zeitpunkt der Gipfeleroberung ein paar hundert Meter entfernt war, bereits am 27. Oktober mit dem »Pour le Mérite« ausgezeichnet wurde. Die Kompanie Schnieber hatte bereits am Vortag den Monte della Colona (1.541 m) besetzt, der nur etwa 700 Meter Luftlinie entfernt nördlich des Matajur-Gipfels liegt. Der Spähtrupp, der am Gipfel zu Rommels Einheit gestoßen war, gehörte zum 23. Infanterieregiment und wurde außerdem von einem Unteroffizier**** angeführt. Rommels Proteste wiegelte sein Vorgesetzter Major Sproesser wohl wegen dessen eigenmächtigen Verhaltens zunächst ab. Worauf sich dieser direkt an dass Militärkabinett des Kaisers wandte. Am 12. Dezember erhielten sowohl Rommel als auch Sproesser in Longarone***** ebenfalls diese Auszeichnung.

Mit dem Fall des Matajur war die italienische Verteidigungsbarriere endgültig durchbrochen und der Weg nach Oberitalien für die Mittelmächte frei. Dieser »Sieg« endete allerdings ein Jahr später mit dem Fiasko am Piave, was wiederum zum Zerfall der Donaumonarchie führte.

---

* 1935–1936; Bewaffnung: Italien: 1.400 Geschütze, 500 Panzer, 500 Flugzeuge – Abessinien: ca. 25 Panzer; Italiener setzten den Kampfstoff Senfgas (Yperit) auch gegen die Zivilbevölkerung ein und bombardierten gezielt Lazarette des Roten Kreuzes und des Roten Halbmondes.
** Rommel, Erwin: Infanterie greift an, Bonn 2010, S. 252
*** Er ist am 3. September 1918 in Cambrai (Frankreich) gefallen.
**** Nur Offiziere konnten den Pour le Merite erhalten.
***** Ort in Tal des Piave, ca. 20 km nördlich von Belluno

Nachwort

Kurz nach dem Ende des Krieges erzählte man sich in Österreich einen Graf-Bobby-Witz, der in sarkastischer Weise die Absurdität dieses Krieges auf den Punkt bringt. Da ist von der wunderschönen Armee die Rede, die man g'habt hat, von den Husaren und Dragonern, den bunten Federbuschen und den prächtigen Fahnen, dazu die Deutschmeister und erst die Regimentsmusik. »Es war die schönste Armee der Welt. Und was haben's g'macht mit der Armee? In Krieg haben sie's g'schickt!«

Aber nicht nur das Ende des multiethnischen Habsburgerreiches wurde besiegelt, der 1. Weltkrieg, den die Franzosen und die Briten nach wie vor als den »Großen Krieg« bezeichnen, war der Beginn einer Katastrophe, die eigentlich erst im Herbst 1989 mit dem Fall er Berliner Mauer ein vorläufiges Ende fand. Denn nach dem Ende des 2. Weltkrieges mit seinen 50 Millionen Toten, der halb Europa in Schutt und Asche gelegt hatte, folgte fast ein halbes Jahrhundert lang der »Kalte Krieg« mit all den Stellvertreterkriegen. Manche Historiker sprechen vom europäischen Bürgerkrieg oder vom Weltbürgerkrieg, und vielleicht wird man in ferner Zukunft Bücher über den »Fünfundsiebzigjährigen Krieg« verfassen.

Selbst die industrielle Ermordung von Millionen Menschen in der NS-Zeit hängt mit der neuen Technik der Gewalt zusammen, die im 1. Weltkrieg ihren Ursprung hat. Dieser Krieg war der erste wirklich »moderne« Krieg. Die Technisierung bei den Geschützen führte zu Dimensionen, die einen heute noch erschauern lassen. Die Maschinengewehre, die Mussolini als »Motorräder des Todes« bezeichnete, mähten im wahrsten Sinn des Wortes unzählige Reihen von anstürmenden Soldaten auf allen Seiten nieder. Feindliche Stellungen, ja ganze Berggipfel wurden durch Minensprengungen in die Luft gejagt. Eine große Anzahl von Menschen liegt heute noch unter den Gesteinstrümmern begraben. Die chemische Waffe des Giftgases kam erstmals zum Einsatz. Sowohl die Luftwaffe und die U-Boote als auch die Panzerwaffe wurden entwickelt.

Die Hauptursachen für Gewalt und Krieg haben sich bis heute nicht geändert: Imperialismus, Revanchismus und Nationalismus. Weder der Völkerbund nach dem Ersten noch die Vereinten Nationen nach dem Zweiten Weltkrieg konnten auch nur ansatzweise eine Lösung bringen. Erst die Europäische Gemeinschaft für Kohle und Stahl 1952, die dem Revanchismus zwischen Frankreich und Deutschland ein Ende setzte, brachte den ersten Durchbruch. Sechzig Jahre später erhielt die Nachfolgeorganisation namens EU den Friedensnobelpreis, was für nicht wenige unverständlich war und zu vielfacher Kritik führte. Aber der Ausgleich der Interessen und die Solidarität innerhalb dieser Gemeinschaft sind an die Stelle der Gewalt getreten, und das allein rechtfertigt diese Verleihung, weil es das vorher einfach noch nie gegeben hat. Die nationalen Tendenzen in Europa zeigen uns allerdings, dass die gefährlichen Geister nach 100 Jahren nach wie vor lebendig sind. Faschistoides Denken ist fast schon gesellschaftsfähig geworden und rechte Parteien fahren mit nationalistischen Parolen Wahlsiege ein. Auch die zweite Hauptquelle der Gewalt, der Imperialismus, bestimmt nach wie vor das politische Weltgeschehen. Dazu gehören westliche Militäraktionen in jüngster Vergangenheit genauso wie die neuimperialistischen Aktionen eines Putin in der Ukraine oder in Armenien.

»Die Geschichte lehrt die Menschen, dass die Geschichte die Menschen nichts lehrt«, hat Mahatma Gandhi einst gesagt. Da stellt sich natürlich die Frage, ob man Bücher, wie dieses, überhaupt noch schreiben sollte. Aber wenn vielleicht der eine oder der andere durch die Konfrontation mit der Realität und der Absurdität von Kriegen als extremste Form der Gewalt zur Erkenntnis kommt, dass man damit nie Konflikte löst, sondern immer neue und größere schafft, ist doch etwas gewonnen.

»Solange man den Krieg als etwas Böses ansieht, wird er seine Anziehungskraft behalten. Erst wenn man ihn als Niedertracht erkennt, wird er seine Popularität verlieren.« (O. Wilde)[1]

---

1 Wilde, Oscar: irischer Dichter; *16. 10. 1854 in Dublin, +30. 11. 1900 in Paris

Quellen- und Literaturverzeichnis

CABANES, Bruno & DOMÈNIL, Anne: Der Erste Weltkrieg, Darmstadt 2013
FEST, Werner: Spurensuche am Isonzo, Klagenfurt-Wien 2011
FERGUSON, Niall: der falsche Krieg, München 2001
HEINDL, Hanns: Im Banne der Julier, Villach 1997
HANSLIAN, Dr. Rudolf: Der chemische Krieg, Berlin 1927
HOLZER, Anton: Die andere Front, Darmstadt 2007
KELLER, Fritz: Die Pölzers. Eine sozialdemokratische Familien-Saga, Wien 2014
KLAVORA, Vasja: Blaukreuz, Klagenfurt-Laibach-Wien 1993
Schritte im Nebel, Klagenfurt-Laibach-Wien 1995
KRAUSS, Alfred: Das »Wunder von Karfreit«, München-Berlin 1937
KUGY, Dr. Julius: Die Julischen Alpen im Bilde, Graz 1943
MUSSOLINI, Benito: Mein Kriegstagebuch, Zürich-Wien-Leipzig 1930
PUST, Ingomar: Die steinerne Front, Graz-Stuttgart 1980
RAJŠP, Vincenc: Isonzofront 1915-1917. Die Kultur des Erinnerns, Wien-Ljubljana 2010
ROMMEL, Erwin: Infanterie greift an, Bonn 2010
SCHAUMANN, Gabriele u. Walther: Unterwegs zwischen Save und Soča, Klagenfurt-Laibach-Wien 2002
SCHAUMANN, Walther: Schauplätze des Gebirgskrieges IIIb, Cortina d'Ampezzo 1978
SIMČIČ, Miro: Die Schlachten am Isonzo, Graz 2003
STEVENSON, David: Der Erste Weltkrieg, Düsseldorf 2006
STRACHAN, HEW: Der Erste Weltkrieg, München 2004
SVOLJŠAK, Petra: Die Isonzofront, Laibach 1994
VON HOEN, Max: Geschichte des salzburgisch-oberösterreichischen K.u.k. Infanterie-Regiments Erzherzog Rainer Nr. 59 für den Zeitraum des Weltkrieges 1914-1918, Salzburg 1924
VON LICHEM, Heinz: Gebirgskrieg 1915-1918, Bozen 2001
WEBER, Fritz: Das Ende einer Armee, München 1938
Der Alpenkrieg, Salzburg 1996
WEITHALER, Ludwig u. EISENSTECKEN, Hans: Kamerad Dollfuß. Mit dem Bundeskanzler an der Front, Innsbruck 1934
WESTWELL, IAN: Der Erste Weltkrieg, Fränkisch-Crumbach 2012

Dank

Mein besonderer Dank gilt Frau Gabriele Schaumann, Herrn Michael Wechtitsch und dem Museum Kobarid für die Unterstützung und für das historische Bildmaterial sowie der Firma Kartografija Ljubljana für die Genehmigung der Verwendung ihres Landkartenmaterials.

Bildmaterial:

MK – Museum Kobarid

WS – Archiv Walther Schaumann

MW – Sammlung Michael Wechtitsch

Die nicht gekennzeichneten Fotos stammen vom Autor bzw. aus dessen Archiv.

Landkartenausschnitte:
Izletniška karta Zgornje Posočje – FA

Kartografija Ljubljana

Berg- und Ortsbezeichnungen

Für viele Berge und Orte gibt es mehrere Namen in friulanischer / italienischer, slowenischer und deutscher Sprache. Die wichtigsten führe ich in diesem Verzeichnis nach den Buchkapiteln geordnet an.

1. K.:	Mt. Nero	Črni vrh	Schwarzenberg
	Jôf di Miezegnot	Poldašnja špica	Mittagskofel
	Mt. Piper	Pipar	...
	Due Pizzi	Dve špici	Zweispitz
	Jôf di Sompdogna	Krniška glavica	Köpfach
	Cima del Cacciatore	Kamniti lovec	Steinerner Jäger
	Tarvisio	Trbiž	Tarvis
	Camporosso/Cjamparos	Žabnice	Saifnitz
	Valbruna	Ovčia vas	Wolfsbach
	Pontebba/Pontébe	Pontabelj	Pontafel
2. K.:	Nabois grande	Veliki Nabojs	Großer Nabois
	Forcella del Vallone	Kor-Scharte	...
	Cima del Vallone	Trbiške Krniška špica	Kor-Spitze
	Cima Alta di Riobianco	Visoka Bela špica	Hohe Weißenbachspitze
	Forcella Mose	Škrbina Zadnje Špranje	Moses-Scharte
	Jôf Fuart	Viš	Wischberg
	Cime Castrein	Koštrunove špica	Kastreinspitze
	Monte Cregnedul	...	...
	Foronon del Buinz	Špik nad Nosom	...
	Forca del lis Sieris	Rinnenscharte	...
	Cime Gambon	Špik Hude police	...
	Cima di Terra Rossa	...	...
	Cima Verde	Vrh Brda	...
	Jôf di Montasio	Montaž	Montasch (Pramkofel)
	Torre Genziana	Turn pod Cijanerico	Enzianturm
	Cave del Predil	Rabelj	Raibl
	Sella Nevea	Nevejski preval v. Žlebeh	...
3. K.:	Mt. Canin (Alto Canin)	Visoki Kanin	Kanin
	Sella Prevala	...	Prevala-Scharte
	Rombon	Veliki vrh	Rombon
	...	Čukla	...
	Log pod Mangartom	...	Mittelbreth
	Plezzo	Bovec	Flitsch

4. K.:	...	Svinjak	Flitscher Zuckerhut
	...	Ravelnik	...
	...	Kal Koritnica	...
5. K.:	...	Vršič-Pass	Mojstrovka-Pass
	...	Sleme (Slemenova špica)	...
	...	Prsojnik	Prisank
	...	Soča	...
	...	Trenta (Na logu)	...
	...	Kranjska Gora	Kronau
6. K.:	...	Javoršček	...
	...	Krasji vrh	...
	...	Čezsoča	...
7. K.:	...	Kal	Vršič-Spitz
	...	Vršič	...
	...	Vrata	...
	...	Lopatnik	...
	...	Skutnik	...
	...	Griva	...
	...	Drežnica	...
8. K.:	Monte Nero	Krn	...
	Monte Rosso	Batognica	Pyramidenkofel
	...	Vrh nad Peski	...
	...	Krn	...
	...	Vrsno	...
9. K.:	...	Mrzli vrh (östlicher)	...
	...	Planina Sleme	...
	Tolmino	Tolmin	Tolmein
10. K.:	...	Stol	...
	...	Matajur	...
	...	Mrzli vrh (westlicher)	...
	...	Na gradu	...
	...	Žaga	...
	...	Idrsko	...
	...	Livek	...
	...	Volarje	Ulrichsdorf
	...	Volče	Woltschach

Werner Fest

TOURENHEFT
Sonn- und Schattseiten
in den Julischen Alpen

Eine Spurensuche
in 30 Berg-Touren

LEGENDE FÜR ALLE WEGSKIZZEN

———	Straße u. Weg
- - -	Steig
·········	Klettersteig
▲	Berggipfel (Tourenziel)
🚠	Bergstation
⊠	Pass, Sattel, Scharte
⌂	Hütte (bewirtschaftet)
●	Ort
⌂	Hütte (nicht oder eingeschränkt bewirtschaftet)
⌇	Brücke
⊡	Biwak
[649]	Wegnummer
☐	Fenster (Okno)
⊙	Höhle

In die angegebenen Gehzeiten sind keine Pausen eingerechnet und sie beziehen sich auf den Aufstieg. Falls ein anderer Rückweg vorgeschlagen wird, wird auch diese Zeit angeführt. Bei Touren mit Klettersteigen wird Trittsicherheit und Schwindelfreiheit vorausgesetzt. Vor allem für die längeren Touren ist es wichtig, genügend Flüssigkeit mitzuführen, da es häufig kein Trinkwasser gibt.

Tour 1 Mittagskofel (Jôf di Sompdogna) von Valbruna mit Überschreitungsmöglichkeit in die Saisera
Skizze siehe Seite 12
Alpine Tour mir einigen steilen, schroffigen und schuttbedeckten Abschnitten; stellenweise Sicherungen (Abschnitt Kleiner – Großer Mittagskofel); Trittsicherheit und Schwindelfreiheit sind Voraussetzung; 3 ½ Std.; 1.100 Hm bis zum Kleinen Mittagskofel; Großer Mittagskofel: 4 ½ Std.; 1.380 Hm; Abstieg in die Saisera 2 ½ Std.: Gesamtgehzeit für die Überschreitung 7–7 ½ Std.; gute Kondition und Orientierungsfähigkeit sind notwendig.
ZUFAHRT: Von Tarvis 9 km bis Valbruna; am Ortsende in Richtung Saisera etwa 150 Meter vor dem Soldatenfriedhof Parkplätze beidseits der Straße (Tafel Malga Rauna); Steig 207.
WEGVERLAUF: Der Schotterstraße folgen; nach der Bachüberquerung (~ 330 Hm) deutlich gekennzeichnete Abzweigung des Steiges; nach zweimaliger Straßenquerung weiter auf der Straße zur Malga Rauna bzw. zur Zita Kapelle (75 Min.); weiter durch den Mischwald links hinauf ins Kar unterhalb des Kleinen Mittagskofels und auf den Gipfel (1.910m; 2Std.); vom Kleinen Mittagskofel in die Scharte absteigen und danach steil hinauf auf den Grat zum Großen Mittagskofel und über diesen zum Gipfel (2.087m. 75 Min.); dieser Abschnitt hat teilweise den Charakter eines sehr leichten Klettersteiges; Abstieg in die Saisera auf dem Normalweg über den Sompdogna-Sattel.

Tour 2 Mittagskofel vom Sompdogna-Sattel
Skizze siehe Seite 12
Alpine Wanderung mit kurzem schuttbedecktem und schroffigem Abschnitt vor dem Gipfel; eine gewisse Trittsicherheit ist notwendig; 1 ½ – 2 Std.; 700 Hm
ZUFAHRT: Von Tarvis an Pontebba vorbei in die kleine Ortschaft Dogna (31 km); dann auf der etwas schmalen asphaltierten Straße auf den Sompdogna-Sattel (18 km)
WEGVERLAUF: Vom Parkplatz links (nördlich) an der Sompdogna-Alm vorbei dem Steig 609 folgend durch den Wald teilweise der Mulattiera folgend bis zum ehemaligen Regimentskommando (heute Biwak-Hütte »Ricovero Btg. Alpini Gemo-

na«); danach über steilen Grasrücken bis unter den Gipfelaufbau; nach einer Querung über brüchige Schroffen auf den Gipfel (2.087m; 2 Std.)

Tour 3 Monte Piper
Skizze siehe Seite 12
Alpine Wanderung; 2 – 2 ½ Std.; 800 Hm;

ZUFAHRT: Wie bei Tour 2 bis 1 ½ km vor dem Sompdogna-Sattel; nach einigen Kehren zweigt bei einer Steinbrücke linkerseits der Steig Nr. 648 ab; Parkmöglichkeit links und rechts der Straße.
WEGVERLAUF: Steiler Anstieg zuerst auf der rechten Seite der Schotterrinne; nach der Querung durch Mischwald hinauf zu einem kleinen Sattel (1.749m; 75 Min.); Abzweigung zum Due Pizzi links; halbrechts dem Weg 649 hinauf durch die Latschenbestände folgen; dann über grasiges Gelände bis unter den Grat; vorbei an italienischen Stellungsbauten rechts hinüber in eine Scharte und weiter zum Gipfel (2.069m; 75 Min.); die in der Skizze eingezeichnete Rundtour ist seit 2 Jahren gesperrt und nicht begehbar (Felssturz)!

Tour 4 Due Pizzi (Zweispitz)
Skizze siehe Seite 12
Auf den Ostgipfel alpine Wanderung; Trittsicherheit erforderlich; Westgipfel: Taschenlampe für Stollen; unschwieriger, aber sehr ausgesetzter Klettersteig; momentan (Herbst 2013) ist das Sicherungsseil an mehreren Stellen aus- bzw. abgerissen; eine durchgehende Selbstsicherung ist nicht möglich! Ostgipfel 2 ½ Std.; 750 Hm; Westgipfel 3 – 3 ½ Std.; 850 Hm
ZUFAHRT: Wie bei Tour 3
WEGVERLAUF: Bis zum kleinen Sattel (1.749m) ident mit Tour 3; dann halblinks etwa 50 Hm hinunter und unter der Piper-Wand ins große Schuttkar unterhalb der Forchia di Cianolot; über Serpentinen Aufstieg in die Cianolot-Scharte (1.830m; 2 Std.); dann links steil durch Latschenbestände zur Bernardinis-Biwakhütte (1.970m); von dort im wenigen Minuten zum Ostgipfel (2.008m; 30 Min.); zum Westgipfel dem Steig oberhalb der Biwakhütte zum Stolleneingang folgen; durch den Stollen (Taschenlampe!) auf die hintere Bergseite; danach über ein teilweise drahtgesichertes Felsband in die Scharte zwischen den beiden Gipfeln; der Klettersteig führt durch ein Felstor und dann über ein Felsband quer durch die Südwand; wenn die momentan kaputten Sicherungsseile wieder repariert sind, ist die ausgesetzte Passage ohne Schwierigkeit zu bewältigen; nach der Wandquerung auf Steig durch Latschen und Grasstufen zum Gipfel (2.046m); (50 Min. ab Bernardinis-Hütte);

Tour 5 Jôf di Sompdogna (Köpfach)
Skizze siehe Seite 12
Alpine Wanderung mit ein paar felsigen Abschnitten im obersten Bereich; 1 ½ Std.; 500 Hm
ZUFAHRT: Wie bei Tour 2 auf den Sompdogna-Sattel.
WEGVERLAUF: Vom Parkplatz in südlicher Richtung (rechts) über die Wiese auf unmarkiertem Steig in den Wald; nach etwa einer Viertelstunde stößt man auf den Steig 610; vorbei an zahlreichen italienischen Unterkunfts- und Stellungsresten in einer guten Stunde zum Gipfel (1.889m); Rückwegsvariante über Carnizza und Rifugio Grego möglich (1 ½ Std)

Tour 6 Großer Nabois (Nabois grande)
Skizze siehe Seite 31
Lange alpine Tour; ab der Nabois-Scharte steiles, felsiges Gehgelände; im letzten Teil einfacher, aber exponierter Klettersteig; 4 Std.; 1.450 Hm
ZUFAHRT: Von Tarvis (Ortsanfang) 9 km bis Valbruna; in Richtung Saisera nach 2,5 km bei einer Loipenüberführung links auf Schotterstraße (Wegweiser »Lussari«) bis zur Fahrverbotstafel (Parkplatz) knapp vor der Steinbrücke.
WEGVERLAUF: Über die Steinbrücke bis zu einem betonierten Brunntrog; rechts

(südlich) Abzweigung zur Pellarini-Hütte (Wegweiser); über Bachbett bis auf Fahrweg [616]; diesem bis zur Materialseilbahn-Talstation folgen (1 Std.); auf markiertem Steig links unter der Felswand über die Steilstufe durch Buchenwald ins Kar unter den Schwalbenspitzen (Cime delle Rondini); zuletzt wieder steiler werdend zur Pellarini-Hütte (1. Std.; 1.502m); in westlicher Richtung weiter hinauf zur Nabois-Scharte; kurz vor der Scharte rechts gekennzeichneter Felssteig (1. Std.); teilweise über Felsstufen und Zick-Zack-Steig bis zum kurzen Klettersteig und über diesen zum Gipfel (1. Std.; 2.313m)

Tour 7 Kor-Scharte (Forcella del Vallone)
Skizze siehe Seite 33
Lange alpine Tour mit steilen Schuttrinnen; Lampe für den Stollen unbedingt nötig; Klettersteig (Sentiero attrezzato Centenario) einfach bis mäßig schwierig; 3 ½ Std. bis zur Kor-Scharte; Rückweg über Klettersteig bis zum Parkplatz 3 ½ Std.; 1.300 Hm
ZUFAHRT: Tarvis Richtung Predil-Pass; nach 10 km beim Raibler See (Lago del Predil) rechts Richtung Sella Nevea abzweigen; nach 2,7 km nach der Brücke über den Weißenbach (Rio Bianco) Parkplätze.
WEGVERLAUF: Über die Brücke zurück (Aufschrift an Stützmauer »Rif. Brunner«); links in nördlicher Richtung entlang des Weißenbaches zum Rifugio Brunner - Trinkwasser (1. Std.; 1.432m); auf dem Steig Nr. 625 weiter Richtung sichtbarer Weißenbach-Scharte; unterhalb der Scharte bei der Abzweigung links flach hinüber und in Serpentinen hinauf zum Biwak Gorizia (1 ½ Std.; 1.950m); geradeaus in westlicher Richtung steil über Schutt in die Kor-Scharte (50 Min.; 2.180m); links der Scharte durch den Stollen (Taschenlampe) über Holzleitern auf die Südseite zum Beginn des Klettersteiges; über den Grat zurück zur Hohen Weißenbach-Scharte (2.150m); Abstieg durch die Rinne zum Biwak Gorizia (1 ½ Std.)

Tour 8 Wischberg (Jôf Fuart) über Moses-Scharte
Skizze siehe Seite 36
Sehr lange hochalpine Tour mit steilem, felsigem Gehgelände; Klettersteig Moses-Scharte (Sentiero atrezzatto Anita Goitan) mäßig schwierig; Klettersteig Normalweg einfach; 4 ½ Std.; Rückweg 3 ½ Std.; 1.670 Hm
ZUFAHRT: Tarvis Richtung Predil-Pass; nach 10 km beim Raibler-See rechts Richtung Sella Nevea; nach 6 km bei Gedenkstein rechts auf Schotterstraße; nach 800 m Parkplatz vor dem Schranken;.
WEGVERLAUF: Auf dem teilweise betonierten Fahrweg auf die Malga Grantagar (1.530m) und weiter zur Corsi-Hütte (2 – 2 ½ Std.; 1.874m); links in westlicher Richtung auf die Moses-Scharte (50 Min.; 2.271m); rechts der Scharte Klettersteig A. Goitan; unterhalb der »Pagoden« Querung der Wischbergflanke; über Normalweg zum Gipfel (1 ½ Std.; 2.666m); Rückweg über Normalweg und Corsi-Hütte.
ÜBERNACHTUNGSMÖGLICHKEIT: Corsi-Hütte (Rifugio Guido Corsi) 69 Schlafplätze [rifugiocorsi@virgilio.it] Tel. 0039042868113

Tour 9 Monte Cregnedul
Skizze siehe Seite 39
Alpine Tour; Weg im oberen Teil unmarkiert; die letzten Höhenmeter zur höchsten Erhebung einfache Kletterei durch schuttige Rinne; 3 1/2 Std.; 1.200 Hm
ZUFAHRT: Von Tarvis Richtung Predil-Pass; nach 10 km beim Raibler See rechts auf den Sella Nevea-Pass (9 km); am Ortsanfang rechts Parkplatz.
WEGVERLAUF: Auf Weg rechts des ehemaligen Lifthanges in Richtung Casere Cregnedul di Sopra; markierter Steig [625] zur Corsi Hütte; Wegkreuzung weiter Richtung Corsi Hütte (1 Std.); kurz nach den Steinmauern den Weg zur Corsi-Hütte scharf nach links (nordwestlich) verlassen (keine Markierung, keine Hinweistafel – Steig deutlich sichtbar); in Serpentinen

entlang von italienischen Kriegssteigen auf den Kamm (Italienische Fahne); (2 Std.); links des Grates hinauf bis vor die Scharte zwischen Cregnedul und Punta Plagnis; rechts über Schutt und Schroffen durch Rinne auf den Gipfel (Steinmanderl); (2.351m; 30 Min.)

Tour 10 Montasch (Jôf di Montasio)
Skizze siehe Seite 42
Hochalpine Tour mit Klettersteig; Leiterweg (Skala Pipan): 60m vom Fels abgesetzte schwankende Leiter; absolute Schwindelfreiheit; Steinschlaggefahr! 4–4 ½ Std.; 1.250 Hm
ZUFAHRT: Tarvis – Sella Nevea (19 km); nach der Passhöhe bei der ersten Linkskurve rechts auf schmale Asphaltstraße; Parkplatz Pecol-Alm (5 km)
WEGVERLAUF: Richtung Latteria Malga Montasio; Abzweigung Rinderstall rechts (nördlich); Wegteilung vor der Forca dei Disteis (~700 Hm; knapp 2 Std.); rechts über schroffiges Felsgelände teilweise gesichert zur Leiter; oberhalb der Leiter über Schuttfeld zum Grat; auf diesem in westlicher Richtung zum Gipfel (2 Std.; 2.753m)

Tour 11 Cima di Terra Rossa
Skizze siehe Seite 42
Alpine Wanderung; 2 ½ Std.; 880 Hm
ZUFAHRT: Wie bei T1 (Montasch)
WEGVERLAUF: Fahrweg zur Brazza-Hütte (30 Min); auf markiertem Steig entlang der Mulattiera zum Gipfel (2 Std.; 2.420m)

Tour 12 Foronon del Buinz
Skizze siehe Seite 42
Alpine Tour mit unschwierigem Klettersteig; gewisses Orientierungsvermögen notwendig
ZUFAHRT: Wie bei Tour 10 u. 11
WEGVERLAUF: Wie bei Tour 10 (Cima di Terra Rossa) bis zur Weggabelung gut 100 Hm unter dem Terra Rossa-Gipfel (2 Std.); rechts dem Steig in südöstlicher Richtung folgen; Querung unterhalb des Cime Gambon; Forca de lis Sieris (Rinnenscharte 30 Min.; 2.274m); Scharte zur Einstiegsstelle queren; Klettersteig über Stufen und Bänder zum Gipfel (50 Min.; 2.531m)

Tour 13 Normalweg Kanin (Alto Canin)
Skizze siehe Seite 62
Alpine Tour mit kurzen teilweise gesicherten Kletterstellen (leichter Klettersteig); 2 ½–3 Std.; 400 Hm
ZUFAHRT: Tarvis – Predil-Pass – Bovec (30 km); Parkplatz Kaninseilbahn am Ende der Umfahrungsstraße; Kabinenseilbahn Kanin 1.750 Hm; Ausgangspunkt Bergstation 2.202m
WEGVERLAUF: Über Schotterfeld in westlicher Richtung ins Prestreljenik–Kar; gesicherter Aufstieg aufs Plateau; nach kurzem Abstieg am Abhang zum Kaninski podi hinüber zum Ende des Felsenkessels; in unschwieriger Kletterei hinauf zur Kanin-Scharte (2.518m); entlang des Grates mit einigen versicherten Stellen und einem gesicherten Abstieg in die letzte Scharte; in einfacher Kletterei zum Gipfel (3 Std.; 2.587m)

Tour 14 Klettersteig von Norden (Via ferrata Divisione Julie)
Skizze siehe Seite 62
Lange hochalpine Tour mit mäßig schwierigem Klettersteig; Rückweg über die Prevala-Scharte; 4 ½ Std.; Rückweg 4 Std.; 750 Hm
ZUFAHRT: Von Tarvis auf den Sella Nevea –Sattel (19km); Seilbahn zur Gilberti-Hütte (1.850m)
WEGVERLAUF: In westlicher Richtung zum Bila pec-Sattel (2.005m); über den Kanin-Gletscher zur Einstiegsstelle (2 Std.): Klettersteig, teilweise durch senkrechte Wandpassagen auf den Grat; Normalweg in westlicher Richtung auf den Gipfel (2 ½ Std.; 2.587m); Rückweg über die Seilbahnbergstation Bovec und die Prevala-Scharte (2.067m) zur Gilberti-Hütte (3 ½ bis 4 Std.; 1.850m)

Tour 15 Prevala-Scharte
Skizze siehe Seite 62
Alpine Wanderung; als Schitour besonders zu empfehlen; 2 ½ -3 Std. bis zur Bergstation; 1.000 Hm
ZUFAHRT: Wie T2 (Klettersteig von Norden) nach Sella Nevea.
WEGVERLAUF: Vom großen Parkplatz (1.180m) in südöstlicher Richtung (ehemaliger Lifthang); am Ende rechts auf Mulattiera [636]; durch steiles Waldgebiet zur Baumgrenze; in weitem Bogen über Dolinenkar in Richtung Lopa-Grat; oberhalb oder unterhalb der Golovec-Felsrippe zur Bergstation am Lopa-Grat (2 ½ - 3 Std.; 2.202m); Prevala-Scharte (2.067m) – Gilberti-Hütte (1.850m)

Tour 16 Rombon und Čukla
Skizze siehe Seite 62
Lange, eine gute Kondition voraussetzende Bergtour; 4 – 4 ½ Std.; 1.600 Hm
ZUFAHRT: Tarvis – Predil-Pass – Bovec (31 km); Hauptplatz rechts zur Kirche; weiter Richtung Plužna; nach einem Kilometer halbrechts bergauf; nach Querung eines meist trockenen Wasserlaufs einige Parkplätze.
WEGVERLAUF: Betontrog Wegweiser »Rombon«; Querung Felsplatte mit Karren (~30 Min.); Buchenwald – Alm Goričica (1 ½ Std.; 1.336m); rechts durch Fichtenwald und über Steilstufe; Sattel zwischen Čukla und Rombon (1 Std.; 1.700m) Richtung Teufelsstufen links in nördlicher Richtung am Wandfuß zuerst bergab; dann bergauf über steiles Schuttfeld; Steig rechts durch Rinne auf den Sattel beim Kleinen Rombon; links entlang des Grates auf dem gut sichtbaren, markierten Pfad zum Gipfel (1 ½ Std.; 2.208m)

Tour 17 Svinjak – »Flitscher Zuckerhut«
Skizze siehe Seite 86
Lange und im oberen Teil sehr steile alpine Tour; Trittsicherheit und Schwindelfreiheit sind Voraussetzung; 2 ½ - 3 Std.; 1.200 Hm
ZUFAHRT: Tarvis – Predil-Pass – Kreuzung kurz vor Bovec; Richtung Vršič-Pass 2 km bis Kal Koritnica
WEGVERLAUF: Nach dem Gasthaus links durch den Ort (460m) (Wegweiser »Svinjak«); durch Laubwald zur Kal-Stellung (Freilichtmuseum Čelo; 30 Min.); auf markiertem, deutlich sichtbarem Pfad durch den Buchenwald; zuletzt steiler und felsig zum Gipfel (2 – 2 ½ Std.; 1.653m)

Tour 18 Sleme
Skizze siehe Seite 95
Alpine Wanderung; 1 ½ Std.; 300 Hm
ZUFAHRT: Von Villach über den Wurzenpass nach Kranjska Gora (22 km); Vršič-Pass (12 km)
WEGVERLAUF: Von der Passhöhe (1.611m) in nördlicher Richtung fast parallel zurück und dann durch Latschen auf die Vratica (30 Min.; 1.799m)); Weggabelung: links zum Einstieg des Klettersteigs auf die Mojstrovka (Variante); geradeaus nach kurzem Bergabstück auf markiertem Steig hinüber zur Alm Sleme; in wenigen Minuten auf die Slemenova špica (1 Std.; 1.909m)

Tour 19 Klettersteig durch das Große Fenster (Prednje okno) auf den Prisojnik (Prisank)
Skizze siehe Seite 95
Anspruchsvolle hochalpine Tour mit langem Klettersteig; nur für erfahrene Alpinisten; 4 Std.; 1040 Hm; Rückweg auf dem Normalweg 3 Std.
ZUFAHRT: Wie bei T1 auf den Vršič-Pass
WEGVERLAUF: Von der Passhöhe links in südöstlicher Richtung am Tičar-Haus vorbei bis zu einem Betonbunker; rechts (westlich) über den Latschenhügel zur Weggabelung; bei einem Felsen mit der Aufschrift »Okno« links (nordöstlich) abzweigen und ca. 100 Hm absteigen; deutlich sichtbarer Einstieg (Tafel, Sicherungsseil); Verlauf des Klettersteiges eindeutig; Fensterausstieg (2.270m; 2 ½ bis 3 Std.); über Grat zum Gipfel (1 Std.; 2.547m); Rückweg über den Normalweg (3 Std.)

Tour 20 Auf dem Friedensweg zum Javoršček
Skizze siehe Seite 108
Alpine Wanderung; 3 Std.; 1.150 Hm;
ZUFAHRT: Ausgangspunkt Dorf Kal Koritnica; Anfahrt, wie bereits im Kapitel 4 (Svinjak) beschrieben, von Tarvis über den Predil-Pass; Parkmöglichkeit nach dem Gasthaus (Gostišče Hedvika).
WEGVERLAUF: Rechts in südlicher Richtung über die Felder hinunter zur Soča; Markierung: Stipfel mit Pot miru-Symbol sowie schwarz-rote Markierung auf Steinen; Hängebrücke über Soča (400m); auf Zick-Zack-Weg durch den Buchenwald hinauf; nach knapp 500 Höhenmetern flacheres Gelände; Sattel Čez utro (2–2 ½ Std.; 1.305m); vom markierten Friedensweg, der zum Slatenik-Bach hinunter führt, halbrechts auf unmarkiertem Steig in Kammnähe auf den Javoršček (30 Min.; 1.557m); Rückwegvariante durch den Slatenik-Graben ist schlecht bzw. nicht markiert; Hangrutschungen erfordern Trittsicherheit; nur für Leute mit gutem Orientierungsvermögen zu empfehlen; Verlängerung der Gesamtgehzeit um 2 Stunden.

Tour 21 Rundtour am Krasji vrh
Skizze siehe Seite 111
Alpine Wanderung; Gesamtgehzeit 3 ½ - 4 Std.; 590 Hm.
ZUFAHRT: Tarvis über Predil-Pass und Bovec nach Kobarid (51 km); Drežnica, Drežniška Ravne zum Parkplatz auf der Planina Zapleč (14 km; 1.186m)
WEGVERLAUF: Fahrstraße bis vor die Planina Zaprikraj (Wegweiser »Krasji vrh); halblinks direkt zu den Almgebäuden; links der Markierung folgend in den Wald; Jagdhütte; auf Mulattiera (Saumweg) bis zur Weggabelung (1.450m); Beginn der Rundtour: rechts oberhalb der Snežna jama (Schneehöhle) vorbei auf den Sattel am Ostgrat (Kote 1640); zahlreiche Relikte von italienischen Stellungen; über den Ostgrat in etwa einer Viertelstunde zum Gipfel (1.768m; 2 Std.); Abstieg auf markiertem Steig über den Südostrücken; nach 150 Höhenmetern Wegweiser »Koluji 10 Min« = Fliegerabwehrstellung; zurück zum Wegweiser und auf Saumweg hinunter zur Weggabelung (1.450m); auf dem Aufstiegsweg zurück zum Parkplatz(1 ½ –2 Std.)

Tour 22 Rundtour Vršič
Skizze siehe Seite 119
Alpine Tour; oft wegloses Gelände, was eine gewisse Trittsicherheit erfordert; Gesamtgehzeit 5 Std.; 750 Hm.
ZUFAHRT: Gleich wie Tour2 (Krasji vrh) im vorigen Kapitel; Parkplatz bei der Planina Zapleč (1.186m)
WEGVERLAUF: Fahrweg bis vor die Planina Zaprikraj; rechts in nördlicher Richtung zum Vršič-Kamm abzweigen; nach etwa 30 Min. zweigt rechts vom deutlich sichtbaren Saumweg der Steig zum Sattel südöstlich (rechts) des Vršič-Doppelgipfels ab; vom Sattel links auf den Gipfel; zahlreiche Stellungsreste (2 Std.; 1.897m); meist weglos in westlicher Richtung dem Kamm entlang; immer wieder Kavernen und Stellungen; bis zum Kal (Vršič-Spitz 1.698m; 1 Std.); Rückweg über die Skalce großteils auf Mulattiera (Saumweg) zum Parkplatz (2 Std.)

Tour 23 Vrata – Skutnik – Griva
Skizze siehe Seite 119
Hochalpine Tour; Trittsicherheit, eine gewisse Schwindelfreiheit und gute Kondition sind Voraussetzung; Gesamtgehzeit 7 ½ Std.; durch mehrere Zwischenabstiege etwa 1.400 Hm.
ZUFAHRT: Wie Tour 1
WEGVERLAUF: Direkt vom Parkplatz auf der Planina Zapleč auf der rechten Talseite in nördlicher Richtung in Serpentinen hinauf zum Kamm; links des Lopatnik auf den Grat (2 Std., 1.980m)); beeindruckende italienische Stellungsbauten; entlang der Kavernen und Gräben nach rechts über den Lopatnik (2.012m) in die Senke

vor dem Krnčica-Gipfel; weglos und steil hinunter ins Kar vor dem Skutnik; Aufstieg in die Scharte westlich (rechts) des Skutnik (2.000m); Abstieg in die Felslandschaft vor der Griva; auf Kriegswegen zur Griva (2 Std.; 1.999m); der Rückweg ist gleich wie der Hinweg.

Tour 24 Der Krn: Rundtour von Süden
Skizze siehe Seite 133
Lange hochalpine Tour; Trittsicherheit und Schwindelfreiheit sind notwendig; Gesamtgehzeit 6 ½ Std.; 1.300 Hm.
ZUFAHRT: Von Tarvis über den Predil-Pass und Bovec nach Kobarid; über Vrsno zum Dorf Krn; links der Kirche nach 1 ½ km der Parkplatz vor der Planina Kuhinja (1.004m).
WEGVERLAUF: Vom Parkplatz kurz dem linken Fahrweg entlang; dann rechts auf markiertem Steig geradeaus zu den gemauerten Steinhäusern der Slapnik-Alm; nach der Straßenquerung die Zaslap-Alm links liegen lassen; den Kožljak in Bogen östlich (rechts) umgehen; in unzähligen Serpentinen über die Krn-Flanke zur Krn-Gipfel-Hütte (Gomiščkovo zavetišče na Krnu 2.200m; 3–3 ½ Std.); Krn-Gipfel in wenigen Minuten (2.244m); Abstieg in die knapp 200 Meter tiefer liegende Krn-Scharte (Krnska škrbina 2.058m); über »Alpini Stiege« auf die Batognica (2.165m); über das Plateau hinunter in den Sattel (Prag) zwischen Batognica und Vrh nad Peski (2.068m); rechts in südöstlicher Richtung hinunter zum Lužnici-See (1.801m); nach kurzem Aufstieg steil bergab über das Kar und dann in westlicher Richtung zur Planina Lescovca; teilweise asphaltierter Fahrweg vorbei an der Planina Kašina zum Parkplatz (3 Std.).

Tour 25 Variante Klettersteig
Skizze siehe Seite 133
Hochalpine Tour mit langem mäßig schwierigem Klettersteig; konditionell anspruchsvoll; 7 ½ bis 8 Stunden Gesamtgehzeit; 1.700 Höhenmeter.
ZUFAHRT: Von Tarvis nach Kobarid (51 km); gleich am Ortsbeginn links abbiegen; über die Soča und weiter halblinks in mehreren Kehren hinauf ins Dorf Drežnica; rechts ein kurzes Stück in Richtung Koseč (Parkmöglichkeit bei ein paar Häusern);.
WEGVERLAUF: Auf Karrenweg den roten Markierungspunkten folgen; nordöstlich in Richtung Alm na Svinjah; durch den Wald und über den Ročica-Bach; Weggabelung: links durch steilen Buchenwald in Richtung eines rotbraunen Felsens (Sokolič); um den Felsen in Kehren zum Bivak na črniku (1.180m); weiter zur großen Schlucht und zum Klettersteigeinstieg (2 ½ Std.); über ein Firnfeld und dann über Felsstufen und Bänder (Drahtseilsicherung); Weg eindeutig; auf etwa 1.700 Meter nicht rechts, sondern geradeaus weiter (Hinweisschild »Silva Koren«); über Westgrat zur Kanzel rechts der Schlucht; über Leitern und den Grat bis zum Ausstieg unter der Krn-Gipfel-Hütte (2 ½ Std.); Abstieg über den Normalweg bis vor den Kožljak und dann rechts zurück zum Ausgangspunkt (3 Std.);

Tour 26 Krn und Batognica von Norden
Skizze siehe Seite 138
Lange unschwierige alpine Tour; Übernachtung auf der Krn-See-Hütte wird empfohlen; Gesamtgehzeit ohne Hüttenübernachtung 8 - 9 Std.; 1.650 Hm.
ZUFAHRT: Von Tarvis über den Predil-Pass bis kurz vor Bovec; links Richtung Kranjska Gora (Vršič-Pass) abbiegen; nach 7,5 km vor dem Ort Soča rechts ins Lepana-Tal; nach 6 km auf asphaltierter Straße Hütte Dr. Klementa Juga (700m) Parkplatz.
WEGVERLAUF: Großteils dem österreichischen Saumweg folgend in Serpentinen durch den Buchenwald über die Steilstufe zur Bergstation der Materialseilbahn (1 ½ Std.); über den Sattel zur Krn-See-Hütte (Koča pri Krinskih Jezerih); Krn-See (Krnsko jezero) (30 Min.); auf linker Seeseite zur Planina na Polju; nach der

ebenen Almfläche gut markierter Anstieg auf deutlich sichtbarem Steig ins Kar unterhalb von Krn und Batognica; Krn-Scharte (Krnska škrbina 2.058m; 2 Std.); über Grat zum Gipfel (2.244m: 30 Min.); zurück in die Krn-Scharte und über die Alpini-Treppe auf die Batognica (2.165m; 45 Min.); Überquerung des Plateaus und Abstieg in den Sattel (Prag 2.068m); halblinks entlang der Westflanke des Vrh nad peski hinunter ins Kar zum Aufstiegsweg; auf diesem retour zum Krn–See (2 Std.); Parkplatz (1 ½ Std.)
ÜBERNACHTUNGSMÖGLICHKEIT: Krn-See-Hütte (0038653023030)

Tour 27 Mrzli vrh
Skizze siehe Seite 151
Alpine Wanderung; 530 Hm; 3 Std. bei gleichem Rückweg; 4 Std. bei der Rundtour.
ZUFAHRT: Wie Tour1, 8. Kapitel (Krn: Rundtour von Süden) über Kobarid zum Dorf Krn.
WEGVERLAUF: Vom Parkplatz bei der Planina Kuhinja zurück in den Ort Krn; links unterhalb der Kirche dem Friedensweg (Pot miru) folgen; Alternative: Parkplatz im Ort suchen (kaum vorhanden) und direkt vom Ort weggehen; der Markierung folgend in nordöstlicher Richtung in den Buchenwald; Drehung nach Südosten bis zur Weggabelung vor dem Kamm; rechts kurz hinunter zum Pretovč-Sattel; rechts zum Almgebäude (1.140m) und auf den Gipfel (1.360m) (1 ½ Std.); Rückweg zur Weggabelung (links führt der Weg zurück ins Dorf Krn); kurz danach nächste Gabelung; links in Kehren die Südflanke des Visoč vrh querend in nördlicher Richtung zur Planina Sleme; dann westlich hinunter zur Planina Leskovca; weiter zum Parkplatz bei der Planina Kuhinja (2 ½ Std.)

Tour 28 Stol-Gipfel
Skizze siehe Seite 158
Leichte alpine Wanderung; 3 Std.; 940 Hm
ZUFAHRT: Von Tarvis über Bovec nach Žaga (38 km); rechts (westlich) zum Učja (Uccea)-Pass abbiegen; nach 6 km auf der Passhöhe links Abzweigung einer schmalen anfangs asphaltierten Straße (offener alter Schranken); 7,5 km auf die Planina Božica – »illegale« Auffahrt mit geländegängigem Auto problemlos.
WEGVERLAUF: Auf italienischer Militärstraße aus dem 1. Weltkrieg auf die Planina Božica (2 Std.); auf schönem Steig in westlicher Richtung zum Gipfel (1.673m); 1 Std.)

Tour 29 Matajur
Skizze siehe Seite 161
Leichte alpine Wanderung; 2 ½ Stunden; 800 Hm.
ZUFAHRT: Tarvis – Kobarid (51 km); Richtung Tolmin bis Idrsko (2 km); rechts nach Livek (5 km) abbiegen; in Livek rechts nach Avsa; vor der Ortstafel (2 km) deutlich gekennzeichnet der Fußweg auf den Matajur.
WEGVERLAUF: Auf steinigem Weg durch den Buchenwald zur Idrska planina (Idrska-Alm 75 Min.); am »westlichen« Mrzli vrh vorbei, teilweise der »Matajurstraße« folgend weiter in Richtung der Gipfelkirche, die bereits zu sehen ist; etwas steiler auf einen Felskopf; dann flacher die letzten 100 Höhenmeter zum Gipfel (1.641m, 75 Min.)

Tour 30 Na gradu – Kolovrat
Zufahrt mit dem Auto von Kobarid über Livek zum Freilichtmuseum Na Gradu (8 km von Livek) oder von Tolmin (Tolmein) über Volče.